JN272497

〈法華経〉の世界

Hiro
Sachiya

ひろさちや

佼成出版社

〈法華経〉の世界　目次

I 〈法華経〉とは何か？ 11

II 「釈迦」とは何か？ 53

III 『法華経』の世界 77

装丁　本田　進

〈法華経〉の世界

I

〈法華経〉とは何か？

▼『法華経』は仏教の「憲法」

『法華経』は大乗仏教のお経です。そして古来、この経典は、

――諸経の王――

と呼ばれています。数多くある仏教経典のうちでも、『法華経』がいちばん大事な経典だというのです。

わたしは、その評価に異議を唱える気はありません。まちがいなく『法華経』は、仏教経典のうちでも最も重要な経典です。けれども、『法華経』を「諸経の王」と称するのはよくないと思います。〝王〟という言葉だと、数多くある同類中のトップが連想されるからです。しかしわたしは、『法華経』の重要さは、もっと別の意味だと思います。

たとえば、現在の日本にはさまざまな法律があります。「民法」や「刑法」「商法」など、いずれも重要な法律です。あるいは例の有名な（といっても、わたしがそう思っているだけかもしれませんが）「売春防止法」もあり、「不当景品類及び不当表示防止法」といった法律もあります。後者の二法律にくらべるなら、前者の三法律のほうが重要な法律です。

しかし、「民法」「刑法」「商法」などが重要でないとは言いませんが、わたしはいちばん大事な法律は「日本国憲法」だと思います。「日本国憲法」の精神にもとづいて、日本のあらゆ

る法律が制定されているからです。

そしてわたしは、『法華経』の重要さは、まさにこのようなものだと思います。すなわち、『法華経』は数多くある仏教経典のうちで「憲法」のような役割をもった経典です。

でも、誤解しないでください。わたしは、『法華経』が仏教経典の「憲法」としてつくられたと言っているのではありません。『法華経』がつくられた経緯《いきさつ》については第Ⅱ部で詳しく話しますが、つくられた経緯からすれば、『法華経』も他の大乗経典も似たり寄ったりです。わたしが言っているのは解釈の問題です。従来の解釈では、『法華経』を数多くある仏教経典のうちのナンバー・ワンのお経と位置づけていました。天台宗も真言宗も日蓮宗も、ほぼそのような解釈です。しかし、わたしはそのような解釈に反対です。わたしは『法華経』を仏教の「憲法」として読みたいのです。たんなるナンバー・ワンのお経として『法華経』を読むと、『法華経』の肝腎の主張が分からなくなります。そこでわれわれは、仏教の「憲法」として『法華経』を読むことにしましょう。

▼羅什の名訳『妙法蓮華経』

『法華経』の原典はサンスクリット語本の、

――『サッダルマ・プンダリーカ・スートラ』――

であり、紀元五〇年から一五〇年のころに成立したと考えられています。釈迦世尊が入滅されてから約五百年後になります。したがって、『法華経』は歴史的人物である釈迦が説いたものではありません。この点についての詳しいことは、第II部で述べることにします。

このサンスクリット語原典から漢訳されたものに三種があります。

1 竺法護《じくほうご》訳『正法華経』(十巻二十七品。二八六年訳)
2 鳩摩羅什《くまらじゅう》訳『妙法蓮華経』(七巻二十七品。のち八巻二十八品。四〇六年訳)
3 闍那崛多《じゃなくった》・達摩笈多《だつまぎゅうた》訳『添品《てんぽん》妙法蓮華経』(七巻二十七品。六〇一年訳)

このうち、1の竺法護訳『正法華経』は、あまりにも訳文が難解なため、ほとんど読まれていません。それに対して2の鳩摩羅什訳『妙法蓮華経』は訳文がこなれており、平易であり、またリズミカルであるので、古来、『法華経』といえばこの『妙法蓮華経』を指すほどになりました。ただし、この鳩摩羅什訳『妙法蓮華経』には、一部欠落している部分があります。たとえば「提婆達多品《だいばだったほん》」はこれにはありません。そのほかにも欠落している部分があります。これは、鳩摩羅什が翻訳した五世紀の初頭ころのサンスクリット語本の『法華経』には、「提婆達多品」その他がなかったからです。そこでその欠落した部分を補って訳されたものが3の『添品妙法蓮華経』です。

ところで、われわれが現在読んでいる『法華経』には、「提婆達多品」その他が含まれています。したがって、実質的にはそれは『添品法華経』と呼ばれるべきですが、でも大部分が鳩摩羅什の翻訳になるので、それを鳩摩羅什訳の『法華経』と言っています。われわれが本書において使うのも、鳩摩羅什訳の『妙法蓮華経』です。

ここで鳩摩羅什（三四四―四〇九。ただし異説もある）についてちょっと触れておきます。彼のサンスクリット語名はクマーラジーヴァで、鳩摩羅什はそれを音訳したものです。略して羅什《らじゅう》と呼ばれることが多いのですが、この略し方はちょっとおかしいですね。だって彼はクマーラ（鳩摩羅）＋ジーヴァ（什）なんですから、略すのであれば〝什〟にしかなりません。でも、昔から彼を〝羅什〟と呼んでいますから、われわれもそれに従うことにします。

羅什は、インドの貴族の血を引く父と、西域の亀茲《きじ》国の王族の母とのあいだに生まれました。七歳のときに出家し、最初は小乗仏教を学びましたが、のちに大乗仏教に転向しています。西域において彼の名声は高まりますが、それがかえって仇《あだ》となり、西域の戦乱の中で十七、八年の長きにわたって人質的な幽囚の生活を強いられるはめになりました。そして彼は、戒律を破って王女と同棲するのです。無理矢理同棲させられたわけです。

羅什がそのような生活から解放されたのは四〇一年でした。羅什は後秦の姚興《ようこう》に迎えられて長安に入ります。そしてその後、八、九年のあいだに精力的に経典の翻訳に従事しました。彼の訳した経典は三十五部二百九十四巻の多きに達したといいます。なかでも『妙法蓮華経』

『維摩経』『阿弥陀経』の翻訳は、後世の東アジアの仏教の発展に大きく寄与するものです。

じつは羅什は、いちど破戒したものですから、それ以後は僧坊に住しませんでした。姚興に官舎を別に建ててもらって、美女十人とともに暮らしています。

《たとえば臭泥《しゅでい》の中に蓮華を生ずるが如し。ただ蓮華を採《と》りて臭泥を取ることなかれ》（『出三蔵記集』）

羅什はみずからそう語ったといいます。仏の教えを伝える自分が、仏の教えに背いた生活をしているという自責の念が、この言葉の背後にあります。が、同時に、臭泥の中に美しい蓮華が生ずるというのが『法華経』の精神です。それが故に自分は『法華経』を一生懸命に訳したのだ、といった自負がこの言葉にこめられています。われわれは、不滅の名訳の『妙法蓮華経』を残してくれた羅什に、心からの感謝の辞を贈らねばなりません。

▼「正」の意味

さて、サンスクリット語の『サッダルマ・プンダリーカ・スートラ』を、羅什は『妙法蓮華経』と訳し、竺法護は『正法華経』と訳しました。〝妙法〟と〝正法〟とはどう違うでしょうか？

サンスクリット語の〝サッダルマ〟は「正しい法（教え）」といった意味です。したがって竺法護の『正法華経』でまちがいではありません。

しかし、わたしはどうも〝正〟という字が好きではありません。好きではないと言えば、そんな好き／嫌いの問題じゃないと叱られそうですが、読者には白川静の『字統』（平凡社）を見ていただきたいと思います。そこでは〝正〟という字の起源が左図であり、次のように解説されています。

《正字は一と止《し》とに従う。一は囗《い》、城郭でかこまれている邑《まち》。止はそれに向って進撃する意で、その邑を征服することをいい、征《せい》の初文。正が多義化するに及んで、征の字が作られた。正はもと征服を意味し、その征服地から貢納を徴することを征といい、重圧を加えてその義務負担を強制することを政《せい》という。そしてそのような行為を正当とし、正義とするに至る》

お分かりになりますか？　城壁で囲まれた都市があって、それを軍隊で攻撃し、勝ったほうが正義になります。正義とはそういうものなんです。たとえば、アメリカは日本の広島・長崎に原子爆弾を落として攻撃し、日本はアメリカに負けて征服されました。アメリカは勝ったもので正義になり、極東国際軍事裁判を開いて日本人の七名を絞首刑にし、十六名を無期禁錮、二名を有期禁錮にしました。あれは、アメリカが勝ったからアメリカが正義になり、日本が不正義になったのです。もしもアメリカが負けていれば、アメリカが日本に原爆を

落としたことが国際法違反になり、アメリカの大統領が死刑になったでしょう。わたしはいまでもアメリカの原爆投下は許せません。あれは武器を持たない市民に対する殺傷行為であり、明らかにテロリズムです。テロを非難するのであれば、人類史上最大のテロをやったアメリカをまず非難すべきです。わたしはそう思っています。

ともかく、正義というものはそういうものです。わたしははっきり言って「正」「正しい」といった考え方が嫌いです。わたしたちは、よく、「俺が言っていることと、おまえが言っていることと、どちらが正しいか、ひとつ白黒をつけようじゃないか」と言います。でも、たいていの場合、二つの意見があるとして、その正しさは一つが七十八点、もう一つが七十四点といったぐらいの差です。そんな差なんて、どうだっていいではありませんか。

それから、大事なことは、『法華経』は、二つのものがある場合、どちらの価値が高くて、どちらの価値が低いか、そんな優劣判定なんてしていないということです。たとえば、人間に関しては、「譬喩品」に、

「今、この三界は　皆《みな》、これ、わが有《う》なり。
その中《なか》の衆生《しゅじょう》は　悉《ことごと》くこれ吾《わ》が子《こ》なり。」

といった釈迦世尊の語られた言葉があります。わたしたちの住んでいるこの世界は、釈迦仏の領土です。そしてそこにいる衆生は、全員が釈迦仏の実子です。すなわち、われわれは仏子《ぶっし》なのです。仏子だから、その価値に大小はないのです。誰が正しくて、誰がまちがっているか。そんなことを考えるな！　そう『法華経』は言っています。

だとすると、〝サッダルマ〟を「正しい法（教え）」と訳すのは、いささか不適切です。わたしは竺法護にあまり賛成ではありません。

▼羅什の「妙法」は名訳

では、羅什の「妙法」はどうでしょうか……？

〝妙〟という字は、『広辞苑』（第六版）によると、

《①いうにいわれぬほど、すぐれていること。甚だ巧みなこと。美しいこと。……②不思議なこと。普通でないこと。……③（「少女」の合字が「妙」となるところから）少女。……④（近世の流行語）すばらしいさま。すてきなさま。……》

とあります。わたしはこの『広辞苑』の解説を読んだとき、左の歌を思い出しました。

《妙の字は　少《わか》き女《おみな》の乱れ髪　結《ゆ》（言）うに結（言）われず　解《と》（説）くに解（説）かれず》

（秋月龍珉『「正法眼蔵」を読む――現代を生き抜く一二〇の知恵』ＰＨＰ研究所）

これは、道元の「妙修」といった考え方を解説したものですが、秋月龍珉はそれを、

《凡夫の思議を絶した修行》(同上)

と解説しておられます。〝妙〟という字はなかなかいいものです。

いや、それよりも、智顗《ちぎ》(五三八―五九七)の『法華玄義』(巻二上)には、

《妙とは不可思議に名づく》

とあります。智顗は、天台大師と称され、天台宗の教義を樹立した学僧です。わが国の天台宗においては、智顗によって『法華経』を読んでいますから、

――妙法とは不可思議の法(教え)なり――

というのが、『法華経』解釈の正統ということになるでしょう。わたしは、智顗の解釈によって『法華経』を読むのに全面的には賛成できません。その点についてはあとで折々に述べることにしますが、けれどもとりあえずいまは、この「妙法」の解釈に関するかぎり、わたしも智顗に従うつもりです。すなわち、『法華経』は不可思議の法を説いている経典だからということで、羅什は〝サッダルマ〟を「妙法」と訳したのだ、とすればいいと思います。

〝不可思議〟という語は、サンスクリット語では〝アチントヤ〟といい、「人間の理性でもっては思い量ることができない」といった意味です。〝不思議〟というのも同じです。『法華経』が、人間の理性でもっては思い量ることのできない法(教え)を説いた経典である

ことは、『法華経』のあちこちに説かれています。『法華経』は、じつはそのことを言いたいがためのお経だとも言ってよいでしょう。さしあたり、ここでは「方便品」から引用します。

舎利弗《しゃりほつ》よ、如来は能く種種に分別《ふんべつ》し、巧《たく》みに諸の法を説き、言辞柔軟《ごんじにゅうなん》にして、衆《もろもろ》の心を悦可《えつか》せしむ。舎利弗よ、要を取ってこれを言わば、無量・無辺の未曾有《みぞう》の法を、仏は悉く成就せり。止《や》みなん。舎利弗よ、また説くべからず。所以《ゆえ》はいかん。仏の成就せる所は、第一の希有《けう》なる難解《なんげ》の法にして、唯《ただ》、仏と仏とのみ、乃《すなわ》ち能《よ》く諸法の実相を究《きわ》め尽せばなり。

（舎利弗よ、わたし（如来）はこれまで教える相手と機会に応じて説き方を変え、数さまざまな教えをうまく説いてきた。やわらかな言葉で説いてきたので、人々を喜ばすことができた。舎利弗よ、要するにわたしは、これまで誰も達したことのない、無限の真理を悟ったのだ。だから舎利弗よ、やめるがよい。その最高・窮極の真理を説くことは不可能である。なぜかといえば、わたしが悟った真理は最高・第一の真理で、普通の人間には理解し難いものである。ただ仏と仏のみがそれを理解できるのである。）

ここでまさに人間には理解できない法、ただ仏と仏のみ——唯仏与仏——が理解できる法、といった考え方が提示されています。それが「妙法」です。すなわち、人間に思議（思い量る）できない法（真理・教え）です。

したがって、羅什が〝サッダルマ〟を「妙法」と訳したのは、わたしは名訳だと思います。

▼「青色青光・黄色黄光・赤色赤光・白色白光」

次は〝プンダリーカ〟です。
〝プンダリーカ〟はサンスクリット語で「白蓮華《びゃくれんげ》」をいいます。竺法護は『サッダルマ・プンダリーカ・スートラ』を『正法華経』と訳しました。これだと何の花（華）かよく分かりません。やはり『妙法蓮華経』と訳した羅什のほうが、原語に忠実な訳になっています。
ちょっと余談になりますが、サンスクリット語には〝蓮華〟（ハスの花）といった総称は存在しません。だから、『阿弥陀経《あみだきょう》』という浄土教の経典には、
《池中の蓮華、大いさ車輪のごとし。青色には青光、黄色には黄光、赤色には赤光、白色には白光ありて、微妙《みみょう》・香潔《こうけつ》なり》
とありますが、これを、
「青い色の蓮華は青く光り、黄色の蓮華は黄色く光り、赤色の蓮華は赤く光り、白色の蓮華は白く光る」（青色青光・黄色黄光・赤色赤光・白色白光）

と読めば、〈なんだ、あたりまえではないか〉となってしまいます。しかし、サンスクリット語だと、

紅蓮華《ぐれんげ》は……パドマ（padma）
青蓮華《しょうれんげ》は……ウトパラ（utpala）
黄蓮華《おうれんげ》は……クムダ（kumuda）
白蓮華《びゃくれんげ》は……プンダリーカ（puṇḍarīka）

で、それぞれ違った呼称です。だからいまの引用文も、
「ウトパラは青く光り、クムダは黄色に光り、パドマは赤く光り、プンダリーカは白く光る」
となって、これはこれで〈なるほど……〉となるわけです。

でも、それにしても、クムダ（黄蓮華）が黄色く光り、パドマ（紅蓮華）が赤く光るのはあたりまえです。では、どうして『阿弥陀経』はそんなあたりまえのことを言ったのでしょうか？

じつは、われわれが「あたりまえ」と思っていることが、あんがいあたりまえでないのです。たとえば、優等生と劣等生がいます。優等生を青色、劣等生を黄色とすれば、『阿弥陀経』は優等生は優等生のままに光っており、劣等生は劣等生のままで光っていると言っています。それが「青色青光・黄色黄光」です。ところがわれわれは、劣等生は劣等生であってはいけない。劣等生は努力して優等生になるべきだ、と考えてしまいます。そうすると、それは「青色青

光・黄色青光」になってしまうのです。

金持ちを黄色、貧乏人を赤色とすれば、『阿弥陀経』は、金持ちは金持ちのままで光り、貧乏人は貧乏なままで光っている（黄色黄光・赤色赤光）と言っています。ところが、われわれのように、貧乏人は金持ちにならねばならぬ、金持ちになるように努力せねばならぬと考えると、「黄色黄光・赤色黄光」になってしまいます。

阿弥陀仏のおいでになる極楽世界では、そんなことはないのだよ。貧乏人は貧乏なまま、劣等生は劣等生のまま、みんなそのまま光っているのだよ。『阿弥陀経』はそのように言っているのです。

▼「おのおの花の手柄かな」

だいぶ大きく脱線したようですが、じつは『法華経』が『阿弥陀経』と同じことを言っています。

『法華経』の「薬草喩品」には、

――三草二木の喩え――

が説かれています。三草は小草・中草・大草であり、二木とは小樹と大樹です。植物には、大きな樹・小さな樹、大きな草・中くらいの草・小さな草といろいろありますが、そのすべての植物に平等に雨が降りそそぎます。雨は仏の慈悲と智慧をいいます。小さな草だからいけない。もっと努力して大きくなれ！　と、『法華経』は言っていません。

――みんなそのままでいいんだよ――

というのが、わたしは『法華経』の基本精神だと思います。

ところで、『法華経』のファンに道元（一二〇〇―五三）がいます。『法華経』のファンといえば、最澄（七六七―八二二）や日蓮（一二二二―八二）の名前が挙がるのですが、わたしは『法華経』の基本精神をいちばん正しく理解したのは道元だと思います。

その道元の『法華経』観について、酒井得元が次のように言っています。

《〔道元禅師が〕『法華経』を取り上げられたものの代表的なものは〔『正法眼蔵』の中の〕「法華転法華」の巻でしょう。あの「法華転法華」の巻は恐らく、いわゆるの『法華経』の研究者たちにはちょっと見当たらないような参究が行われています。法華転法華というような題目の意味が私も最初はよく分からなかったものでした。法華の意味は、「法の華」で、ありとあらゆるものは、みんな真実の花盛りというように読んでみる。そうすると法華の意味がよく分かります。つまりこの宇宙のすべてが、全体が、真実の花盛りというわけです。どこへ行っても真実が花盛りしている。汚いのも真実の花、きれいなのも真実の花。こういうふうに見ていくんですね。この現実の見方、これが一番大切な道元禅師の宗教の出発点なんです》（『正法眼蔵

——真実の求め』大法輪閣）

きれいな花も真実であれば、汚い花も真実です。優等生も真実であり、劣等生も真実。それが『法華経』の基本精神です。ここのところをまちがえると、わたしたちは『法華経』を誤解してしまいます。

前に（二〇〇九年六月）わたしはＮＨＫの教育テレビで『華厳経《けごんぎょう》』の解説をしました。そのとき、〝華厳〟というのは「雑華厳飾《ぞうけごんじき》」、すなわちさまざまな花でもって仏を荘厳することだと言いました。このさまざまな花のうちには、大きく咲く花もあれば小さい花もあります。色の鮮やかなものもあれば、くすんだ色の花もある。いろんな花があるからこそ雑華厳飾です。そう解説したあとで、わたしは松尾芭蕉（一六四四―九四）の句を紹介しました。

《草いろいろおのおの花の手柄かな》

〝草の花〟は秋の季語です。秋の草花には桔梗《ききょう》や菊のような立派なものもありますが、名も知らぬ雑草も含めて、いろんな花が秋の山野を飾っています。芭蕉はそういう光景を詠んだのです。わたしはこれが『華厳経』の「雑華厳飾」だと思う。そのようにテレビで話しました。

この世の中にはさまざまな人がいます。努力家もいれば怠け者もいます。怠け者なんていないほうがよい。そんなふうに考えてはいけません。多種多様の人によってこの世界が構成されているのです。多種多様の人がいなければならない。そうでないと、この世が成り立たないのです。たとえば病人がいないと、医者は生活できないでしょう。それぞれの人がそれぞれレーゾン・デートル（存在理由）を持っている。それが『華厳経』の主張であり、『法華経』もまた同じことを言っています。

芭蕉の句――草いろいろおのおの花の手柄かな――は、『法華経』「薬草喩品」の「三草二木の喩え」を詠んだものだと言ってもよいでしょう。

▼プンダリーカ（白蓮華）の意味

ところで、『法華経』の「従地涌出品《じゅうじゆじゅつほん》」には、

この諸《もろもろ》の仏子等《ら》は　その数、量るべからず。
久しく已《すで》に仏道を行じて　神通・智力に住せり。
善く菩薩の道を学びて　世間の法に染まらざること
蓮華の水に在るが如し　……………

（ここに出現した仏子たちは　数えきれないほどの大勢です。
しかもこの人たちは長年にわたって仏道修行をし　神通力と智慧の力を身につけておられ

ます。

よく菩薩の道を学び　世間の汚れに染まらぬことは
あたかも蓮華が泥水に汚されないのと同じです　…………）

といった偈があります。「ここに出現した仏子」というのは地涌《じゆ》の菩薩です。これらの菩薩は釈迦世尊の教化を受けた人々ですが、その詳しいことはいまは述べないでおきます。ここで注意してほしいのは、その最後にある、

《蓮華の水に在るが如し》

といった句です。泥水の中から咲き出た蓮華が泥水に汚されないように、真の菩薩は世間の法に染まらない、俗世間に汚されることはない。『法華経』はそう言っています。そして、『法華経』の中で、蓮華が登場するのはここ一箇所だけです。

ということは、『サッダルマ・プンダリーカ・スートラ』は、プンダリーカ（白蓮華）を世間という泥水に汚されない法（教え）の象徴として使っていると考えられます。

たしかにそのような解釈も可能です。また、多くの学者が『妙法蓮華経』の「蓮華」をそのように解釈してきました。

だが、『妙法蓮華経』のこの部分を、原典である『サッダルマ・プンダリーカ・スートラ』

にあたってみるならば、原典ではこれは白蓮華ではなしに紅蓮華《ぐ》になっています。前に述べたように、サンスクリット語では白蓮華と紅蓮華はまったく違った単語ですから、「従地涌出品」の「蓮華」（紅蓮華）でもって『妙法蓮華経』のタイトルの「蓮華」（白蓮華）の意味を説明するのはいささか危険です。

では、『サッダルマ・プンダリーカ・スートラ』のタイトルに使われているプンダリーカ（白蓮華）はどういう意味でしょうか？　インドにおいてはプンダリーカは最高の花とされています。また清浄な花です。ですから、ここでは「最高の妙法」「清浄なる妙法」といった意味でプンダリーカが使われているとみてまちがいないと思います。

▼火宅からの脱出

けれども、書名の『サッダルマ・プンダリーカ・スートラ』のプンダリーカ（白蓮華）に、泥水から咲き出た蓮華のイメージが含意されていないとしても、『法華経』というお経が世間を泥水と見ていないわけではありません。その点は早合点しないでください。『法華経』は基本的に、われわれの住むこの世界（仏教ではそれを三界《さんがい》といいます）を、

——火宅——

と見ています。そのことは「譬喩品《ひゆほん》」に明らかです。

三界は安きこと無く　猶《なお》、火宅の如し
衆《しゅ》苦は充満して　甚だ怖畏《ふい》すべく
常に生《しょう》・老　病・死の憂患《うげん》有りて
かくの如き等の火は　熾然《しねん》として息《や》まざるなり。

これが「譬喩品」にある偈です。すなわち、この世界はさまざまな苦しみの火が燃え盛っている家です。そして釈迦世尊は、真っ先にこの火宅から脱出されました。このことは釈迦世尊が出家されたことを言っています。

ところが、われわれ衆生のほうは、火事に気づくことなく、火宅のうちで喜び、遊び戯れています。左の引用文の冒頭の「長者」とは、この火宅の家長である釈迦世尊を指します。「諸子」はわれわれ釈迦世尊の子ども、すなわち衆生です。

長者は、この大火の四面より起るを見て、即ち大いに驚怖《きょうふ》して、この念をなせり『われは、能くこの焼かるる所の門より、安穏《あんのん》に出ずることを得べしと雖も、しかも諸子等《ら》は、火宅の内において、嬉戯《きげ》に楽著《ぎょうじゃく》して、覚らず、知らず、驚かず、怖れず、火は来りて身に

逼《せま》り、苦痛は己《おのれ》に切《せま》れども、心に厭患《いといわずら》わずして、出ずることを求める意なし。』

火事に気づかず、火宅の中で遊び戯れているわれわれ衆生を、いかなる手段でもってすれば火宅から脱出させることができるだろうか……というのが、「譬喩品」のテーマです。いや、「譬喩品」ばかりでなく、『法華経』全体のテーマだと言ってよいでしょう。

現代日本の政治家や財界人たちは、日本は経済大国だと言っています。しかし、『法華経』は、日本は火宅なんだと言っています。日本ばかりでなく、アメリカも中国も、ヨーロッパ諸国も、あらゆる国々が火宅です。だから、われわれはこの火宅から脱出せねばならない。それが『法華経』の言っていることです。

脱出するというのは、日本を去ってインドやブータンに移住することではありません。三界というのは全地球、全宇宙です。だから、かりに月世界に移住できたとしても、その月世界だって火宅なんです。

脱出というのは、精神的にこの世から離脱することです。この世に執着しない。この世を馬鹿にすることです。

あなたが金持ちになりたいと思ってあくせく努力するならば、あなたは火宅に執着しているのです。いくら大金を得たところで、いずれハイパーインフレが起きれば、金の値打ちがなくなります。いくら大金を稼いでも、あの世にそれを持って行くことはできません。あくせく苦労するだけ、あなたは馬鹿なんです。あなたが馬鹿になるより、あなたが世間・金のほうを馬鹿にしたほうがいい。それが『法華経』の教える「脱出」です。

ところが、『法華経』を読んでいても、ここのところがちっとも分かっておられない人が多いのです。日本をもっと住みやすい国にしなければならない、と主張される人がいます。あげくは、『法華経』を弘めて、日本を『法華経』の信者の国にせねばならぬと言う人まで出てくる。そういう人は、火宅において消火活動を呼びかけておられるのです。

でもね、『法華経』は消火活動をせよとは言っていませんよ。釈迦世尊の呼びかけは、

——速やかに火宅を脱出せよ!——

です。そこのところをまちがってはいけません。

▼日月燈明仏が説かれた〈法華経〉

『サッダルマ・プンダリーカ・スートラ』という書名の最後は〝スートラ〟です。これはときに「修多羅《しゅたら》」と音訳もされますが、普通には「経」と訳されます。『正法華経』も『妙法蓮華経』も、ともに「経」としていますから、ここには問題がなさそうです。

だが、じつはこれがいちばん問題になるのです。

そもそもお経というものは、釈迦世尊が説かれた教えを記録したものですね。もちろん、『法華経』は釈迦入滅後五百年ほどしてつくられた経典ですから、歴史的人物である釈迦の説かれたものではない。それはそうですが、『法華経』はこれを釈迦仏の教えとして話を進めています。われわれもその前提の上に立って話を進めることにします。

さて、お経というものが釈迦仏の説法の記録だという前提に立って『法華経』を読むならば、釈迦世尊は『法華経』の中で一度も『法華経』を説いていません。『法華経』の中では、

「これから釈迦世尊は『法華経』をお説きになるぞ」

と予告しながら、最後まで釈迦は『法華経』を説かずに終ってしまうのです。口の悪い人に言わせると、『法華経』は効能書きばかりの経典だ、ということになります。

と同時に、『法華経』のなかでは、過去の歴史の中でさまざまな仏や菩薩が『法華経』を説かれた、といった記述があります。ここからは話がどうしてもややこしくなりますので、われわれは結論のほうを先にしましょう。その結論は、

——〈法華経〉とは大宇宙の真理である——

ということです。ここでわたしが〈法華経〉と表記したことに読者は注意してください。以下では、〈法華経〉と『法華経』をしっかりと区別して書きますから、読者は混同しないようにお願いします。

まず、『法華経』の「序品」には、日月燈明仏《にちがつとうみょうぶつ》が〈法華経〉を説かれたという記事があります。

この時、日月燈明仏は、三昧《さんまい》より起《た》ちて、妙光菩薩に因《よ》せて大乗経の妙法蓮華・菩薩を教える法・仏に護念せらるるものと名づくるを説きたまい、六十小劫《こう》、座を起《た》ちたまわず。

ここに出てくる「妙法蓮華・菩薩を教える法（教菩薩法）・仏に護念せらるるもの（仏所護念）と名づける大乗経」というのが、すなわち〈法華経〉、イコール大宇宙の真理です。日月燈明仏は妙光菩薩を相手に六十小劫という長時間をかけて〈法華経〉すなわち大宇宙の真理を説かれた。そう言っているのです。

「妙法蓮華」というのは、羅什訳の『妙法蓮華経』を指しています。「教菩薩法」は、この〈法華経〉（大宇宙の真理）は菩薩を教化の対象としているということです。たとえば「阿含《あごん》経」といった小乗経典は、声聞《しょうもん》・縁覚《えんがく》といった程度の低い出家者を対象にした経典ですが、〈法華経〉はレベルの高い大乗の菩薩を対象としているという意味です。また「仏所護念」というのは、仏がこの〈法華経〉（大宇宙の真理）を大事にしておられることを言っています。

さて、日月燈明仏は妙光菩薩を相手に、〈法華経〉（大宇宙の真理）を説かれました。それには六十小劫という厖大な時間がかかりました。この宇宙は無限に拡がっています。だから、そのような宇宙の真理を説くには、無限ともいうべき厖大な時間がかかるのです。
では、劫という時間はどれくらいの長さでしょうか？　仏典にはいろんな説明があります。たとえば一辺が一由旬《ゆじゅん》の鉄城があります。一由旬は約十キロメートルですから、これは富士山よりも大きな立方体です。その中に芥子《けし》粒を入れ、百年に一度、一粒ずつその芥子粒を取り出す。そして、その鉄城からすべての芥子粒が取り去られたあとになっても、まだ一劫が終っていないというのです。ともかくインド人は、そんな荒唐無稽な話が大好きです。われわれはそのようなインド人に付き合っておられませんから、以下では、
劫とは……無限宇宙時間である、
としておきます。そうすると六十小劫は六十無限宇宙時間です。小劫・中劫・大劫とインド人はさまざまな区別をしていますが、われわれはそのような瑣末的な区別は問題にしないでおきましょう。
ともかく、日月燈明仏は妙光菩薩に六十無限宇宙時間をかけて〈法華経〉（大宇宙の真理）をお説きになりました。そして、日月燈明仏は涅槃《ねはん》に入られます。そのあと、

仏の滅度《めつど》の後に、妙光菩薩は妙法蓮華経を持《たも》ち、八十小劫を満たして人のために演説す。

（「序品」）

今度は妙光菩薩が〈法華経〉（大宇宙の真理）を八十無限宇宙時間をかけて人々に説かれました。『法華経』はそう言っています。

▼提婆達多は釈迦の恩人

次は大通智勝仏です。

そのとき、彼の仏は、沙弥《しやみ》の請を受けて、二万劫を過ぎおわりて、すなわち四衆《ししゅ》の中において、この大乗経の、妙法蓮華・菩薩に教える法・仏に護念せらるるものと名づくるを説きたまえり。

（「化城喩品」）

いちいち解説しませんが、大丈夫ですよね。そしてこの大通智勝仏が禅定に入られると、彼の子どもの十六人が人々のために〈法華経〉（大宇宙の真理）を説きます。

このとき、十六の菩薩の沙弥は、仏が室に入り、寂然《じやくねん》として禅定したもうを知りて、各、法座に昇《のぼ》りて、また八万四千劫において、四部の衆《ひとびと》のために、妙法華経を広く説き、分別

せり。　（同前）

次は「提婆《だいば》達多品《だったほん》」の冒頭の部分です。

その時、仏は、諸《もろもろ》の菩薩と及び天《てん》・人《にん》と四衆《ししゅ》とに告げたもう「吾《わ》れ過去、無量劫の中において、法華経を求めしに、懈倦《ものうき》ことあることなかりしなり。」

ここにある〝仏〟は、釈迦世尊です。釈迦仏は遠い遠い過去世において、〈法華経〉を学びたいと思っておられました。その過去世において釈迦世尊は国王であったのですが、〈法華経〉を求めるためにその王位を捨てます。そして、

「誰れか能く、わがために大乗を説かんものなる。吾《わ》れは当に身を終るまで、供給《くきゅう》し走使《はしりつかい》すべし」

と、四方に触れます。するとそれに応えて一人の仙人がやって来ました。

時に仙人あり、来りて王に白《もう》して言わく「われ、大乗を有《たも》てり、妙法蓮華経と名づく。若しわれに違《たが》いたまわずば、当にために宣説すべし」と。

その仙人が、自分は〈法華経〉を知っているから、そなたに教えてやろうと言います。そこで釈迦世尊はその仙人に師事して、仙人の身の回りの世話をします。それによって釈迦世尊は仙人より〈法華経〉を教えてもらうことができました。その仙人とは、

時の仙人とは、今の提婆達多これなり。

と「提婆達多品」にはあります。そして、釈迦世尊は、提婆達多はわたしの恩人だと言い、遠い将来には提婆達多は天王《てんのう》如来と呼ばれる仏になるであろうと授記《じゅき》しています。授記というのは予言です。

ところが、一方においては、この提婆達多をとんでもない悪人とする伝説があります。提婆達多のサンスクリット語名はデーヴァダッタです。彼は釈迦の侍者をしていた阿難（アーナンダ）の兄とされ、また釈迦のいとこともされています。いとこであるにもかかわらずと言うべきか、それともいとこであるが故にと言うべきか、ともかく彼は釈迦を妬み、ことごとに釈迦

と対立し、ついには釈迦を殺そうとした大悪人だとする伝説があります。しかし、『法華経』はそんなことを言っていません。『法華経』において、釈迦世尊は、いま述べたように提婆達多はわたしの恩人だと言っています。それなのに、ほとんどの学者が、

「提婆達多のような大悪人でも救われると『法華経』は説いている。それほど『法華経』は度量の大きな経典である」

といったようなことを書いています。それは先入観に従って『法華経』を読んでいるのであって、まちがった読み方です。しかし、このことについては、あとで述べることにします。

▼文殊菩薩と常不軽菩薩

「提婆達多品」には、もう一つ、文殊師利《もんじゆしり》の〈法華経〉が出てきます。

文殊師利は例の文殊菩薩です。この菩薩は、「文殊の智慧」といった言葉があるように、「空《くう》」に立脚した智慧が特性になっています。そして「提婆達多品」には、

文殊師利の言わく「われは海中において、唯、常に妙法華経のみを宣説せり」と。

とあります。文殊菩薩は海中にある竜宮に往《い》って〈法華経〉を説きました。そして〈法華

経〉の力によって竜女を成仏させています。すなわち、女人を成仏させたというのです。

さらに『法華経』の「常不軽菩薩品《じょうふきょうぼさつほん》」には、威音王《いおんおう》仏の説く〈法華経〉が出てきます。

常不軽菩薩と呼ばれる比丘がいて、彼は道で出会うすべての人を、

「われ敢えて汝等を軽しめず、汝等は皆当に仏と作《な》るべし」


と言って拝むのです。「あなたがたは必ず未来において仏となられる人です」と言いつつ礼拝する。言われたほうの人は馬鹿にされたと思って、杖木《じょうぼく》で比丘を打たんとし、瓦石《がせき》を投げつけます。すると比丘は逃げて、遠くからその人に礼拝します。

常不軽比丘はそのような礼拝行のおかげで、臨終のときに威音王仏が説かれた〈法華経〉を虚空に聞くことができ、そして六根が清浄となりました。その後、彼は人々のために、自分が聞いた〈法華経〉を説き続けます。そういう話が「常不軽菩薩品」に出てきます。


「得大勢よ、意《こころ》において云何《いか》ん。その時の常不軽菩薩は豈《あに》、異人ならんや。則ちわが身これなり。若しわれ宿世《しゅくせ》において、この経を受持し読誦して他人のために説かざりせば、疾《と》く阿耨多羅三藐三菩提《あのくたらさんみゃくさんぼだい》を得ること能わざりしならん。われ先仏の所《みもと》において、この経を受

持し読誦し、人のために説きしが故に、疾く阿耨多羅三藐三菩提を得たるなり。」

聞き手の得大勢に向かって、「おまえはどう思うかね……」と、釈迦世尊は言われます。この常不軽菩薩こそ、過去世におけるわたしの姿なんだよ。わたしは過去において、威音王仏のもとで〈法華経〉（大宇宙の真理）を説いたおかげでもって、現世においてかくも速やかに最高の悟り（阿耨多羅三藐三菩提）に達することができたのだよ。と、〈法華経〉（大宇宙の真理）を受持・読誦する功徳を語っておられるのです。

▼〈法華経〉は言語化できない

まとめをしておきます。

——〈法華経〉とは、大宇宙の真理である——

これは、これでいいでしょう。

次に『法華経』とは何か？　われわれが読んでいる『法華経』は、サンスクリット語の原典である『サッダルマ・プンダリーカ・スートラ』を羅什が訳して『妙法蓮華経』と題したものです。実際には羅什が訳していない部分も加えられていますが、まあ大部分が羅什が訳したものですから、羅什訳『妙法蓮華経』でいいと思います。そこでわれわれは、

――『法華経』すなわち『妙法蓮華経』とは、釈迦仏がこれから〈法華経〉（大宇宙の真理）をお説きになるぞ、ということを明らかにした経典である――

と定義することにします。つまり、『法華経』は〈法華経〉について述べた経典です。だから、『法華経』（『妙法蓮華経』）の中では、〈法華経〉（大宇宙の真理）は説かれていません。

あたりまえです。〈法華経〉は大宇宙の真理ですから、それを説くには無限宇宙時間（劫という単位の時間）がかかります。その無限宇宙時間の説法の記録を文字にすると、やはり無限の文字になります。とてもとても〈法華経〉を文字化できるわけがありません。

『妙法蓮華経』は、そのことをあちこちで繰り返し繰り返し述べています。二二ページに引用した「方便品」がその一つです。その部分をもう一度、現代語訳でもって引用します。

その最高・窮極の真理（すなわちこれが〈法華経〉です）を説くことは不可能である。なぜかといえば、わたしが悟った真理は最高・第一の真理で、普通の人間には理解し難いものである。ただ仏と仏のみがそれを理解できるのである。

また、この部分を再説した偈文は左のようになっています。

この法は示すべからず　言辞《ごんじ》の相《そう》が寂滅《じやくめつ》すればなり。
諸余《もろもろ》の衆生の類にして　能《よ》く解《さとり》を得るもの有ること無し。

「この法」というのは〈法華経〉（大宇宙の真理）です。〈法華経〉を示すことはできない。なぜかといえば、「言辞の相が寂滅」しているからです。言葉でもって説明しようとしても、大宇宙の真理は言語化できないものだからです。わたしたちは一輪の美しい花を見て感激します。あるいはわが子の死を悲しむ。その感激・悲しみを言語化して人に伝えることができるでしょうか。たった一つの出来事ですら、筆舌に尽し難いのです。ましてや大宇宙の真理〈法華経〉を言語化することはできません。『法華経』はそう言っているのです。

もう一箇所引用します。

その時、仏は復《また》、薬王菩薩摩訶薩に告げたもう「わが説く所の経典は、無量千万億にして、已《すで》に説けると、今《いま》説くと、当《のち》に説くとあり。しかも、その中において、この法華経は、最もこれ信じ難く、解《さと》り難きなり。薬王よ、この経は、これ諸仏の秘要の蔵なれば、分布して妄《みだ》りに人に授与すべからず。諸《もろもろ》の仏・世尊の守護したもう所なれば、昔より已来《このかた》、未

だ曾て顕《あらわ》に説かざりしなり。」（「法師品」）

ここで、〈法華経〉は「昔より已来、未だ曾て顕に説かざりしなり」と言われていますが、これは釈迦世尊が〈法華経〉を秘密にして人々に説かなかったのではなく、説こうとしても説けなかったのです。ともかく、〈法華経〉（大宇宙の真理）は言語化できないものです。そのことを忘れないでください。

▼宇宙仏が〈法華経〉を説く

〈法華経〉は言語化できません。それじゃあ、釈迦世尊はわれわれに何を教えられたのでしょうか？

「舎利弗よ、われ、成仏してより已来《このかた》、種種の因縁、種種の譬喩《ひゆ》をもって、広く言教《ごんきょう》を演《の》べ、無数の方便をもって、衆生を引導《いんどう》し、諸《もろもろ》の著《じゃく》を離れしめたり。」（「方便品」）

（「舎利弗よ、わたしは悟りを開いてから今日にいたるまで、さまざまな因縁・譬喩を駆使して言語化された教えを説き、無数の方便を使って衆生を導き、執着を捨てさせてきた。」）

釈迦はそう述べられています。「言教」というのは言語化された教えです。いや、言語化できる教えです。

そうした下準備が調って、いよいよ機が熟しました。

そこで釈迦は、〈法華経〉（大宇宙の真理）を説こうと決意されます。

だが、釈迦に〈法華経〉が説けるでしょうか？

説くことはできません。

なぜなら、〈法華経〉は大宇宙の真理だから、それを説くには無限宇宙時間が必要です。人間が無限宇宙時間を生きることは不可能です。したがって、肉体を持った釈迦、人間である釈迦には、〈法華経〉を説くことはできないのです。

ここのところを、これまで仏教学者は見落としています。彼らは〈法華経〉と『法華経』の違いが分かっていないのだから、釈迦が〈法華経〉をお説きになる（あるいは、釈迦には〈法華経〉がお説きになれない）といった意味を正確に理解できないのです。

それはともかく、釈迦世尊は〈法華経〉（大宇宙の真理）を説こうと決意されました。しかし、釈迦世尊が釈迦世尊のままでは、〈法華経〉を説くことはできません。

では、どうすればよいのでしょうか……？

簡単です。肉体を捨てればよいのです。

釈迦世尊が肉体を捨てて、時間と空間を超越した宇宙仏になったとき、その宇宙仏は、無限宇宙時間のあいだ〈法華経〉を説き続けることができます。

譬喩的に説明しましょう。コップの中に水があります。そのコップをしばらく放置すれば、やがて水は蒸発して空《から》になります。そのとき、われわれは〈水がなくなった〉と思いますが、実際には水はなくなっていません。H_2Oという分子となって空間に拡がっているのです。

それと同じく、釈迦仏は、ガウタマ・シッダールタという肉体のうちに八十年間宿っておられました。その釈迦仏が肉体を出て、宇宙空間に拡散した宇宙仏になられるのです。その宇宙仏には姿・形がありません。無限の宇宙空間に拡がっているからです。

わたしはそれを「宇宙仏」と呼びましたが、『法華経』はそれを、

――久遠《くおんじつじょう》実成の仏――

と呼んでいます。永遠の昔から仏と成っている仏、という意味です。また、仏教学の専門用語だと、このような仏を「法身仏《ほっしんぶつ》」と呼びます。

▼釈迦は最初から久遠実成の仏

ともかく、釈迦は宇宙仏（久遠実成の仏・法身仏）になれば〈法華経〉を説くことができま

す。逆に言えば、釈迦が〈法華経〉を説くためには、宇宙仏にならねばならないのです。

ですから、釈迦がこれから〈法華経〉を説かれるぞ、と言うことは、釈迦はもうすぐ入滅されるぞ、といったことと同じです。釈迦は涅槃《ねはん》に入って、肉体を消滅させて宇宙仏となり、その上でわれわれに〈法華経〉を説いてくださるのです。

『法華経』（『妙法蓮華経』）は、そのことをわれわれに明かした経典です。

何度も繰り返しますが、

〈法華経〉は……大宇宙の真理であり、

『法華経』は……久遠実成の仏が〈法華経〉を説かれることを明らかにした経典です。

両者を混同しないようにしてください。

以上によって、〈法華経〉が何であるかが明らかになったと思います。が、ここで一つ大きな疑問が残ります。

その疑問は、釈迦仏が宇宙仏になってのちに〈法華経〉を説法されるのであれば、われわれはその説法をどのようにして聴聞すればよいか？　です。もっと端的にいえば、宇宙仏の説法はどの経典に記録されているか？　われわれはどの経典を読めば、宇宙仏の説法である〈法華経〉を知ることができるか？　そういった疑問が残ります。

そして、読者はすでにお気づきになっておられるでしょうが、無限宇宙時間にあたる〈法華経〉の説法を記録したような経典はありません。もしそれがあったとしても、それを読むには無限宇宙時間がかかりますから、われわれにそれを読むことはできません。〈それじゃあつまらない〉と思われそうです。『法華経』を読んでも〈法華経〉を知ることができないのであれば、『法華経』を読む価値はなくなりますよね。

だが、そう思うのは、われわれの認識不足です。

よく考えてください。釈迦世尊はこれから涅槃に入り、宇宙仏・久遠実成の仏になられます。具体的・歴史的にいえば、八十歳で釈迦は入滅されました。では、その前の釈迦は何だったのでしょうか？　生まれたときは赤ん坊で、成人して、老人になって死んでしまった人間でしょうか？　釈迦をたんなる人間だと見る見方もあることはあります。しかし、それは小乗仏教の見方です。大乗仏教では、釈迦を人間とは見ません。釈迦は誕生の前からすでに宇宙仏です。宇宙仏が人間の姿をとってこの世に出現されたのです。それが大乗仏教の見方です。

前に述べた譬喩でいえば、コップの中の水は蒸発して宇宙空間に拡散します。それが宇宙仏です。しかし、その水は、宇宙空間に拡散していたものが、コップの中に凝縮したのです。そう見るのが大乗仏教です。

『法華経』は、そのことを次のように言っています。

「汝等よ、諦《あきら》かに聴け、如来の秘密・神通の力を。一切世間の天・人及び阿修羅《あしゅら》は、皆、今の釈迦牟尼仏は、釈氏《しゃくし》の宮を出でて、伽耶城《がやじょう》を去ること遠からず、道場に坐して、阿耨多羅三藐三菩提《あのくたらさんみゃくさんぼだい》を得たりと謂《おも》えり。然るに善男子よ、われは実に成仏してより已来《このかた》、無量無辺百千万億那由多劫《なゆたこう》なり。」

（「如来寿量品」）

（「あなたがたよ、わたしはこれから如来の秘密の力、神通力について語るから、よく聞きなさい。世間の人は、いや天人も阿修羅も、みな、わたし釈迦牟尼仏が釈迦国の宮殿を出て、ガヤーの街の近郊にある菩提道場において最高・窮極の悟りを得たと思っている。だが、そうではない。善男子よ、わたしは悟りを開いて仏となってから今日まで、無限宇宙時間を無限倍にし、さらにそれを無限倍にしたほどの時間が経過しているのだ。」）

釈迦仏は、無限宇宙時間を無限倍した時間のあいだ、ずっと久遠実成の仏（宇宙仏）であり続けておられます。『法華経』はそう言っています。

▼釈迦仏の教えはすべて〈法華経〉

以上で謎は解けたはずです。

釈迦は最初の最初から久遠実成の仏（宇宙仏）であられます。然りとすれば、釈迦の説法は宇宙仏の説法ですから、それは〈法華経〉なのです。釈迦が説かれたもので、〈法華経〉でないものはありません。

――釈迦の説法はすべて〈法華経〉だ――

これが『法華経』の主張です。

しかし、釈迦は、最初に小乗仏教の教えを説かれたではないか?! 小乗仏教の教えは〈法華経〉であるはずがない！ そういう反論もありそうです。でも、それは違います。小乗仏教の教えもまた〈法華経〉なのです。

わたしがいつも使っている例で解説します。わたしが、「5ひく8はいくつですか？」と問えば、たいていの人は「マイナス3」と答えます。けれども、小学一年生には「マイナス」なんて分かりません。小学一年生には「引けない」が正解です。中学生にはもちろん「マイナス3」が正解。しかし、「5ひく8」が「9」になることもあります。時計算です。5時の8時間前は9時になります。このように、正解は一つではありません。さまざまな正解があるのです。

同様に、〈法華経〉も、いろいろの〈法華経〉があります。小学生には小学生レベルの〈法華経〉があっていい。いや、小学生に大学院レベルの〈法華経〉を教えても理解できませんから、小学生には小学生レベルの〈法華経〉がなければならないのです。中学生には中学生レベルの〈法華経〉がなければならない。釈迦は相手の性質・能力に応じて、それぞれにふさわしい〈法華経〉を説かれたのです。『法華経』(『妙法蓮華経』)はそのように言っています。

だから、世の中には、『妙法蓮華経』は釈迦の教えの最高峰である。したがって、われわれは『妙法蓮華経』さえ読んでいればいいのだ。その他の経典なんて読む必要がない。いや、読んではいけない! そう主張される方がおいでになります。その人は、〈法華経〉の何たるかが分かっておられないのです。

なるほど『法華経』は重要な経典です。しかし、その重要さは、冒頭にも述べましたが「憲法」の重要さと同じです。いくら「憲法」が重要であっても、「憲法」さえあれば「民法」も「商法」も「刑法」も、あらゆる法律が不要である——とはなりません。わたしたちは「憲法」の精神にそってもろもろの法律を解釈するのです。同様に、わたしたちは『妙法蓮華経』の精神にそって、さまざまな経典——「阿含経」『維摩経』「般若経」『華厳経』『涅槃経』「浄土三部経」『大日経』など——を学ぶのです。わたしは、『法華経』(『妙法蓮華経』)は、そのような経典だと思います。

II

「釈迦」とは何か？

▼釈迦は普通の人間か？

紀元前四八六年二月十五日夜、釈迦世尊は北インドのクシナガラの地において入滅されました。ただし、この年月日に関しては多数の異説があります。たとえば、紀元前三八三年とする学者も多くいます。百年以上も違っているのだから驚きです。

釈迦世尊の入滅を、

――大般涅槃《だいはつねはん》――

といいます。〝涅槃〟はサンスクリット語の〝ニルヴァーナ〟（その俗語形の〝ニッバーナ〟）を音訳したもので、「火の消えた状態」を意味します。

じつは、釈迦世尊は三十五歳の時、ブッダガヤーの地において涅槃に入られたのです。彼のうちにあってめらめらと燃えていた煩悩の火を消して、釈迦は仏陀となられました。それを成道と呼びますが、このとき釈迦は涅槃に入られたのです。

だが、煩悩の火は消えても、釈迦のうちでは生命の火が燃え続けています。その生命の火が消えたのは八十歳のとき、クシナガラの地における入滅でした。したがってこれを第二の涅槃と呼ぶこともできます。あるいはサンスクリット語で「完全な」といった意味の〝パリ〟（俗語形も同じ）を冠して、〝パリ・ニルヴァーナ〟（〝パリ・ニッバーナ〟）と呼びます。それを音で訳したのが〝般《はつ》涅槃〟であり、釈迦の場合はそこにさらに〝大〟の字を冠して〝大般涅槃〟と呼ぶわけです。

ともあれ、釈迦世尊は、八十歳にして入滅されたわけです。

問題は、これをどう受けとめるべきかであります。

釈迦世尊はいかに偉い人であっても、所詮は人間なんだろう。人間であるかぎり、死ぬのはあたりまえであって、なにも問題はないではないか。ただ、八十歳という年齢は、いささか短い。せめて百歳、できれば百二十歳まで生きてほしかった。……といった反応が考えられます。じつは、そのような反応が、釈迦の死に直面した弟子たちのそれでした。彼らは、ただ八十歳という生存年数の長短だけを問題にしたのです。

これは、釈迦を、普通の人間として扱ったからです。普通の人間であれば、その肉体は物質であり、物質であるかぎり永遠に存続することはできません。だから、死ぬのはあたりまえであって、そこには何の問題もないわけです。

だが、釈迦を普通の人間扱いにしてよいのでしょうか……？

キリスト教において、イエスは普通の人間ではありません。彼は「神の子」です。オタマジャクシは蛙の子です。蛙の子は、たとえオタマジャクシと呼ばれようと、蛙であることにまちがいはありません。それと同じく、イエスは「神の子」であるから、神の子は神なんです。つまり、イエスは普通の人間ではなく子の姿を取った神なんです。そう考えなければキリスト教にはなりません。

イスラム教のムハンマドは、たしかに人間です。神に子どもがあるといった、そういう考えをイスラム教は嫌います。したがってムハンマドは人間は人間ですが、普通の人間とは違って、「預言者」とされています。預言者というのは、神に選ばれた人で、神の言葉を預かって来て、その神の言葉をわれわれに伝えてくれる人です。したがって、ムハンマドは預言者として、われわれ一般人とは違って神から聖別された人なのです。

このように、キリスト教もイスラム教も、それぞれの開祖を普通の人間とは見ていません。にもかかわらず仏教は、その開祖の釈迦を普通の人間と見るのでしょうか。もちろん、普通の人間と見るといっても、われわれのようなレベルの低い人間ではありません。儒教においては、その開祖の孔子を聖人として尊崇しています。それと同じように、仏教においても釈迦を聖なる人として尊崇します。だが、釈迦は、われわれよりは一段上の聖人であるだけなのでしょうか？　問題は、そこのところにあるわけです。

▼小乗仏教は宗教にあらず

紀元前四八六年、釈迦が八十歳にして入滅されたとき、釈迦の弟子たちはそれを悲しい出来事として受けとめ、その悲しみに耐えていました。これは、譬えていえば、現代において偉い大学教授が亡くなったようなものです。弟子たちは恩師の死を悲しみます。それと同じだと思えばよいでしょう。

そうすると、「弟子たち」と呼ばれる人々がどういうものか、想像がつきます。二種類の弟子があります。一つは、大学でその教授の薫陶を受け、みずからも学者となって学問の道を歩んでいる弟子たちです。もう一つは、大学の外で開催された講演会やカルチャー・センターでその教授の講演を拝聴し、ファンとなった人々です。釈迦の場合でいえば、前者が出家者のグループで、後者が在家信者のグループです。

だとすると、この二種類の弟子たちのうち、前者の出家者グループが、釈迦の入滅後、釈迦の弟子たちの中心的存在になったことは容易に推測がつきます。つまり、釈迦のファンであった在家信者の人々も釈迦の弟子といえば弟子になるのですが、彼らは何の組織も持たない人々です。だから発言力もなく、表面に出てこない人たちでした。それに対して出家した弟子たちは、しっかりとした教団組織を有しているので発言力がありました。この教団組織がサンガと呼ばれるものです。〝サンガ〟を音訳したのが〝僧伽《そうぎゃ》〟。それを略して〝僧〟といいます。したがって僧は本来は教団組織なのですが、日本では一人の僧といった使い方もされます。ともあれ、釈迦の入滅後、仏教は出家者たちのグループを中心とするサンガによって運営・維持されて行ったのです。
そして、そのようなサンガ（出家教団）によって運営された仏教を、歴史家は、

――小乗仏教――

と呼んでいます。〝小乗〟はサンスクリット語だと〝ヒーナ・ヤーナ〟です。〝ヒーナ〟は「劣った」という意味で、〝ヤーナ〟は乗物です。仏教を、迷いの世界から悟りの世界へとわたしたちを運んでくれる乗物と見て、小乗というのは劣った乗物だというのです。では、優《すぐ》れた乗物とは何か？　明らかにそれは大乗（サンスクリット語ではマハー・ヤーナ）です。つまり、小乗仏教というのは、大乗仏教から見て、「あなたがたの教えは劣っていますよ。まちがっていますよ」と軽蔑した呼称なのです。

では、小乗仏教は、どこがどうまちがっているのでしょうか？

答えは、簡単です。小乗仏教は、釈迦を人間扱いしてしまった。それじゃあ、いくら釈迦の教えを真剣に学んでも、それは宗教ではありません。

この点は、孔子の弟子たちとよく似ています。中国では漢代になると、孔子の教えは儒教として国教になりました。しかし、それ以前は、孔子の思想を継承発展させた儒家の学問は「儒学」と呼ばれています。また、日本においては、儒教は宗教というより儒学として受け容れられています。孔子は人間ですから、その人間の教えを継承し、実践する弟子たちは宗教家では

なく学者――儒学者――になるわけです。

それと同じく、人間である釈迦の教えを継承し、実践する弟子たちは、宗教者というより学者と見たほうがよさそうです。とすれば、小乗仏教は、むしろ小乗学派と呼んだほうがよいでしょう。それは純粋な意味での「仏教」(宗教)ではなかった――と、わたしは思います。

▼声聞・辟支仏には仏の智慧は理解できない

繰り返しになりますが、以上をまとめると次のようになります。

釈迦世尊が八十歳で入滅されたとき、釈迦は超越的な存在ではなく、われわれ人間と同レベルの存在であり、その中で特に聖なる存在とされていました。これは、今日の日本仏教において、各宗派の祖師たち――最澄・空海・法然・親鸞・一遍・栄西・道元・日蓮――がそれぞれの宗派において聖なる存在とされているのと同じです。つまり釈迦は、人間扱いをされていたのです。

そして、そのような釈迦を人間扱いにした仏教が小乗仏教と呼ばれるものです。そこでは開祖の釈迦が人間扱いされていますから、それは純粋な意味での宗教ではなく、むしろ「学派」と呼んだほうがよいかもしれません。すなわち、小乗仏教ではなく、小乗学派と呼ぶべきものであったのです。

ところで、『法華経』(正しくいえば『妙法蓮華経』)においては、この小乗仏教(小乗学派)の人たちを、

――声聞《しょうもん》・辟支仏《びゃくしぶつ》――

と呼んでいます。そして、釈迦は、彼らについて、

「諸仏の智慧は、甚だ深くして無量なり。その智慧の門は解《さと》り難く入り難くして、一切の声聞《しょうもん》・辟支仏《びゃくしぶつ》の知る能《あた》わざる所なり。」(「方便品」)

といったふうにコメントしておられます。声聞・辟支仏といった小乗学派の連中には、仏の智慧は分からないよ、と言っておられるのです。

じつは、いま引用した「方便品《ほうべんぼん》」は『法華経』の第二章です。第一章は「序品《じょほん》」です。「序品」においては、釈迦世尊はずっと沈黙しておられます。第二章の「方便品」で釈迦は口を開いて語られるのですが、その最初の言葉がこれなんです。ということは、『法華経』は、小乗学派の連中には真に仏教を理解する能力がないといった、小乗学派に対する非難・攻撃から始まる戦闘的な経典です。もっとも、『法華経』をよく読んでみると、たんに小乗学派への攻撃ではなく、その裏には小乗学派の人たちをも救いたいという宥和の精神もあるのですが、いきなり、

「仏の智慧の法門は、一切の声聞・辟支仏の知る能わざる所なり」

といった言葉が飛び出てくるもので、われわれはびっくりさせられるわけです。

では、声聞・辟支仏とは、どのような人たちでしょうか？

だが、それを解説する前に、わたしたちは『法華経』という経典においての時間軸を知っておく必要があります。

『法華経』の成立は、第I部においても述べましたが、紀元五〇年から一五〇年あたりだと推定されています。釈迦の入滅後、約五百年です。

ところが、『法華経』においては、釈迦はまだ生きておられるのです。

かくの如く、われ、聞けり。一時《あるとき》、仏は王舎城《おうしゃじょう》の耆闍崛山《ぎしゃくっせん》の中に住したまい、大比丘衆《びくしゅ》、万二千人と倶《とも》なりき。（「序品」）

『法華経』はこのような書き出しで始まります。「かくの如く、われ、聞けり」は「如是我《にょぜが》聞《もん》」で、これは仏教経典に共通の冒頭の句です。釈迦世尊はあるとき王舎城の耆闍崛山においでになりました。王舎城はマガダ国の首都で、耆闍崛山は別名を霊鷲山《りょうじゅせん》ともいい、王舎城郊外に聳《そび》える山です。一万二千人の比丘《びく》（出家修行者）が一緒でした。そのほか在家信者たちもいます。大勢の聴衆に囲まれて、釈迦は説法を始めます。『法華経』は、そのように時間と場所を設定しています。したがって、これが「法華経的現在」になります。

ところが、『法華経』は、その「法華経的現在」からして未来に起きる出来事を知っています。ただし、その未来は、釈迦入滅後五百年にかぎります。が、その五百年のあいだに、出家者を中心とする釈迦の弟子たちが小乗学派を形成し、またその小乗学派に反撥して、在家信者のあいだから大乗仏教と呼ばれる新しい仏教が興起したことを、あたりまえのことですが、『法華経』はちゃんと知っています。そこで「法華経的現在」からして未来に起きる出来事を、『法華経』は「法華経的現在」のうちにすべて織り込んでしまったのです。つまり、先程引用した「一切の声聞・辟支仏は、仏の智慧の法門を理解できない」といった言葉は、釈迦の生前の弟子たちを指しているのではなく、釈迦の死後の小乗学派の人たちを指して言っているのです。その点をまちがえないでください。

▼声聞・辟支仏とは誰か?

さて、では、声聞・辟支仏とはどういう人たちでしょうか?

『岩波仏教辞典』(第二版)には、次のように解説されています。

《声聞［s: śrāvaka］サンスクリット語は教えを聴聞する者の意で、原始仏教経典では出家・在家ともに用いられている。門弟や弟子の意で用いられることはジャイナ教でも同様であるが、仏教では後になると出家の修行僧だけを意味し、阿羅漢を目指した。またジャイナ教では在俗信者のみを意味した。大乗仏教からはかれらは小乗と呼ばれ、自己の悟りのみを得ることに専念し利他の行を欠いた出家修行僧とされた。……》

《縁覚［s: pratyeka-buddha］サンスクリット語あるいはその俗語形から〈辟支仏《びゃくしぶつ》〉とも音写される。新訳では〈独覚《どっかく》〉と漢訳されるように、師なくして独自にさとりを開いた人をいい、仏教のみならずジャイナ教でもこの名称を用いる。十二因縁を観じて理法をさとり、あるいはさまざまな外縁によってさとるゆえに〈縁覚〉という。独覚は、仲間をつくって修行する〈部《ぶ》行《ぎょう》独覚〉と、麒麟の一角の如く独りで道を得る〈麟角喩《りんかくゆ》独覚〉とに分ける。大乗仏教ではこの立場を自己中心的なものと考え、声聞《しょうもん》とともに二乗と称する。……》

だいぶ長い引用になりましたが、お分かりいただけたでしょうか。

声聞というのは、読んで字のごとく、釈迦の説法を聴聞した弟子をいいます。だとすれば、これも『法華経』を文字通りに読むならば、釈迦はご自分が教学指導された弟子たちに向かって、最終講義の段階になって、

「きみたちはだめだ」

と、引導を渡されたことになります。卒業証書を授与する卒業式において、卒業取り消し処分を発表されたようなものです。おかしいですよね。

じつは、これは、「法華経的現在」のうちに未来も含まれているが故に、こうなるのです。釈迦の入滅後、釈迦の弟子のうちの出家修行者が中心になって、小乗学派をつくりました。この小乗学派は、釈迦の生前の教えを「阿含経《あごんきょう》」といった経典にまとめ、それを学び、また実践したのです。そのような小乗学派の人々を、『法華経』は声聞と呼んだのです。ですから、声聞はだめだということは、「阿含経」はだめだと言っていることになります。

では、辟支仏と呼ばれる人々はどういう人たちでしょうか？　辟支仏は縁覚・独覚とも呼ばれ、『岩波仏教辞典』の解説によれば、「師なくして独自にさとりを開いた人」とあります。他の辞書を見ても、ほとんど同じです。くどいようですが、『大辞林』の解説を引用しておきます。

《縁覚［仏］仏の教えによらず、ひとりで悟りをひらき、それを他人に説こうとしない聖者。声聞《しょうもん》とともに二乗といい、小乗の修行者とする。独覚。辟支仏《びゃくしぶつ》》

わたしは、昔、このような解説を読んで、仏の教えによらずに悟りを開いた人がどうして仏教者なのか、不思議でならなかった。また、仏の教えによらずに、仏と同じ悟りが開けるのだろうかと、疑問に思いました。もしも仏の教えを受けずに、独自に悟りを開いて、それが仏教の悟りと同じものであれば、仏教の悟りはその程度のものになってしまいます。それでいいのでしょうか？

じつは、辞書のこのような解説がまちがっているのです。

辟支仏（縁覚・独覚）は、基本的には小乗学派の人々で、声聞とそれ程の違いはありません。ただ、声聞と呼ばれる人たちは、小乗学派のサンガ（教団）に正規に所属しています。具体的には二百五十戒という戒を受けた人々です。ところが、辟支仏は小乗学派のサンガに属さず、単独か数人のグループで修行している人々です。ですから、辟支仏と呼ばれる修行者たちも、釈迦の教えである「阿含経」を学んでいるのです。だから彼らも仏教者なのです。

ともあれ、声聞・辟支仏は、釈迦在世のときの仏弟子ではありません。釈迦世尊が入滅されたのち、小乗学派のサンガが成立し、仏教が小乗学派を中心とする小乗仏教になってしまった。その小乗仏教の出家修行者を声聞・辟支仏といいます。『法華経』は、そのような声聞・辟支仏を、真の仏教者にあらずと批難しているのです。

▼小乗仏教は劣った教え

では、声聞・辟支仏の人たち――それは小乗仏教（小乗学派）の人たちですが――はどの点がよくないのでしょうか？　彼らの具体的な欠点は何でしょうか？

だが、その具体的な欠点については、いま、ここでは触れないでおきます。なぜかといえば、『法華経』は大乗仏教の経典です。大乗仏教は、小乗仏教を批判して起こされた、民衆による新しい仏教運動です。それ故、大乗仏教の経典は常に小乗仏教を批判しているのです。小乗仏教は釈迦世尊の真の教えを歪曲した仏教であり、釈迦が本当に人々に教えたかった仏教はこれなんだよ――と、すべての大乗経典が説いています。『法華経』も大乗経典の一つですから、『法華経』全体が、「これが釈迦世尊の真の教えだ」と語っており、いかに小乗仏教がまちがった教えであるかを全巻を通して語っています。だから、小乗仏教の具体的な欠点については、『法華経』の全体でもって理解するよりほかありません。われわれは第Ⅲ部でもって、小乗仏教の具体的な欠点を考察することにします。

そうすると、われわれがいま、ここで考えておくべきことは、そもそも小乗仏教、あるいは小乗学派が、なぜ「小乗」と呼ばれるような劣った仏教・まちがった仏教になってしまったのかという、その根本の理由です。そして、それについてであれば、簡単に答えることができます。それは、この第Ⅱ部の最初に述べたように（五六ページ参照）、

――小乗仏教（小乗学派）は、釈迦を普通の人間にしてしまった――

からです。本当であれば、釈迦を、われわれ人間とは次元の違った、

――超越的な仏――

にしなければならないのです。超越的な仏によって説かれた教えであるからこそ、その教え

が超越的・絶対的な教えになるのです。しかし、普通の人間によって説かれた教えであれば、その教えは人間的な教えでしかないのです。小乗仏教（小乗学派）は、釈迦の教えを人間的な教えにしてしまったのです。だから、それは劣った教えです。

いま、わたしは、「超越的な仏」と書きました。じつはわたしは、第Ⅰ部においてこの仏に言及しています（四七ページ参照）。もう一度、繰り返しておきます。

《釈迦世尊が肉体を捨てて、時間と空間を超越した宇宙仏になったとき、その宇宙仏は、無限宇宙時間のあいだ〈法華経〉を説き続けることができます》

超越的な仏というのは、この宇宙仏です。

そして、宇宙仏によって説かれた教えであればこそ、その教えは宇宙の真理になるのです。しかし、普通の人間によって説かれた教えは、いくらその人間が偉くても、その教えはあくまでも地球の真理でしかありません。下手をすれば、地球の真理ではなく、紀元前五、六世紀のインドという、一時代・一地域の真理になってしまいます。

宇宙の真理と地球の真理（あるいはインドの真理）。大乗仏教と小乗仏教には、それだけの差があります。

したがって、大乗仏教からすれば、小乗仏教は劣った教えなのです。

▼仏塔崇拝

では、次に大乗仏教です。

『法華経』が大乗仏教の経典であり、紀元五〇年から一五〇年のころにつくられたことはすでに述べました。では、その大乗仏教はいかなる仏教であり、またいつごろ出来た仏教なのでしょうか？

ところが、大乗仏教の起源に関しては、現在のところ、詳しいことは分かりません。学者たちはあれこれ推測を加えていますが、これといった極《き》め手に欠けるようです。一時期、東京大学の平川彰によって提起された、

――大乗仏教仏塔崇拝起源説――

が有力であったのですが、最近はこの説にも多くの批判があります。

仏塔というのはストゥーパです。釈迦が入滅されたとき、そのご遺骸を荼毘《だび》に付して、残ったご遺骨――それを仏舎利《ぶっしゃり》といいます――を八等分して、八つのストゥーパ（仏塔）が建立されました。その後、紀元前三世紀ごろ、インドを統一したマウリヤ王朝第三代のアショーカ王が仏教に帰依し、八つのストゥーパのうち七つを開いて仏舎利を取り出し、それを細かく八万四千に分けて、インドとその周辺の国々に八万四千のストゥーパを建立しました。まあ、もっ

とも、八万四千というのは誇張表現です。しかし、アショーカ王が多数のストゥーパを建立したことは事実です。そして、多くの善男善女がこのストゥーパに参詣し、

――悩める衆生を救う仏としてのお釈迦様――

を偲びました。このストゥーパには、当然のことですが管理人がいます。ストゥーパの管理人は出家修行僧ではなく在家の人間です。彼ら管理人たちが参詣人に、お釈迦様の話を説いて聞かせたのです。

読者に想像がつくと思います。ストゥーパの管理者たちが参詣人に説いて聞かせるお釈迦様は、悩める衆生を救う仏です。これは、小乗仏教（小乗学派）の出家修行僧たちが考えている人間＝釈迦とはまったく違った存在です。そして、このストゥーパ崇拝（仏塔崇拝）のうちから大乗仏教が生まれてきたというのが、平川説です。近年は、平川説に対する批判もあります。なるほど、仏塔崇拝だけでもって大乗仏教の起源を説明することはできないでしょう。ほかにいろいろの要素がなければなりません。けれども、仏塔崇拝が大乗仏教を生み出す大きな要因になったことも否定できないでしょう。

わたし自身は、

――大乗仏教同時多発説――

を提唱しています。本書でこれを詳しく語ることはふさわしくありませんが、簡単にいえば、

大乗仏教は紀元前一世紀から紀元後一世紀にかけて、インドの各地で、さまざまな人々の運動によってつくられた新宗教です。それは新しい宗教であって、小乗学派とはまったく別な宗教です。その新しい宗教が、インドの各地で同時代に芽生えてきたのです。わたしはそう考えています。そして、なかでも仏塔崇拝は、大乗仏教の形成に大きな影響を及ぼしたことはまちがいありません。

さらにいえば、『法華経』のうちには仏塔崇拝に言及している箇所がたくさんあります。そのことから推して、『法華経』をつくった人々が、何らかのかたちで仏塔崇拝に係《かか》わっていたことはまちがいないと思われます。

▼大乗仏教は釈迦をどう見るか？

では、大乗仏教は、釈迦世尊をどのように見ているのでしょうか……？

小乗仏教は、釈迦を普通の人間と見ました。われわれと同じくこの世に誕生し、出家をして修行し、悟りを開いて阿羅漢《あらかん》となった。それから人々に布教・伝道をして、八十歳で入滅された人。小乗仏教ではそういうふうに釈迦を見ています。

いま、わたしは、釈迦は悟りを開いて阿羅漢となったと書きました。〝阿羅漢〟はサンスクリット語の〝アルハン〟を音訳したもので、意訳して〝応供《おうぐ》〟とも呼ばれます。世間の人々から尊敬を受け、施しを受けるに値する聖者の意味です。小乗仏教において、最高位に達した聖者が阿羅漢です。小乗仏教においては、釈迦は阿羅漢と考えられていたのです。なお、釈迦が入滅されたとき、この世に五百人の阿羅漢がいたとされていますから、小乗仏教においては、釈迦はその程度の存在でしかありません。

もちろん、大乗仏教においては、釈迦はそのような存在ではありません。大乗仏教の釈迦に対する見方は、基本的には、すでに述べたように時間と空間を超越した仏、すなわち宇宙仏です。

では、宇宙仏とはどういう存在でしょうか?

じつは、『法華経』という経典は、

——いったい釈迦とは、どういう存在なのか?——

を詳しく考察したものです。わたしがいま言った、「時間と空間を超越した仏」あるいは「宇宙仏」がいかなるものかは、したがって『法華経』全体によって解答がなされています。それ故、『法華経』全体を読んでいただくのがいちばんよいのですが、ここで少しだけ要点を示しておきます。

『法華経』の「如来寿量品」には、次のようにあります。

諸《もろもろ》の善男子よ、如来は諸の衆生の、小法を楽《ねが》える徳薄《うす》く垢重《く》き者を見ては、この人のために、われは少《わか》くして出家して阿耨多羅三藐三菩提《あのくたらさんみやくさんぼだい》を得たりと説くなり。然るに、われは実に成仏してより已来《このかた》、久遠《くおん》なること斯《か》くの若《ごと》し。

（人々よ、如来であるわたしは、衆生のうちで小乗の教えに執着している人々、あまり徳を積まず、煩悩の多い人々のためには、わたしは若いときに出家し、そして最高の悟りを得たと説いてきた。けれども、わたしが仏となって以来今日まで、先程述べたように無限とも言うべき時間が経過しているのだ。）

ここで「小法を楽《ねが》える人」というのは、小乗仏教徒です。『法華経』は「法華経的現在」に立って叙述をしていますから、釈迦入滅後に釈迦の教えを歪めてしまった未来の小乗仏教徒がここに登場するわけです。小乗仏教徒が、釈迦を人間扱いして、釈迦は二十九歳で出家し、三十五歳で悟りを開いたと言っているが、それはまちがっている。わたしは久遠の過去、永遠の過去から仏であるのだ。と、『法華経』は釈迦をしてそう言わしめているのです。

▼宇宙の真理を説く『法華経』

　お気づきになっておられるでしょうが、いま述べたことは、すでに第Ⅰ部の終りの部分で解説したことと同じです。そこでは、コップの中の水の譬喩で語りました。コップの中にある水は、やがて蒸発してしまいます。そうすると、コップの中には水はありませんが、それは水がなくなったのではないのです。水は分子になって空中に拡散したのです。

　生前の釈迦は、その存在が釈迦という人間の身体のうちに閉じ込められていました。釈迦が大般涅槃されたとき、釈迦という存在が消え失せたのではありません。釈迦という存在は微細な分子になって宇宙空間に拡散したのです。これが大乗仏教の見方であり、『法華経』の見方です。

　いや、それだけで話を終りにしてはいけません。第Ⅰ部でも述べたように、逆もまた真なのです。つまり、コップの中の水は蒸発すれば空中に拡散しますが、逆に空中に拡散している水蒸気が凝縮して、コップの中の水となることもできるのです。現実の世界では起きるはずのない事象ですが、そういうことが起きる可能性は、物理学的にゼロではありません。

　ということは、宇宙空間に拡散しておられた釈迦という存在――むしろ宇宙仏といったほうがよさそうです――が凝縮して、一個の人間となってわれわれの前に姿を現わされました。それが釈迦世尊です。ですから、釈迦世尊は宇宙仏が人間の姿をとって現われた、そのお姿にほかなりません。そして、その釈迦世尊は再び宇宙仏となって宇宙空間に拡散されるのです。

そして、そのあと、宇宙仏はさらに釈迦となってわたしたちの前に出現されます。

ということは、

……宇宙仏→釈迦→宇宙仏→釈迦→宇宙仏……

といった、無数の繰り返しがあるわけです。

そのような見方を、『法華経』はわたしたちに教えてくれています。

だが、小乗仏教の人たちは、釈迦をこのように見ることができなかったのです。彼らは釈迦を自分たちと同じ人間だと錯覚してしまった。すなわち、釈迦の背後にある宇宙仏を見ることができなかったわけです。そうすると、釈迦の教え――すなわち仏教――が、人間レベルの教えになってしまいます。せいぜいのところ地球的真理にしかなりません。

それじゃあだめだ！　と、『法華経』は言います。釈迦の教えは宇宙的真理なんだよ。われわれは釈迦から、その宇宙的真理を学ばねばならない！　『法華経』は声を大にしてそう言っているのです。

したがって、わたしたちも『法華経』から、宇宙の真理を学ばねばならないのです。

III　『法華経』の世界

わたしたちはこれから『法華経』を読むことにします。もちろん『妙法蓮華経』を読むのです。『妙法蓮華経』は全体が二十八品《ほん》、すなわち二十八章で構成されています。

序品《じょほん》　第一
方便品《ほうべんぼん》　第二
譬喩品《ひゆほん》　第三
信解品《しんげほん》　第四
薬草喩品《やくそうゆほん》　第五
授記品《じゅきほん》　第六
化城喩品《けじょうゆほん》　第七
五百弟子受記品《ごひゃくでしじゅきほん》　第八
授学無学人記品《じゅがくむがくにんきほん》　第九
法師品《ほっしほん》　第十
見宝塔品《けんほうとうほん》　第十一
提婆達多品《だいばだったほん》　第十二
勧持品《かんじほん》　第十三

安楽行品《あんらくぎょうほん》　第十四
従地涌出品《じゅうじゆじゅっほん》　第十五
如来寿量品《にょらいじゅりょうほん》　第十六
分別《ふんべつ》功《く》徳品《どくほん》　第十七
随喜《ずいき》功《く》徳品《どくほん》　第十八
法師《ほっし》功《く》徳品《どくほん》　第十九
常不軽菩薩品《じょうふきょうぼさつほん》　第二十
如来神力品《にょらいじんりきほん》　第二十一
嘱累品《ぞくるいほん》　第二十二
薬王《やくおう》菩《ぼ》薩本事《さつほんじ》品《ほん》　第二十三
妙音菩薩品《みょうおんぼさつほん》　第二十四
観世《かんぜ》音《おん》菩《ぼ》薩普《さつふ》門品《もんぼん》　第二十五
陀羅尼《だらに》品《ほん》　第二十六
妙荘厳王本事品《みょうしょうごんおうほんじほん》　第二十七
普《ふ》賢菩《げんぼ》薩勧発品《さつかんぼっほん》　第二十八

従来の学説では、これらの章は長い時間をかけて段階的に成立したとされていました。しかし近年は、提婆達多品を除いた残りの二十七章の同時成立説も提唱されています。でも、われわれとしては、『法華経』(『妙法蓮華経』)を読んで、充実した人生を生きることが目的ですから、そのような文献学的な問題にかかずらう必要はありません。

また、これまでの『法華経』の解釈は、ほとんどが中国の隋《ずい》の天台大師・智顗《ちぎ》によっています。彼は天台宗の開祖であり、天台教学を確立した卓越した思想家です。それ故、智顗の『法華経』解釈に学ぶべきものは多いのですが、なにもそれに盲従する必要はありません。わたしは、もっと自由な立場で、読者と一緒に『法華経』(『妙法蓮華経』)を読もうと思っています。

1　幕開けの章（序品《じょほん》第一）

▼「如是我聞」で始まる

かくの如く、われ、聞けり。一時《あるとき》、仏は王舎城《おうしゃじょう》の耆闍崛山《ぎしゃくつせん》の中に住したまい、大比丘衆《びくしゅ》、万二千人と倶《とも》なりき。

「わたしはこのように聞きました」（如是我聞）の常套句《じょうとうく》でもって『妙法蓮華経』は始まります。この常套句が出来たのは、釈迦世尊が入滅された直後、五百人の阿羅漢《あらかん》が王舎城の七葉窟に集まり、経典編纂会議（結集《けつじゅう》と呼ばれます）を開いたのに由来します。阿羅漢というのは、小乗仏教において最高の境地に達した聖者です。彼ら五百人は、釈迦世尊が生前に教えられたことを確認するために会議を開いたのですが、その際、釈迦の侍者をしていた阿難《あなん》（アーナンダ）が、

「わたしはこのように聞きました。あるとき、釈迦世尊はどこそこの土地においでになりました。その場にいたのは誰々です。そして、世尊はこのように説法されました」

と報告し、全員でそれがまちがいでないことを確認した上で、それを一つのお経としたのです。そのようにして八万四千のお経がつくられたとされています。しかし、八万四千は誇張表現ですよね。したがってこの場合の「わたし」は、阿難になります。

けれども、大乗仏教の経典は、歴史的な人物としての釈迦世尊が説かれたものではありません。ですから、大乗経典を「如是我聞」で始めるのはおかしいのですが、これは経典のスタイルとして定着していると思ってください。そして、大乗経典の「如是我聞」の「我」は、わたしたち経典を読む者の一人一人だと思うべきです。『法華経』も大乗経典ですから、われわれ一人一人が、

「わたしは『法華経』をこのように聞かせていただきました」

とならねばならないと思います。

さて、釈迦仏はあるとき、マガダ国の首都の王舎城（ラージャグリハ）の耆闍崛山（グリドゥラクータ）においでになりました。耆闍崛山は別名を霊鷲山《りようじゆせん》といいます。一万二千人の比丘《びく》たちと一緒でした。経典はこのあと、その場にいた主な弟子たちの名前を列挙していますが、ここでは省略します。また、比丘尼たちもいます。

そして、さらには文殊師利菩薩《もんじゅしりぼさつ》や観世音菩薩《かんぜおん》など八万人の菩薩も同席しています。菩薩については のちに解説します。また、天人や竜王、緊那羅王《きんなら》(天界の楽師)、阿脩羅王《あしゅら》(闘争を好む天人)などもいます。

韋提希《いだいけ》の子阿闍世《あじゃせ》王は、若干《にゃつかん》の百千の眷属と倶《とも》なり。

と、マガダ国の阿闍世王(アジャータシャトル)の名が出てきます。彼は頻婆娑羅《びんばしゃら》王(ビンビサーラ)と韋提希夫人《ぶにん》(ヴァイデーヒー)とのあいだに生まれた子息ですが、父王を弑《しい》して王位を簒奪しました。『法華経』は舞台をマガダ国の首都にとったものですから、マガダ国王の阿闍世を登場させたのでしょう。しかし、言っておきますが、耆闍崛山(霊鷲山)には、一万二千人の比丘や八万人の菩薩は入れませんよ。『法華経』は西北インドでつくられたようですから、『法華経』をつくった人々は王舎城をよく知らなかったと思われます。

▼すべての人を仏にしたいという願い

その時、世尊は、四衆《ししゅ》に囲遶《いにょう》せられて供養《くよう》せられ、恭敬《くぎょう》せられ、尊重《そんじゅう》せられ、讃歎《さんだん》せら

れしをもって、諸《もろもろ》の菩薩の為に、大乗経の無量義・菩薩を教える法・仏に護念せらるるものと名づけるを説きたもう。

仏はこの経を説き已《おわ》って結跏趺坐《けっかふざ》し、無量義処三昧《むりょうぎしょざんまい》に入りて、身心《しんじん》動じたまわざりき。

（そのとき世尊は大勢の人々に取り囲まれ、供養を受け、尊敬と称讃を受けて、もろもろの菩薩のために、無量の義のある、菩薩を教える、仏に護念された大乗経典を説かれた。仏はその経を説き終えたのち結跏趺坐して、無量義処三昧に入られ、身も心も動かすことはなかった。）

マガダ国の首都の王舎城。その郊外にある霊鷲山。と、場面設定をしたあと、いよいよ『法華経』が始まります。釈迦世尊は、

――大乗経の、無量義・教菩薩法・仏所護念と名づける説法――

をされたあと、無量義処三昧に入られました。そう書かれています。ということは、『法華経』が始まったときは、すでに釈迦世尊の説法が終っていて、世尊は無量義処三昧に入っておられたのです。

三昧というのはサンスクリット語の〝サマーディ〟の音訳語で、心を集中させて安定した精

神状態に入ることです。

では、その三昧に入られる前に、釈迦世尊はいかなる説法をされたのでしょうか？

じつは、天台教学においては、それを『無量義経』だとしています。「大乗経の、無量義・教菩薩法・仏所護念と名づける」といった言葉に影響されたからです。

なるほど、『無量義経』というお経があることはあります。しかもその内容は、『法華経』の言っていることと矛盾しませんから、ここに『無量義経』をもってきてもよさそうです。けれども、『無量義経』は『法華経』よりもずっとあとになって中国でつくられた偽経です。『法華経』の教えの要旨をとって、中国人が創作した経典です。インドでつくられた『法華経』が、のちに中国でつくられた経典を知っているはずがありませんから、ここに『無量義経』をもってくるのはおかしいのです。でも、天台大師の智顗はそんなことを知りませんから、ここに『無量義経』をもってきたのです。わたしは、そんなふうに天台教学でもって『法華経』を読むのに賛成できません。

では、「大乗経の、無量義・教菩薩法・仏所護念と名づける」経典とは何でしょうか？

じつは、これは〈法華経〉なんです。

『法華経』と〈法華経〉の違いについては、すでに第I部で詳しく解説しておきました。結論的に言えば、釈迦仏の教えはすべて〈法華経〉なんです。そしてそれは、すべての人を仏にさせたいという願いにもとづいています。

ところが、声聞と呼ばれる小乗仏教徒は、釈迦世尊の教えを学びながらも、それを仏になるための教えと理解せず、低い段階の阿羅漢になるための教えと受け取ってしまいました。

そこで釈迦仏は、わたしの教えはあらゆる人を仏にしたいがための教えであって、たんに出家修行者のための教えではないと説かれました。つまり「教菩薩法」、菩薩を教える法なのだと明かされたのです。菩薩は、基本的には在家信者を指しますが、ここでは出家、在家にかかわらず、仏を目指して歩み続ける者をいいます。仏を目指して歩み続ける者が菩薩だと思ってください。このような教えを説かれたあと、釈迦仏は無量義処三昧に入られたのです。

▼白毫相より放たれる光

仏が無量義処三昧に入られると、天華が降り灌《そそ》ぎ、大地は六種に震動します。そして、人々が一心に仏を見たてまつる中を、仏は眉間にある白毫相《びゃくごうそう》（白い毛）より光を放って、東方にある一万八千の世界を照らされました。仏教において東方は過去の世界を意味します。その照らし出された過去の世界のすべてにおいて、それぞれの仏が衆生に法を説き、やがて涅槃に入り、そのあと仏塔が建立されたのが見られたのです。

これも言うならば「法華経的過去」ですね。『法華経』がつくられたのは釈迦世尊の入滅後五百年ですから、その五百年の歴史の展開を、『法華経』は過去の世界を描くことによって示しているのです。東方の過去の世界が、この娑婆世界の未来の姿だと教えているわけです。

さて、仏が白毫から放たれる光を見て、その場にいた弥勒《みろく》菩薩が疑問を起こします。いや、弥勒菩薩だけではなしに、その場にいた全員が、〈いったい、これはどうしたわけか？〉と疑問を起こしたのです。

そこで弥勒菩薩が全員を代表して文殊師利菩薩に質問しました。文殊師利菩薩は過去世において無数の仏に親近《しんごん》してきたから、きっとその理由を知っているに違いないと思って質問したのです。なお弥勒菩薩は、釈迦仏のあとこの娑婆世界で次に仏となられることが約束されている未来仏です。ただし弥勒菩薩が仏となられるのは、五十六億七千万年後とされています。

ところで『法華経』は、いま述べたところを再び偈でもって繰り返しています。『法華経』の成立史からいえば、偈のほうが先に出来て、散文の部分があとから加えられたようです。偈と散文とではいささか違いがありますが、大きな違い以外はわれわれは無視することにします。

で、弥勒菩薩の問いに答えて、文殊師利は語りました。

その時、文殊師利《もんじゅしり》は、弥勒菩薩摩訶薩《みろくぼさつまかさつ》及び諸《もろもろ》の大士に語る「善男子等《ぜんなんしら》よ、われの、惟《おも》い忖《はか》る如くならば、今、仏世尊《ぶつせそん》は大法《だいほう》を説き、大法の雨を雨《ふら》し、大法の螺《ら》を吹き、大法の鼓

を撃《う》ち、大法の義を演《の》べんと欲するならん。

諸の善男子よ、われ、過去の諸仏において、曾てこの瑞《しるし》を見たてまつりしに、この光を放ち已《おわ》りて、即ち大法を説きたまえり。この故に当《まさ》に知るべし、今の仏の、光を現わしたもうも、亦またかくの如く、衆生《しゅじょう》をして咸《ことごと》く一切世間《せけん》の、信じ難きの法を聞知《もんち》することを得せしめんと欲するが故に、この瑞を現わしたもうならん。」

自分が知っている過去の諸仏は、いずれも眉間の白毫から光を放たれたあと、大法をお説きになった。だから釈迦仏もまたこのあと、きっと大法を説かれるに違いない。文殊師利はそう答えました。ここで大法とは、大乗仏教の教えだと思ってまちがいありません。

▼日月燈明如来の説法

そして、文殊師利はこのように続けます。

「諸の善男子よ、過去の無量、無辺、不可思議なる阿僧祇劫《あそうぎこう》の如き、その時に仏あり。日《にち》月燈明如来《がっとうみょうにょらい》・応供《おうぐ》・正遍知《しょうへんち》・明行足《みょうぎょうそく》・善逝《ぜんぜい》・世間解《せけんげ》・無上士《むじょうし》・調御丈夫《じょうごじょうぶ》・天人師《てんにんし》・仏・世尊と号《なづ》く。」

過去も過去、まさに想像を絶するほどの過去に、日月燈明如来と呼ばれる仏がいました。前に第I部で、劫という時間の単位を無限宇宙時間と訳したほうがよいと言いました（三六ページ参照）が、それを何億倍もしたほどの過去です。もうこうなると、説明のしようもありません。ともかく、想像を絶する過去に、日月燈明如来がいました。この日月燈明如来のあとに、「応供・正遍知……」と如来の十号と呼ばれるものが並んでいます。いちおう解説しておきます。

1　如来《にょらい》……サンスクリット語〝タターガタ〟の訳語。真如の世界（如）からこのわれわれの人間世界に教えを説くためにやって来られた人といった意味。

2　応供《おうぐ》……サンスクリット語〝アルハン〟の訳語で、尊敬や供養を受けるに値する聖者の意。〝アルハン〟を音訳すれば〝阿羅漢〟になり、阿羅漢は小乗仏教における最高位の聖者。

3　正遍知《しょうへんち》……あらゆる物事にあまねくゆきわたる正しい智慧を持った人。

4　明行足《みょうぎょうそく》……明（智慧）と行（実践）が充足している人。

5　善逝《ぜんぜい》……真如の世界へ善く去って逝った人。如来は真如の世界から来現した人であり、その反対が善逝。

6　世間解《せけんげ》……世間の事柄をよく知っている人。

7　無上士《むじょうし》……この上ない立派な人。

8　調御丈夫《じょうごじょうぶ》……人間の調教師。
9　天人師《てんにんし》……天人および人間の師となれる人。
10　仏《ぶつ》……サンスクリット語〝ブッダ〟の音訳語である〝仏陀〟の省略形。その意味は「（真理に）目覚めた人」。
11　世尊《せそん》……サンスクリット語〝バガヴァット〟の漢訳語。世人から尊敬を受ける人。

全部で十一ありますが、そのうちの如来を外に出すと残りの十が「如来の十号」となり、仏を外に出すと残りが「仏の十号」になります。

ともあれ文殊師利は、遥かな過去に日月燈明如来がおいでになり、衆生を教化されたことを述べます。そのとき、日月燈明如来は、衆生の機根（性質と能力）の差に応じて、三つの教えを説かれました。

声聞《しょうもん》を求むる者のためには、応ずる四諦《したい》の法を説き、生老病死を度して涅槃《ねはん》を究竟《くきょう》せしめ、辟支仏《びゃくしぶつ》を求むる者のためには、応ずる十二因縁《いんねん》の法を説き、諸《もろもろ》の菩薩のためには、応ずる六波羅蜜《ろくはらみつ》を説き、阿耨多羅三藐三菩提《あのくたらさんみゃくさんぼだい》を得て一切種智《いっさいしゅち》を成ぜしめたもう。

声聞と辟支仏が小乗仏教の人々であることはすでに述べてあります（六三ページ以下参照）。

日月燈明如来は、

声聞の人々のためには……四諦の教え、

辟支仏の人々のためには……十二因縁の教え、

大乗仏教の菩薩のためには……六波羅蜜の教え、

を説かれました。さあ、そうすると、われわれは四諦・十二因縁・六波羅蜜について知る必要があります。でも、それを詳しく解説していると、それだけで一冊の本になってしまいます。ですから、ここでは必要最小限度の解説だけを加えておきます。

まず、四諦の教えですが、人間の生存そのものが苦であることを基本原理としています。この場合の「苦」というのは、思うがままにならないといった意味です。われわれはほんのちょっとした楽を得ることもできますが、それは永続しません。必ず苦に転じます。だから、すべては苦である（一切皆苦）が基本原理になります。これが第一の真理。

では、なぜ苦になるのでしょうか？　それは、われわれがすべてを思い通りにしたいという欲望を持っているからです。これが第二の真理。そこで、そうすると、われわれの欲望がうまくコントロールされた状態こそが理想とすべきものになります。それを教えたのが第三の真理。そして、第四の真理として、理想の状態に達するための方法を教えるのです。四諦の〝諦〟とは「真理」の意味で、以上の四つの真理が四諦です。

次に十二因縁ですが、これは人間の生存の苦悩の根源を「無明《むみょう》」に置きます。無明とは絶対的な迷妄です。われわれが無明（迷妄）であるが故に、現実の人生が苦しみの生存になっていることを、十二の条件でもって説明したのが十二因縁です。逆に、その無明（迷妄）が消滅すれば、生存の苦悩も消滅します。では、十二の条件とは何か？　まあ、あまり細かなことは言う必要がないので、それについては省略します。

最後の六波羅蜜は、大乗仏教における六つの実践徳目です。①布施、②持戒（戒を守ること）、③忍辱（他人から受ける迷惑を堪え忍ぶ）、④精進（ゆったりとした努力）、⑤禅定、⑥智慧の六つです。これも細かな解説は省略します。

▼文殊菩薩と弥勒菩薩の過去の因縁

弥勒菩薩をはじめとする大勢の人たちに対する、文殊師利菩薩による解説が続きます。

「いいですか、皆さん。遥かな昔に日月燈明如来がおいでになりました。その日月燈明如来が入滅されると、次にまた日月燈明如来という同じ名前の仏が出現されました。そしてその仏の入滅のあとも、またまた同じ日月燈明如来という名の仏が出現され、二万人も続きました。そして、その二万人目の日月燈明如来には八人の王子がおり、父親の日月燈明如来が出家して仏となられたあと、彼らもまた出家しました。

さて、この二万人目の日月燈明如来は、入滅される直前に、弟子の一人である妙光菩薩に〈法華経〉を説かれました。妙光菩薩は日月燈明如来の入滅後、その子息である八人の王子に〈法華経〉を教え、八人の王子は次々に仏になります。その八人の王子のうち最後に仏になったのが燃燈仏《ねんとうぶつ》です」

『妙法蓮華経』は、ここにさらりと燃燈仏（ディーパンカラ）の名前を出すだけで、何の解説も加えていませんが、じつはこの燃燈仏が過去世における釈迦仏の師なのです。燃燈仏は修行中の釈迦に、「将来、そなたは仏になることができる」と保証を与えられました。そのように、未来の成仏を予言するのを授記《じゅき》（受けるほうからすれば受記）といいますが、燃燈仏は釈迦に授記を与えられた仏として有名です。

文殊菩薩はこのように語ったあと、そこでちょっとしたエピソードを語っています。

「〈妙光菩薩には八百人の弟子がいましたが〉八百の弟子《でし》の中に一人あり、号を求名《ぐみょう》という。利養に貪著《どんじゃく》し、また衆経《しゅきょう》を読誦《どくじゅ》すと雖も、しかも通利せずして忘失する所多きが故に、求名と号《なづ》くるなり。この人はまた、諸《もろもろ》の善根を種《う》えたる因縁《いんねん》をもっての故に、無量百千万億の諸仏に値《あ》いたてまつることを得て、供養し恭敬《くぎょう》し尊重《そんじゅう》し讃歎《さんだん》せり。弥勒《みろく》よ、当《まさ》に知るべし、その時の妙光菩薩は、豈《あ》に異人ならんや、わが身、是れなり。求名菩薩《ぐみょうぼさつ》は、汝が身、

是れなり。」

（「妙光菩薩の八百人の弟子の一人に求名がいた。彼は欲得に執着し、さまざまな経典を学ぶのだが、いっこうにそれを理解せず、すぐに忘れてしまうので求名という名前がついていた。しかしこの人は多くの善行を積んだがために無数の仏に出会うことができ、諸仏を供養し恭敬し、尊重し称讃することができた。

弥勒よ、よく知るがよい。そのときの妙光菩薩は、ほかでもないこのわたし、文殊師利なんだよ。そしてそのときの求名菩薩は、あなた、すなわち弥勒菩薩なんだよ。」）

利益と名声ばかりを求めている求名菩薩。仏教の勉強はするけれども、いっこうに悟りが開けない人間。なんだかわたし自身のことが言われているようで、「どきっ」とします。ですが、そのような人間でも、無数の仏に出会っているうちに、いずれ弥勒菩薩のようになれるのです。『法華経』はわたしたちを励ましてくれているのです。

さて、文殊師利はそのように語ったあと、次のように言っています。

「今、この瑞を見るに、本《もと》と異ることなし。この故に、惟《おも》い忖《はか》るに、今日の如来も、当《まさ》に

大乗経の妙法蓮華《みょうほうれんげ》・菩薩《ぼさつ》を教える法・仏に護念せらるるものと名づくるを説きたもうべし」

いま、釈迦仏が眉間の白毫相より放たれた光でもって東方の一万八千の世界を照らすという奇瑞を示されましたが、これは過去世において日月燈明如来が示された奇瑞とまったく同じです。そして、日月燈明如来がそのような奇瑞を見せられたあと、『妙法蓮華経』と名づけられ、菩薩を教えるための経典であり、仏がしっかり大事にしておられる〈法華経〉を説かれたことから推測すれば、ここにおいでになる釈迦仏もまた、無量義処三昧を出られたあと、きっと〈法華経〉を説かれるに違いありません――と、文殊師利菩薩が語られたのです。

以上で、『法華経』の第一章である「序品」が終ります。「序品」においては、釈迦仏は無量義処三昧に入ったまま、ずっと沈黙しておられました。第二章以下で、いよいよ釈迦仏の説法が始まります。どういう説法をされるか、楽しみですね。

2　仏に向かっての歩み（方便品《ほうべんぼん》第二）

▼小乗仏教に喧嘩を売る

無量義処三昧《むりょうぎしょざんまい》に入っておられた釈迦仏は、やがて三昧から出られて、舎利弗《しゃりほつ》（シャーリプトラ）を相手に説法を開始されます。『妙法蓮華経』の「方便品《ほうべんぼん》第二」は、そこから始まります。

その時、世尊は、三昧《さんまい》より安詳《あんじょう》として起《た》ちて、舎利弗に告げたもう「諸仏の智慧は、甚《はなは》だ深くして無量なり。その智慧の門は解《さと》り難く入り難くして、一切の声聞《しょうもん》・辟支仏《びゃくしぶつ》の知る能《あた》わざる所なり。所以《ゆえ》は何《いか》ん。仏、曾て百千万億の無数の諸仏に親近《しんごん》し、尽《ことごと》く、諸仏の無量の道法《どうほう》を行《ぎょう》じ、勇猛精進《しょうじん》して、名称《みょうしょう》普《あまね》く聞こえ、甚深《じんじん》なる未曾有《みぞう》の法を成就して、宜《よろ》しきに随って説きたまえる所なれば、意趣、解《さと》ること難ければなり。」

（そのとき釈迦世尊は、静かに三昧から出られて、舎利弗に語られた。「諸仏の智慧はまことに奥深く、測り知れないものである。その智慧の法門は難解で入りにくく、声聞や辟支仏といった小乗の徒が知ることのできないものだ。なぜかといえば、仏はかつて百千万億という無数の諸仏に親しく学び、諸仏の教える仏道の修行をことごとく実践した。勇猛果敢《ゆうもうかかん》に精進して、その名声は知れわたり、かつて世に知られることのなかった奥深い真理を成就され、それを人々の機根（性質と能力）に応じて説かれたわけであるから、その真意がどこにあるかを理解するのがむずかしいのである。」）

いいですか。釈迦仏は開口一番、

「わたしの教えは、小乗仏教徒には理解できるわけがない」

と語られたのです。その語って聞かせる相手が舎利弗です。舎利弗といえば、「智慧第一の舎利弗」と呼ばれ、釈迦の弟子中のナンバー・ワン、白眉《はくび》とされる存在です。つまり、小乗仏教徒の代表とされる人物。その人物に向かって、わたしの教えの真意は、あなたがたには分からないよと爆弾宣言をされた。それが『妙法蓮華経』における釈迦仏の最初の言葉です。びっくりさせられますよね。これは明らかに、小乗仏教に対して喧嘩を売っているわけです。

では、なぜ、小乗仏教に対して喧嘩を売るのか？

その理由は、いま引用した文に続く次の一文に明かされています。

「舎利弗よ、われ、成仏してより已来《このかた》、種種の因縁《いんねん》、種種の譬喩《ひゆ》をもって、広く言教《ごんきょう》を演《の》べ、無数の方便《ほうべん》をもって、衆生を引導《いんどう》し、諸の著《じゃく》を離れしめたり。」

（「舎利弗よ、わたしは仏となって以後これまで、さまざまな因縁や譬喩でもって、言葉による教えを説き、さまざまな方便でもって衆生を導き、執着から離れさせてきた。」）

ここにさらりと述べられている、

――広く言教を演べ――

という言葉こそが、わたしは『法華経』を読む場合のキイ・ワードだと思います。これは『法華経』全体を読んでの結論から導き出されることなんですが、読者にその結論を頭の中に入れていただいて『法華経』を読んでもらったほうが分かりやすいと思いますので、あえて結論から述べることにします。

▼「説くのはやめよう」

『法華経』が何を言いたいかといえば、

――仏が悟った真理は言葉でもっては伝達できない――

ということです。けれども、これは『法華経』だけが言うのではありません。仏教語には、

――言語道断《ごんごどうだん》――

という言葉があります。日常語だと〝言語道断〟は「とんでもないこと、もってのほか」の意味に使われますが、仏教語だとこれは、あらゆるものの真実の相《すがた》（諸法の実相）は「空」であるから、それを言語でもって表現することはできないといった意味です。ともあれ、釈迦世尊が悟られた真理は、それを言語化することはできません。

にもかかわらず、釈迦仏はそれを説かざるを得なかった。「説くことができない」からといって沈黙していたのでは、その「諸法の実相は説くことができない」ということすら分からせることはできません。だから、「言語道断」を分からせるために、釈迦仏は種々の因縁、種々の譬喩を駆使して言葉でもって教えを説かれた。広く言教を演べられたのです。

ところが、小乗仏教の人たちは、釈迦が説かれた「言教」を、それこそが釈迦の教えの真髄だと錯覚してしまった。釈迦は「言教」を真の目的地に至る通過地点（あるいは方便）として説かれたのに、その「言教」が目的地だとしてしまったのが小乗仏教徒です。だから釈迦は、小乗仏教徒はわたしの真意を誤解している。小乗仏教徒にはわたしの教えが分かっていない。と、厳しい言葉を発せられたのです。

そして、釈迦は、舎利弗を突き放すかのような言葉を言われます。

「止《や》みなん。舎利弗よ、また説くべからず。所以《ゆえ》はいかん。仏の成就せる所は、第一の希《け》有《う》なる難解《なんげ》の法にして、唯《ただ》、仏と仏とのみ、乃《すなわ》ち能く諸法の実相を究《きわ》め尽せばなり。謂《い》う所は、諸法の是《か》くの如きの相《そう》と、是《か》くの如きの性《しょう》と、是《か》くの如きの体《たい》と、是《か》くの如きの力《りき》と、是《か》くの如きの作《さ》と、是《か》くの如きの因と、是《か》くの如きの縁と、是《か》くの如きの果と、是《か》くの如きの報と、是《か》くの如きの本末究竟等《ほんまつくきょうとう》となり。」

（「やめよう。舎利弗よ、説いても無駄である。なぜかといえば、仏が悟った真理は最高にして比類なきものであり、人々が理解できるものではない。ただ仏と仏のあいだだけであらゆるものの真実の相《すがた》（諸法の実相）を究めることができるのである。それは、あらゆるものがどのような相をしているか、どのような性質をもっているか、どのような形体をしているか、どのような力を持っているか、どのような作用をするか、どのような直接原因があるか、どのような間接条件があるか、どのような直接結果があるか、どのような二次的変化があるか、初めから終りまでを通じてそれがいったい窮極的にはどのようなものであるか、ということである。」）

釈迦は、霊鷲山に集まった大勢の聴衆に、ご自分が悟られた窮極の教えを説こうとされました。が、すぐにそれを思い止《とど》まります。なぜかといえば、諸法の実相は「唯《ゆい》仏《ぶつ》与《よ》仏《ぶつ》」だからです。〝与〟は英語のアンドの意味で、ただ仏だけがそれを理解し、そして仏にだけそれを伝えることができるものです。仏ならざる者、ましてや小乗仏教の者に、それが理解できるはずがありません。だから釈迦は、「やめよう」と言われたのです。

▼諸法の実相は仏だけが知る

さて、釈迦は、諸法の実相（あらゆるものの真実の相《すがた》）は仏でなければ知ることができない——と言われたあと、その諸法の実相を十のカテゴリーで説明しています。この十のカテゴリーが、古来、天台教学において、

——十如是《にょぜ》——

と呼ばれるものです。すなわち、「如是相。如是性。如是体。如是力。如是作。如是因。如是縁。如是果。如是報。如是本末究竟」の十項目です。

これはいったい何を言っているのでしょうか。たとえば、コップの中に水があるとします。それは、いま現在は水ですが、わたしがそれを飲めば、やがてそれは尿になるかもしれません。

あるいは汗になるかもしれない。沸騰して水蒸気になり、それが雲になり、雨になり、あるいは雪になるかもしれません。尿と雪では性質も作用も違います。津波になれば大勢の人間に被害を与えます。その結果、両親を失った子もいます。わたしたちは一瞬一瞬のもののあり方しか分かりません。いや、それも全部分かっているのではなく、自分の目に触れた範囲でしか分からないのです。そのすべてのあり方を知っておられるのは、仏だけです。

いま、水を例にとりましたが、例を人間にとってみると、もっとよく分かるでしょう。あなたの目の前にいる人は、いまの一瞬の姿であって、明日その人がどうなるか、誰も分かりません。あなたは彼を善人（悪人）と思っていますが、来年その人が悪人（善人）に変化するかもしれません。ともかく、われわれには、何も分からないのです。諸法の実相はわれわれには分からない。そのことだけは分かっています。

あまり細かなことを言う必要はないのですが、因・縁・果・報について少し説明しておきます。因は直接原因、縁は間接条件です。たとえば雪崩《なだれ》で命を失った場合、雪は直接原因になります。しかし、雪が降っていたので長靴を履いていた人が、エスカレーターに長靴がはさまって大怪我をしたとすれば、雪は間接条件（縁）になります。あなたが努力をしてその結果金持ちになれば、それは直接の結果です。しかし、金持ちになれば、あなたは友人から借金を申し込まれるかもしれません。そしてそれを断わり、友人から怨まれ、ときには殺されることもあります。そのような二次的変化が必ず生じます。その二次的変化が報です。

さて、最後に、「本末究竟等」に触れておかねばなりません。〝本末〟というのは、「初めと終り」であって、事物はいろいろに変化します。最初に氷であったものが水になり、水蒸気になる。そうすると、それが究竟《くきよう》（窮極）において何であるかがわれわれ人間には分からない、というのが「本末究竟」です。そして、そのあとに「等」とあるのは、「など」といった意味です。相・性・体・力・作・因・縁・果・報・本末究竟と、『法華経』は十のカテゴリーを列挙しましたが、このほかにもいろいろなカテゴリーが考えられます。それで、「……等《など》」と言っているのです。これはエト・セトラの意味です。

ところが、天台智顗の『法華文句《ほつけもんぐ》』（巻二上）によりますと、この〝等〟を「等《ひと》しい」の意味だとしています。彼によると、本（初め）は相であり、末（終り）は報であり、相・性……果・報と列挙された九つのカテゴリーがあらゆる事物に等しく備わっていることを言ったのが「本末究竟等」だということになります。智顗はこれを「十如是」と、無理矢理十のカテゴリーにしたいもので、そのようなこじつけ解釈をしたのです。

けれども、われわれは、現在はサンスクリット語の原典を参照できます。サンスクリット語の原典によってこの箇所を読むと、ここには五つのカテゴリーしかありません。参考のために、左のその箇所を引用しておきます。

《すなわち、それらの現象が何であるか、それらの現象がどのようなものであるか、それらの現象がいかなるものであるか、それらの現象がいかなる特徴をもっているのか、それらの現象がいかなる本質を持つか、ということである》

これは、岩波文庫『法華経（上）』の岩本裕訳によるものです。本田義英『佛典の内相と外相』（弘文堂書房）によりますと、鳩摩羅什が『妙法蓮華経』を訳すとき、サンスクリット語本にある五つのカテゴリーを、『大智度論』（巻三十二）にある「九種法」からヒントを得て、これを十に増やし、そして「……等」としたのだということです。

まあ、ともかく、われわれは、諸法の実相は仏にしか分からないものだ——ということさえ分かればよいのです。細かな穿鑿《せんさく》はしないでおきます（と言いながら、してしまったのですが……）。

▼舎利弗の懇願と釈迦の拒絶

以上の説示のあと、釈迦仏は偈文でもって同趣旨のことを言われます。同趣旨ですから繰り返す必要はないのですが、要点を少しだけ引用します。

この法は示すべからず　言辞《ごんじ》の相《そう》が寂滅《じゃくめつ》すればなり。

諸余《もろもろ》の衆生の類にして　能《よ》く解《さとり》を得るもの有ること無し。
諸《もろもろ》の菩《ぼ》薩衆《さつしゅ》の　信力堅固《しんりきけんご》なる者をば除く。

……………

仮使《たとい》、世間《せけん》に　皆、舎利弗の如きもの満ちて
思を尽して共に度量《はかる》とも　仏の智は測ること能わざらん。

（わたしが悟った真理を説き示すことは不可能だ　言葉でもって表現できる範囲を超えているからである。

仏ならざる衆生が　悟り得るものではない。

とはいえ、菩薩であって　信ずる力の堅固なる者は例外だ。

……………

たとえ世間に　智慧第一とされる舎利弗のような者が満ちみちて、
思慮を尽して推《お》し量《はか》っても　仏の智を推測することはできない。）

小乗仏教徒は、釈迦仏の教えを言葉でもって捉えようとしています。でも、言葉ではだめなんです。釈迦の悟った真理――大宇宙の真理――は言語を超越しています。永遠の過去から永

遠の未来へと続く真理ですから、人間の理性を超えたものです。言葉は人間の理性の道具でしかないのですから、その言葉という道具では大宇宙の永遠の真理を説けないのです。

では、どうすれば大宇宙の真理を説くことができるでしょうか？　言葉によって説けないものを、言葉でもって説くことはできません。釈迦は、だから、

「説けない」

と言っています。でも、舎利弗をはじめとする小乗仏教徒には、それが分からない。それで舎利弗は、

「どうかお説きください」

と世尊に懇願します。

その時、仏は舎利弗に告げたもう

「やみなん、やみなん、また説くべからず。若《も》しこの事を説かば、一切世間の諸《もろもろ》の天及び人は、皆、当《まさ》に驚疑《きょうぎ》すべければなり。」

舎利弗は、まるで世尊が出し惜しみをして説かないかのように思っています。しかし、それは説かないのではなくて、説けないのです。だから、世尊は断わります。

それでも舎利弗は、なおも世尊に懇願します。
その再度の願いを、世尊はまたも断わります。

「止みなん。止みなん。説くべからず。
わが法は妙にして思い難し
諸《もろもろ》の増上慢《ぞうじょうまん》の者は
聞けば必ず敬信《きょうしん》せざらん。」

(「止めよう、止めよう。説くことができないのだ。
わたしの教えは絶妙にして、考えることもむずかしい
自信過剰になった者は
それを聞けば必ず敬い信ずる心をなくすであろう。」)

だが、それでも舎利弗は、怯《ひる》むことなく三度目の懇願をします。
この三度目の懇願が、釈迦世尊を動かしたのです。

▼五千人の退出

釈迦の伝記をお読みになったことのある読者はお気づきになっておられるでしょう。釈迦世尊が三十五歳のとき、ブッダガヤーの地において悟りを開いて仏となられたとき、世尊は、〈わたしの悟った法は難解であって、世間の人には理解できないものである〉と思い、その法を説くことを断念されました。しかし、そのとき梵天《ぼんてん》が、世尊に「法を説いてください」と三度にわたって懇願しました。梵天は、帝釈天《たいしゃくてん》と並んで仏法の二大守護神とされる神です。その梵天の懇願（それを勧請《かんじょう》といいます）によって、釈迦世尊は説法を決意されました。

『法華経』の作者は、釈迦仏における「梵天勧請」の説話を下敷きにして、ここで舎利弗による三度の懇願を創作したと思われます。まったく同じ筋書きですね。

かくて釈迦世尊は、舎利弗の三度にわたる懇願によって、説法を決意されます。

その時、世尊は舎利弗に告げたもう「汝は已《すで》に慇懃《おんごん》に、三たび請《こ》えり。豈《あに》、説かざることを得んや。汝よ、今、諦《あきら》かに聴き、善くこれを思念せよ。われは、当《まさ》に汝のために、分《ふん》別《べつ》して解《げ》説《せつ》すべし。」

だが、釈迦世尊が説法を始めると言われたとき、意外な出来事が起きます。

この語を説きたもう時、会《え》の中に比丘《びく》・比丘尼《びくに》・優婆塞《うばそく》・優婆夷《うばい》の五千人等ありて、即ち座より起《た》ちて仏を礼《らい》して退けり。所以《ゆえ》はいかん。この輩《ともがら》は、罪の根深重《じんじゅう》にして、及び増《ぞう》上慢《じょうまん》にして、未だ得ざるを得たりと謂《おも》い、未だ証せざるを証せりと謂《おも》えり。かくの如き失《とが》あり。ここを以って住せざるなり。世尊は黙然《もくねん》として制止したまわず。

釈迦世尊の言葉が終ると同時に、聴衆の中の五千人の出家者と在家信者が座より起ち上がって、世尊に一礼して退出しました。この五千人は増上慢の連中で、悟っていないのに自分は悟ったと思っている、自信過剰の人たちでした。世尊はそれを黙って見ておられます。これが、古来、

——五千起去《きこ》——

と呼ばれている出来事です。

そして五千人が去ったあと、世尊は舎利弗に言われました。

その時、世尊は舎利弗に告げたもう「わが今、この衆《しゅ》にはまた枝葉《しよう》なく、純《もっぱ》ら貞実《じょうじつ》なる

もののみあり。舎利弗よ、かくの如き増上慢《ぞうじょうまん》の人は、退くも亦、佳《よ》し。汝よ、今、善く聴け、当《まさ》に汝がために説くべし。」

世尊は五千人を「枝葉」の人間と呼び、ああいう人たちが去って行くのもまたよいではないか、と言っておられます。それはそうなんですが、われわれとしては少し疑問が残ります。というのは、それじゃあこの五千人は救われないのでしょうか？　彼らは、彼らのほうで勝手に釈迦の説法を聴聞することを拒んだのだから、釈迦に彼らを救う義務はありません。でも、彼らが救われないとしたら、『法華経』はすべての人を救う経典だと言えなくなります。

そこで、智顗は、この五千人の救いは『涅槃経《ねはんぎょう》』が説いていると主張します。『涅槃経』という大乗経典は、釈迦世尊が『法華経』を説かれたあとで生まれた、『法華経』を聴聞できなかった人々を救うために説かれた経典だと智顗は言うのです。そして天台宗では、この智顗の解釈によって『法華経』を読んでいます。

しかし、わたしは、そういう読み方に賛成できません。わたしは、『法華経』は『法華経』だけで読むべきだと思います。

そうすると、どうなりますか？　じつは、ずっとあとの「五百弟子受記品第八」には、

「その此の会《え》に在らざるものには　汝は当にために宣説すべし」

といった釈迦世尊の言葉があります。これは、世尊が五百人の弟子に未来の成仏の保証を与えられたあと、「いま、ここにいない人々にもこのことを教えてやってほしい」と、弟子の代表者である摩訶迦葉（マハーカーシャパ）に依頼された言葉です。「此の会に在らざるもの」のうちに、退去した五千人が含まれていると考えたほうがよいでしょう。

▼一大事の因縁

さて、そこで、釈迦世尊は舎利弗を相手に説法をされます。

「諸《もろもろ》の仏・世尊は、唯、一大事の因縁《いんねん》をもっての故にのみ、世に出現したまえばなり。舎利弗よ、云何《いか》なるをか諸の仏・世尊は唯、一大事の因縁をもっての故にのみ世に出現したもうと名づくるや。諸の仏・世尊は、衆生《しゆじよう》をして仏の知見を開かしめ、清浄なることを得せしめんと欲するが故に、世に出現したもう。衆生に仏の知見を示さんと欲するが故に、世に出現したもう。衆生をして、仏の知見を悟《さと》らしめんと欲するが故に、世に出現したもう。衆生をして、仏の知見の道に入らしめんと欲するが故に、世に出現したもう。舎利弗よ、これを諸仏は、唯、一大事の因縁をもっての故にのみ、世に出現したもうとなすなり。」

釈迦仏がこの世に出現されたのは、

——一大事の因縁——

があるがためです。いえ、釈迦仏に限らず、過去のすべての諸仏がその「一大事の因縁」のために出現されたのです。〝因縁〟とは、この場合は目的だと解することができます。

では、その「一大事の因縁」とは何でしょうか?

それは、衆生をして、

——仏知見を開かせ——

——仏知見を示し——

——仏知見を悟らせ——

——仏知見の道に入らしめん——

がためです。この「開」「示」「悟」「入」が、仏の出現される目的です。

仏知見とは、仏のものの見方です。われわれ凡夫は、たとえばがんになると、絶望し、生きる勇気を失うでしょう。でも、仏はそうではありません。われわれには仏がそのときどうされるかは分かりませんが、(それが分かるのが仏知見です)、きっと仏はがんになっても、それを淡々《たんたん》と受けとめられると思います。

そのような仏知見を宝石箱に譬えてみましょう。仏はまずその宝石箱を開いて、われわれ衆生に見せられます。次にはわれわれの掌《てのひら》に宝石を置いて示してくださいます。そして、これを自分のものにしなさいと言われる。自分のものにするのが悟ることです。最後にその方法(道)を教えてくださる。宝石を手に入れる方法を教えてくださるのです。それが仏の出現の理由なんです。

▼すべての人が菩薩である

さて、釈迦世尊は一大事の因縁のためにこの世に出現されました。では、釈迦仏は、どのようにしてその一大事の因縁を遂行されるのでしょうか?

釈迦世尊は、舎利弗に次のように語っておられます。

仏は舎利弗に告げたもう「諸《もろもろ》の仏・如来は、但《ただ》、菩薩のみを教化《きょうけ》したもう。諸有《すべて》の所作は、常に一事のためなり。唯《ただ》、仏の知見をもって、衆生に示し悟らしめんためなり。舎利弗よ、如来は但《ただ》、一仏乗《いちぶつじょう》をもっての故にのみ、衆生のために法を説きたもう。余乗《よじょう》の若《も》しくは二、若しくは三あることなし。」

仏は菩薩だけを教化したまう。仏はただ一仏乗のみを説かれる。そのように世尊は言われています。ここで〝一仏乗〟といった言葉が出てくるのですが、これがちょっと厄介な言葉なんです。

われわれは普通に、仏教を、

——大乗仏教と小乗仏教——

の二つに分けます。しかし、『法華経』は「三乗」ということで、仏教を、

——声聞《しょうもん》乗・縁覚《えんがく》乗・菩薩《ぼさつ》乗——

の三つに分けています。縁覚というのは前に出てきた辟支仏《びゃくしぶつ》のことで、これはまた独覚《どっかく》ともいいます。そして、声聞乗と縁覚乗（あるいは独覚乗）の二つが小乗仏教になります。また、菩薩乗は仏乗とも呼ばれ、こちらのほうは大乗仏教になります。

そこで問題になるのが、一仏乗と仏乗（すなわち菩薩乗）とが同じか否か、です。じつは、三論宗や法相宗では、一仏乗と仏乗を同じものだとしています。ところが、天台宗や華厳宗では、二つは違ったものと解釈しています。したがって、天台宗・華厳宗では、声聞乗・縁覚乗（独覚乗）・菩薩乗（仏乗）・一仏乗と、四乗があることになります。

どちらの解釈がよいのでしょうか？　わたしは、思想的には天台宗の解釈に賛成したいのですが、サンスクリット語本から見ると、正しいのは法相宗の解釈です。サンスクリット語本だと、ここのところは、

《余は唯ひとつの乗物について、それが仏の乗物であると、教えを示すのだ。しかも、第二あるいは第三の乗物は、全くないのである》（岩波文庫『法華経（上）』の岩本裕訳による）

となっています。

ともあれ、釈迦世尊は、わたしは、

――菩薩を教えるためだけに――

――一仏乗を説くためだけに――

この世に出現した、と舎利弗に語っておられます。とすると、釈迦は声聞や縁覚には教えを説かなかったのでしょうか……？　文字通りに読めばそうなります。でも、わたしは、そうではないと思います。逆なんです。声聞や縁覚はいないのです。いま、表面的には声聞、すなわち小乗仏教の徒だと思われている人でも、彼は本当は菩薩なんです。ただ彼は自分が菩薩であることを自覚しないで、自分は小乗仏教徒だと思い込んでいます。まさに舎利弗がそうであって、彼は自分はだめなんだと僻《ひが》んでいます。そういう人たちに釈迦は、

「あなたはまちがいなく菩薩なんだよ」

と教えてあげる。それが釈迦の一大事の因縁です。わたしはそのように解釈しています。

▼方便とは何か？

このあと『法華経』は、過去の諸仏も釈迦仏と同じく一仏乗を説くために出現されたと語っています。そして、偈文でもっていま語ったことを繰り返しています。偈文の内容は散文と同じですが、われわれは理解を深めるために二箇所を読むことにします。

われに方便力《ほうべんりき》ありて　三乗の法を開示《かいじ》す。
一切の諸《もろもろ》の世尊も　皆、一乗の道を説きたもう。

われは智慧の力をもって　衆生の性《しょう》と欲《よく》とを知り
方便して諸《もろもろ》の法を説き　皆、歓喜《かんぎ》することを得せしむ。

ここでは「方便」が強調されています。そういえば、『法華経』の第二章であるこの章は「方便品」と題されています。では、「方便品」とは何でしょうか？

日常語の〝方便〟は、目的を達成するための便宜的な手段を意味します。そこにおいては目的が大事であって、そのためにはどんな手段をとってもかまわない、といった考え方があります。「嘘も方便」というのがそれで、目的のためには人を騙してもよいではないか、と考えられています。

だが、仏教語の〝方便〟は、それとはまったく違います。これはサンスクリット語の〝ウパーヤ〟の訳語として使われ、〝ウパーヤ〟は「近づく・到達する」といった動詞から派生した言葉です。したがって、〝方便〟は目的・目標に向かって近づくことを意味し、しかもこの場合、目的・目標よりも近づくこと（方便）そのものが大事なのです。ですから、かりにまちがった手段をとらねば目的・目標が達成されないのであれば、仏教においては目的・目標のほうを破棄します。「嘘は方便ではない」というのが、仏教の考え方になります。

そのことを頭に入れて、先の引用文を読んでください。

釈迦世尊の目的は、すべての人に仏知見を持たせること、すなわち悟りを開かせて仏にすることです。そのために一仏乗を説かれます。

ところが、わたしたち教えを受ける衆生のほうは、それぞれが違った欲望を持ち、また性格も違います。そうすると、それぞれの人に応じた指導をせねばなりません。たとえば、怠け者には「もっと努力せよ」と叱り、あまりにも張り詰めている者には「もう少しゆったりとしなさい」といったアドヴァイスが必要です。そして、相手に応じたふさわしい指導をするのが

「方便力」です。

釈迦世尊はそうした方便力を持っておられるので、真実には一仏乗をお説きになったのですが、それを相手に応じて三乗に分けて説かれました。表面的には三乗はまったく違ったもののように思われますが、そのいずれもが一仏乗なんです。あらゆる人を仏にさせるための教えです。いや、仏にさせるというより、

――仏に向かって歩ませる教え――

といったほうがよいでしょう。なにせわたしたちが仏になれるのは、無限といってよいほどの時間がかかります。だから、仏といったゴールよりも、仏に向かって歩んで行く一歩一歩の歩みに意味があるのです。

その仏に向かって歩む歩みが方便です。「方便品」はそのことを説いた章なんです。

3　三界は火宅なり（譬喩品《ひゆほん》第三）

▼舎利弗への授記

舎利弗（シャーリプトラ）は釈迦の弟子中の白眉です。「智慧第一の舎利弗」と呼ばれています。だからなんです、釈迦世尊の説法を聴聞して、釈迦世尊がこれまで声聞の弟子たちに教えられた教えが「方便」の教えにほかならないことをすぐに理解できたのです。

そこで舎利弗は、世尊にこう語っています。

「これまで世尊は、菩薩たちには、『あなたがたはいずれ仏になれる』と語られましたが、われわれには小乗の教えしか教えてくださいませんでした。それでちょっと僻《ひが》んでおりましたが、これは世尊が悪いのではなく、わたしたちが悪いのです。わたしたちが、それが〝方便〟の教えであることを理解せず、勝手にこれが窮極の教えであると錯覚してしまったのです。だが、いま、世尊から、これまでお聞きしなかった教えを拝聴して、わたしたち声聞の徒も仏になれることがはっきりと分かりました」

舎利弗はその喜びを次のように言っています。

「今日、乃ち、真にこれ仏の子なり、仏の口より生じ、法より化生《けしょう》して、仏法の分を得たり、と知れり。」

ここのところ、サンスクリット語からの翻訳は次のようになっています（岩波文庫『法華経（上）』岩本裕訳による）。

《「今日、わたくしは完全に「さとり」を得ました。今日、わたくしは真の阿羅漢の位に達しました。今日、わたくしは世尊の嫡出の長男として安らかに生まれ、教えの息子であり、教えの化身となり、教えの遺産を相続する教えの後継者となりました」》

彼は、自分は「仏子」であるという自覚を持ったのです。

そうすると釈迦世尊は、舎利弗を授記されます。授記というのは、未来の成仏を保証することです。

「舎利弗よ、汝は未来世《せ》において、無量・無辺・不可思議の劫《こう》を過ぎて、若干《にゃっかん》の千万億の仏を供養し、正法《しょうぼう》を持《たも》ち奉り、菩薩の行《ぎょう》ずる所の道を具足《ぐそく》して、当《まさ》に仏と作《な》ることを得べ

し。号を華光《けこう》如来・応供・正遍知・明行足・善逝・世間解・無上士・調御丈夫・天人師・仏・世尊といい、国を離垢《りく》と名づけん。」

舎利弗は未来において華光《けこう》如来という名の仏になり、その仏国土を離垢《りく》といいます。華光如来の下に応供・正遍知……と並べられているのは、前にも述べた如来の十号です（九〇ページ参照）。華光如来の〝華〟は、サンスクリット語ではパドマで、これは紅蓮華《ぐれんげ》です。『法華経』の蓮華は白蓮華（プンダリーカ）ですから、違ったものです。

なお、舎利弗は未来において華光如来になりますが、それは遥かな先の未来です。永遠といってよいほどの時間の先です。そしてそのあいだ、舎利弗は無数の仏の許《もと》で修行を積まねばなりません。ということは、授記は、大学の卒業証書のようなものではないのです。卒業証書であれば、すでに勉学の成果は実っているわけですが、授記の場合はこれから勉学（修行）せねばならないのです。

だとすると、授記というのは、釈迦世尊から、

「おまえはわが家——仏の家系——の一員だよ。だから、仏の家柄に属する人間として恥ずかしくない生き方をしなさい」

と認知されたことを意味します。まさに舎利弗が、自分は仏子であると自覚したことが授記

になります。そう解釈したほうがよいでしょう。

この舎利弗への授記を、その場にいた聴衆の全員が喜びます。一人の声聞への授記は、他の大勢の声聞への授記を予想させますし、ひいてはわれわれ凡夫の全員への授記につながる可能性があるからです。

天人たちは曼陀羅華《まんだらけ》や摩訶曼陀羅華《まかまんだらけ》といった天上の花を振り撒いて喜びを表明しました。

▼三界火宅の譬喩

次に舎利弗は、世尊に願い出ます。

「世尊よ、わたしは世尊の教えを完全に理解することができました。疑いはありません。その上、授記までいただいて感謝しています。けれども、ここにいる二千人の僧たちは、まだ世尊の教えを完全には理解していません。どうか彼らのために、教えを説いてやってください」

すると世尊は、それまで説いたことを、譬喩でもって話されます。その譬喩が、有名な、

——三界火宅《さんがいかたく》の譬喩(あるいは三車《さんしゃ》火宅の譬喩)——

です。『法華経』には、七つの譬喩が説かれていますが、その第一の譬喩です。七つの譬喩は次の通りです。

1　三界火宅の譬喩・三車火宅の譬喩(譬喩品)

2　長者窮子《ちょうじゃぐうじ》の譬喩（信解品）
3　三草二木《さんそうにもく》の譬喩（薬草喩品《やくそうゆほん》）
4　化城宝処《けじょうほうしょ》の譬喩（化城喩品《けじょうゆほん》）
5　衣裏繋珠《えりけいじゅ》の譬喩（五百弟子受記品）
6　髻中明珠《けいちゅうみょうしゅ》の譬喩（安楽行品）
7　良医病子《ろういびょうし》の譬喩（如来寿量品）

さて、「三界火宅の譬喩」は、釈迦世尊の次の言葉で始まります。

「舎利弗よ、国・邑《むら》・聚落《じゅらく》に、大長者有るが若《ごと》し。その年は衰え邁《お》い、財富は無量にして、田・宅及び諸《もろもろ》の僮僕《どうぼく》を多く有せり。その家は広大なるに、唯、一つの門のみ有り。諸《もろもろ》の人衆《にんしゅ》、多くして、一百二百乃至《ないし》五百人は、その中に止住せり。堂閣は朽ち故《ふ》り、墻《かき》・壁《かべ》は頽《くず》れ落ち、柱の根は腐《く》ち敗《やぶ》れ、梁《はり》・棟《むね》は傾きて危し。周帀《めぐり》て倶時《くじ》に、欻然《たちまち》にして火、起り、舎宅を焚焼す。長者の諸子の、若しくは十、二十、或は三十に至るまでは、この宅の中に在り。長者は、この大火の四面より起るを見て、即ち大いに驚怖《きょうふ》して、この念をなせり『われは、能《よ》くこの焼かるる所の門より、安穏《あんのん》に出ずることを得べしと雖も、しかも諸子等《ら》は、火宅の内において、嬉戯《きげ》に楽著《ぎょうじゃく》して、覚らず、知らず、驚かず、怖れず、火は来りて身に逼《せま》り、苦痛は己《おのれ》に切《せま》れども、心に厭患《いといわずら》わずして、出ずることを求める意なし。』」

（「舎利弗よ、ある国、ある町に大長者がいたとしよう。彼は相当の老齢であったが、莫大な財産を有し、田畑や家屋も多く、使用人も多数いた。その家は広大であったが、ただ一つの門がある。百人、二百人、いや五百人がそこに住んでいた。だが、その建物は老朽しており、垣根も壁も崩れて、柱の根が腐り、梁《はり》も棟《むね》も傾いていて危険であった。そこに突然、火災が起こり、火は家中に燃え広がった。長者の子どもが十人、二十人、三十人と、この家の中にいた。長者は四方から火事が起きたのを見て、大いに驚いてこのように考えた。『わたしは焼けつつあるこの門から安全に逃げ出すことができるが、しかし子どもたちは焼けつつある家の中にいて、遊びに夢中になっており、火事を知らず、驚かず、怖れず、火がせまり、苦痛がおそってきているのに、平気でいて、外に逃れようと考えもしないでいる。』」）

▼羊車・鹿車・牛車を与える

大富豪の邸宅なのに、たった一つの門しかない。昔はそれを不思議に思っていました。しかし、パキスタンで見たのですが、土塀で囲まれた敷地内に、二、三十の建物のある集合住宅があり、門は一つでした。その建物は住宅のほか、集会所や宗教施設もあります。ほかに学校もありました。つまり、小さな村が土塀で囲まれているのです。五百人が住んでいるというのも、誇張表現ではなさそうです。

そのような集合住宅のあちこちから火が出たのです。しかし、子どもたちは呑気に遊んでいます。遊びに夢中で、火事に気がついていません。

ここのところ、偈文では次のように描写されています。

「譬《たと》えば長者に　一の大なる宅、有るが如し。
その宅は久しく故《ふ》りて　また頓《やぶ》れ弊《やぶ》る。
……………
五百人有りて　その中に止住せり。
鵄《とび》・梟《ふくろう》・鵰《くまたか》・鷲《わし》　烏《からす》・鵲《かささぎ》・鳩《やまばと》・鴿《いえばと》
蚖《とかげ》・蛇《へび》・蝮《まむし》・蠍《さそり》・蜈蚣《むかで》・蚰蜒《げじげじ》
守宮《いもり》・百足《おさむし》　鼬《いたち》・貍《たぬき》・鼷《はつかねずみ》・鼠《ねずみ》の
諸《もろもろ》の悪虫の輩は　交《たがい》に横《ほしいまま》に馳走し
……………」

いろんな動物がその大邸宅に巣くっており、走り回っています。夜叉や悪鬼もいます。偈文によると、長者が外出しているあいだに火事が起きたことになっています。帰宅した長者は、あわてて子どもたちに、

「この家から外に出なさい」

と言いますが、遊びに夢中になっている子どもたちは、父親の言葉を聞きません。そこで長者は、子どもたちにこう言いました。

……………「われに種種の
珍玩《めずら》しき具たる　妙宝の好《よ》き車有り。
羊車・鹿車　大なる牛の車にして
今、門外に在り。　汝等よ、出で来れ。
われ、汝等のために　この車を造作《ぞうさ》せり。
意の楽《ねご》う所に随って　もって遊戯《ゆげ》すべし」と。

「あなたがたが欲しがっていた羊車《ようしゃ》・鹿車《ろくしゃ》・牛車《ごしゃ》があるよ。さあ、出ておいで。すばらしい車

をあげるからね」
と、父親は子どもたちに呼びかけたのです。
それを聞いて、子どもたちは先を争うようにして外に出てきました。
そして彼らは父親に「約束の車をください」と請求しました。

その時、長者は各《おのおの》、諸子に等一《とういつ》の大車を賜う。

長者は子どもたち全員に「等一の大車」を与えました。子どもたちはこの車に乗って、喜んで遊んでいます。

▼釈迦は「世間の父」

以上が三界火宅の譬喩です。では、「等一の大車」とは何でしょうか？　それについてのコメントをする前に、この譬喩を総括して釈迦世尊が言っておられる言葉を紹介します。

…………「われも、亦、かくの**如**し。
衆聖《しゆしよう》の中の尊にして　世間《せけん》の父なり。

一切衆生は　皆、これ吾が子なるに
深く世の楽《らく》に著《じゃく》して　慧《え》心《しん》あること無し。
三界《さんがい》は安きこと無く　猶《なお》、火宅の如し
衆苦《しゅく》は充満して　甚だ怖畏《ふい》すべく
常に生《しょう》・老　病・死の憂《う》患《げん》有りて
かくの如き等の火は　熾《し》然《ねん》として息《や》まざるなり。
如来は已《すで》に　三界《さんがい》の火宅を離れて
寂然《じゃくねん》として閑居《げんこ》し　枯野に安らかに処せり。
今、この三界は　皆、これ、わが有なり。
その中の衆生は　悉くこれ吾が子なり。
しかも、今、この処は　諸《もろもろ》の患難《うれい》多く
唯、われ、一人のみ　能く救護《くご》をなすなり。」

わたし、釈迦は、この長者と同じなんだよ。わたしは世間の父であり、この三界はわたしの所有に属する。すべての衆生はわたしの子である。つまり、ここに「仏子」の思想が語られています。

この三界は釈迦仏の所有に属しながら、しかも火宅なんです。いささか矛盾のようにも聞こえますが（だって釈迦仏の邸宅であれば、もっと立派なものであってよさそうです）、老朽家屋だから仕方がないのです。しかし、大事なことは、「唯、われ、一人のみ　能く救護をなすなり」であって、火宅にいる仏子を救えるのは釈迦一人だけです。ここのところが、「唯、一つの門のみ有り」の意味なんでしょう。

そこで、釈迦世尊は火宅にいる仏子を救うために、「出ておいで」と呼びかけられました。でも、子どもたちは遊びに夢中です。それ故、世尊は、

「ここをもって方便《ほうべん》して　ために三乗を説きて
諸《もろもろ》の衆生をして　三界《さんがい》の苦を知らしめ
出世間《しゅつせけん》の道を　開示《かいじ》し演説するなり。」

と、彼らに三乗——三つの乗物——を説示されたのです。

以上が三界火宅の譬喩の意味になります。

▼声聞・縁覚・菩薩とは？

では、三乗とは何でしょうか？　それについては散文の部分に解説があります。

まず声聞乗について。

「舎利弗よ、若し衆生有りて、内に智性《ちしょう》あり、仏・世尊より法を聞きて信受し、慇懃《おんごん》に精進して、速かに三界《さんがい》を出でんと欲して、自《みずか》ら涅槃《ねはん》を求むれば、これを声聞乗と名づく。彼の諸子の、羊車を求めんがために火宅を出づるが如し。」

声聞乗の人たちは「内に智性あり」で、知的な人々です。一生懸命努力し、三界を去って涅槃に入ることを求めています。その姿勢には問題はないのですが、彼らは自分のことばかり考えています。自分が涅槃に入ることだけを考えて修行している。そういう態度が小乗として嫌われるのです。

この声聞の人たちが求めているのは羊の車です。

「若し衆生有りて、仏・世尊より法を聞きて信受し、慇懃《おんごん》に精進して、自然慧《じねんえ》を求め、独り善寂を楽《ねが》い、深く諸法の因縁《いんねん》を知れば、これを辟支仏乗《びゃくしぶつじょう》と名づく。彼の諸子の、鹿車を

求めんがために、火宅を出づるが如し。」

次は縁覚乗。これは辟支仏乗とも呼ばれます。彼らは自然慧を求めています。これは十二因縁のことです。十二因縁は自然にある法則ですから、自然慧といいます。そして「独り善寂を楽い」で、自分一人で静かに生きることを楽しんでいる。したがって、基本的には声聞と同じで、小乗仏教の徒です。彼らが求めているのは鹿車です。

「若し衆生有りて、仏・世尊より法を聞きて信受し、勤修《ごんしゅ》に精進して、一切智・仏智・自《じ》然智《ねんち》・無師智と如来の知見・力《りき》・無所畏とを求め、無量の衆生を愍念《みんねん》し、安楽にし、天・人を利益《りやく》し、一切を度脱すれば、これを大乗と名づけ、菩薩《ぼさつ》はこの乗を求むるが故に、名づけて摩訶薩《まかさつ》となす。彼の諸子の、牛車を求めんがために、火宅を出ずるが如し。」

最後に牛の車を求めたのが大乗仏教の菩薩たちです。摩訶薩は大士《だいじ》です。菩薩も摩訶薩も意味は同じです。

この菩薩たちは、一切智・仏智・自然智・無師智を求めています。これは、簡単にいえば、仏が持っておられる智慧です。

一切智は、過去・現在・未来にかけての事象、そして世界のあらゆる事象を見る智慧です。しかもその智慧は、仏が誰か師に教わった知識ではありません。仏がみずから獲得された智慧です。それが無師智。

そして、仏はまた慈悲の心を持っておられます。菩薩は、仏の智慧と同時に、衆生を救ってやりたいとする仏の慈悲も持っています。その点が、自分の涅槃ばかりを求めている小乗仏教の声聞・縁覚との大きな違いです。

▼三車家か？　四車家か？

ところが、釈迦仏はこどもたち全員に「等一の大車」を与えられました。白い牛がひく大きな牛車、すなわち大白牛車《だいびゃくごしゃ》を与えられたのです。

これは約束違反になるでしょうか？

なぜなら、声聞乗の徒は羊車を、縁覚乗の徒は鹿車を欲していたのです。菩薩乗の人々だけが牛車を望んでいました。にもかかわらず全員に等一の大白牛車を与えたということは、ある意味では約束違反になりそうです。

だから世尊は、舎利弗に、

「わたしは嘘をついたことになるだろうか？」

と訊いておられます。もちろん舎利弗は、「嘘をついたことにはならない」と返答します。燃え盛る火宅から子どもたちを救出しただけでも十分なのに、その上、羊車や鹿車よりもはるかに高級な大白牛車を与えたのだから、声聞・縁覚に不満のあるはずがないといった返事です。まあ、それはそうですね。舎利弗の返事で良さそうです。

ところで、問題は一つあります。それは、大白牛車は菩薩たちが欲しがっていた牛車と同じか否か、です。

同じだとすれば、羊車・鹿車・牛車の三つの車になります。そう考えるのが法相宗や三論宗の教学で、これを「三車家」といいます。

それに対して、天台宗や華厳宗では、大白牛車はたんなる牛車とは違っていると考えます。したがって「四車家」になるわけです。声聞乗・縁覚乗・菩薩乗のほかに一仏乗があることになります。

この問題は前章でも触れましたが（一一五ページ以下参照）、サンスクリット語本からすれば、三車説になります。けれども、この問題については、わたしは天台教学の四車説のほうがよいと思います。

すなわち、釈迦仏は子どもたちの全員に等一の大車である大白牛車を与えられました。だが、等一といっても、現代の工場生産品のようなステレオ・タイプの製品ではありません。個性のある車です。そこにシンボル・マークがついています。そのマークが羊であったり、鹿であったり、牛であったりします。子どもたちは数多くある大白牛車のうちから、自分の好きな車を選んで、それを父親から貰いました。わたしはそのように解釈しています。

というのは、わたしは、声聞の教えが劣ったものだと思いません。声聞は声聞でいい、菩薩は菩薩でいいのです。それぞれの人がそれぞれ自分にふさわしい道をゆったりと歩む。それが『法華経』の教えだと思います。

では、声聞、すなわち小乗仏教のどこが悪いのか？　そう問われるならば、小乗仏教は自分たちの仏教だけが釈迦仏の教えであり、菩薩の生き方・行き方はまちがっていると考えている点がよくない。そのような偏狭な態度を『法華経』はいちばん嫌っています。わたしはそう考えます。

いいえ、これは菩薩乗についても言えることです。菩薩乗（大乗）を歩む人が、もしも自分の歩む仏教だけが優れており、他の人の歩む道はまちがっていると考えるなら、その人はちっとも『法華経』が分かっていないのです。『法華経』は、釈迦仏はすべての人を仏子と認めておられ、それぞれの仏子が自分にいちばんふさわしい道を歩むことを期待しておられると説いた経典です。だから、他人に対して「あなたはまちがっている」と言う人がいれば、その人がいちばん『法華経』の精神が分かっていない人です。わたしは『法華経』をそのように読んでいます。

▼「信」によって『法華経』に入る

このあと、釈迦世尊は、舎利弗に対して重要な注意を与えられています。

「汝、舎利弗よ　わがこの法印は
世間を利益《りやく》せんと　欲するがための故に説くなり。
遊ぶ所の方《かた》に在って　妄《みだ》りに宣伝すること勿れ。」

この法印というのは『法華経』だと思えばいいでしょう。わたしが『法華経』を説くのは、世間の利益のためである。だから、遊ぶ所の方《かた》、すなわち出掛けて行った先々で、所かまわず説いてはならぬというのです。なぜかといえば、能力の低い者は『法華経』の教えを誤解してしまうからです。

では、『法華経』を正しく理解する能力とは何でしょうか？　それは「信」です。

「汝、舎利弗すら　尚、この経においては

信をもって入ることを得たり。　況《いわ》んや余の声聞《しょうもん》をや。
その余の声聞も　仏の語を信ずるが故に
この経に随順《ずいじゅん》す　己れの智分に非ざればなり。」

何度も言いますが、舎利弗は「智慧第一」の弟子です。その舎利弗にしてからが、『法華経』には信をもって入ることができるのです。ましてや、智慧において劣るその他の声聞の弟子たちは、仏語《ぶつご》を信ずることによってしか入りようがありません。「己れの智分に非ざればなり」――智慧でもって『法華経』を理解することはできません。そのようにはっきりと断言されています。

そこで『法華経』を説く場合、「信」のない者にこれを説いてはいけません。「信」のない者に説けば、相手の理性に訴えることになりますが、理性でもって『法華経』を理解することは不可能です。

ですから釈迦世尊は、

「又、舎利弗よ　憍慢《きょうまん》・懈怠《けだい》にして
我見を計《け》する者には　この経を説くこと莫《な》かれ。」

と注意しておられます。憍慢・懈怠・計我《けが》……等、十四謗法《ほうぼう》と呼ばれる、『法華経』を説いてはならぬ十四種の人があります。左に列挙しておきます。

1 憍慢《きょうまん》……驕《おご》り高ぶった人。
2 懈怠《けだい》……怠け者。
3 計我《けが》……自己中心的な人。
4 浅識《せんしき》……ものの考え方が浅薄な人。
5 著欲《じゃくよく》……欲だらけの人。
6 不解《ふげ》……ものごとを正しく理解できない人。
7 不信《ふしん》……信じない人。
8 顰蹙《ひんじゅく》……反感をむきだしにする人。
9 疑惑《ぎわく》……疑い深い人。
10 誹謗《ひほう》……正法をそしる人。
11 軽善《きょうぜん》……善人を軽んずる人。
12 憎善《ぞうぜん》……善人を憎む人。
13 嫉善《しつぜん》……善人を嫉《ねた》む人。

14　恨善《こんぜん》……善人を恨む人。

では、どのような人に『法華経』を説けばよいのでしょうか？　それは、智慧のある人、仏道を求める人、信心堅固な人、精進する人、善友を求める人、戒律を守っている人、愍《あわ》れみの心を持った人、大乗の教えだけを実行できる人……です。

舎利弗に告ぐ　「……………

かくの如き人は　則ち能《よ》く信解《しんげ》するをもって

汝は、当《まさ》にために　妙法華経を説くべし」

そのような世尊の言葉でもって、この「譬喩品」が終ります。そして、ここに出てきた「信解」の語が、次章のタイトルになっています。

4　大乗に心を向ける（信解品《しんげほん》第四）

▼アディムクティ

『法華経』の第四章は「信解品《しんげほん》」と題されています。最初に、この〝信解〟といった言葉の意味を考えてみます。

『妙法蓮華経』において羅什が〝信解〟と訳したこの言葉の原語は、サンスクリット語の〝アディムクティ〟です。ところが、この〝アディムクティ〟には、あまり「信じる」といった意味はありません。この語は、「放つ」という意味の動詞の語根の〝ムチ〟に、「上方に」の意味の接頭辞〝アディ〟を付加してできた語で（植木雅俊訳『梵漢和対照・現代語訳——法華経（上）』岩波書店による）、日本語だと、

——意向（心の向かうところ）——

に近い言葉です。それが世俗的な欲望であっても、心が何かに向かっているのがアディムクティです。ですから、映画スターやプロ野球の選手になりたいと志願するのも、大学に志願す

るのも、心がそちらに向かっているからアディムクティになります。

では、なぜ羅什は、〝アディムクティ〟に「信じる」という意味がないのに、これを〝信解〟と訳したのでしょうか？　じつは羅什は、『妙法蓮華経』の他の箇所では、アディムクティを、

「小法を楽著《ぎょうじゃく》する」

「小法を楽《ねが》う」

と訳しています。その心が低い段階に向かっているときは、信解ではないのです。ということは、その心が高い理想である大乗に向かったとき、はじめてそれはまさに信念となり、信解となる。羅什はそのように解釈したのです。

だが、そう考えても、羅什がここになぜ〝信解〟といった言葉を加えたのか、その理由が分かりません。〝信〟はいいのです。釈迦仏の教えを信じて、自分たちもいずれ仏になれると信じて、心を仏に向ける。だから「信」になります。では、なぜ羅什は、アディムクティを「信」だけにせず、そこに〝解〟を加えて「信解」にしたのでしょうか？

わたしには、二つの理由が考えられます。

一つは、羅什は大乗の高い理想に心を向ける（アディムクティ）には、仏になれるといった信念だけではなしに、小乗仏教の低い目標（それは阿羅漢になることです）に対するこだわりから心を解放しないといけないと考えたからだとする解釈です。つまり、信解の〝解〟は

「解放」の意味になります。すでに述べたように、〝アディムクティ〟の〝ムクティ〟には「放つ」といった意味がありますから、そういう解釈も可能です。

もう一つは、羅什は『大智度論』を訳しています。『大智度論』は『摩訶般若波羅蜜経』に対する注釈書で、全百巻より成ります。龍樹（ナーガールジュナ）の著とされていますが、訳者である羅什の意見が相当程度に加えられています。その『大智度論』（巻一）に、

《仏法の大海は、信を能入《のうにゅう》となし、智を能度となす》

とあります。仏道に入るには、まず信ずることが大事であり、同時に智がなければならないというのです。そこで羅什は『大智度論』に影響されて、大乗の高い理想に心を向ける（アディムクティ）には、釈迦世尊の教えを信じると同時に、智（理解）がなければならないと考えました。そこで「信解」としたのです。

いずれにしても、「信解品」においては、われわれはみんな、

――大乗の高い理想に心を向けよう――

と説かれています。これをただ漢字の〝信〟と〝解〟の組み合わせだけで考えると、『法華経』を誤読する危険がありますから、要注意です。

▼長者窮子の譬喩

さて、「信解品」は、釈迦の四人の高弟たち——須菩提《しゅぼだい》（スブーティ）・摩訶迦旃延《まかかせんねん》（マハーカーティヤーヤナ）・摩訶迦葉《まかかしょう》（マハーカーシャパ）・摩訶目犍連《まかもくけんれん》（マハーマウドガリヤーヤナ）——が、釈迦世尊に向かって、

「われわれ長老格の四人は、自分たちが達した涅槃の境地に満足して、それ以上の最高の悟りを求める気持ちを持ちませんでした。ところが世尊がいま舎利弗（シャーリプトラ）に、

『声聞であるそなたも、最高の悟りを得ることができる』

と保証を与えられました。その言葉を聞いて、無量の珍宝《ちんぽう》が求めていないのに手に入ったような気がします。そこで、わたしたちが理解したところを、次の譬え話によって申し上げようと思います」

と語るところから始まります。そうして、『法華経』の第二の譬喩である、

——長者窮子《ちょうじゃぐうじ》の譬喩——

が説かれます。この譬喩はカーストの差別がある古代のインド社会にしてはちょっと不自然なところがありますが、大乗仏教の考え方を喩え話によって説いたものとして、枝葉末節にこだわらずに読んでみましょう。

幼いときに父親の許《もと》から逃げ出した息子がいます。父親は息子の家出に心を痛め、あちこち

遍歴して息子を探しますが見つかりません。だが、この父親は成功して大富豪になりました。

その家は大いに富み、財宝は無量にして、金・銀・瑠璃《るり》・珊瑚《さんご》・琥珀《こはく》・頗梨珠《はりしゅ》等は、その諸《もろもろ》の倉庫に、悉《ことごと》く皆、盈《み》ち溢れたり。多くの僮僕《どうぼく》・臣佐《じんさ》・吏民《りみん》有りて、象・馬・車乗・牛・羊は無数なり。出入《すいにゅう》に利を息《う》むこと乃ち他国に遍《あまね》く、商估《しょうこ》・賈客《こかく》も亦、甚だ衆多《しゅた》なり。

と書かれています。一方、子どものほうは尾羽打ち枯らし、衣食を求めて村から村へ放浪を続けています。

それから五十年後。窮子（生活に困窮する子）はたまたま父親の家の前にやって来ました。父親は、家の中から息子の姿を見て、それが五十年前にいなくなった子どもだと気づくのですが、息子のほうはそれが父親だとは分かりません。

〈こんな国王に等しい威勢のある人の前でうろうろしていると、強制労働させられるかもしれない。急いで逃げよう〉

と、息子は走り去ります。

それを見て、父は使者をやって、窮子を連れて来させます。だが、使者に捕まった息子のほうは、

〈ひょっとすれば、自分は殺されるかもしれない〉

と思い、気絶してしまいました。父は遠くからそのありさまを見て、

「この男には用はない」

と言い、息子に冷水を浴びせて目を醒まさせ、解放しました。

これは使者の態度が悪いのです。何の説明もなくいきなり連行されると、脅えてしまって当然です。『法華経』がいくら立派な経典だといっても、いきなりそれを押し付けられてはたまりません。相手が『法華経』を受容できるようになってから、これを相手に説くべきです。『法華経』は、この話によって、布教の態度を言っているのだと思ってください。

▼父親がわが子に財産を譲る

さて、父親はいったん息子を解放しますが、次に一計を案じます。貧相な二人の使者を雇って、「二倍の給金の貰える汲み取りの仕事」があるから大邸宅で働かないかと息子を連れて来させます。息子は給金がいいので、喜んでやって来ました。これは、現世利益でもっての誘引です。

ここのところが、古代のインドでは考えられない譬喩なんです。カースト制度の下では、汲み取りの仕事をした者がのちに事務職に移り、執事になるなんてことは絶対にありません。で

も、まあ、そんな細かな点にめくじらを立てないでおきましょう。ともかく父親は汲み取りの仕事をしているわが子に心を痛めながら、こう言います。

「おい、男よ、いつまでもここで仕事をせよ。よそに行くんじゃないぞ。給料も増やしてやろう。必要なものはなんでもあげよう。おまえは他の使用人と違ってまじめだから、わたしはおまえをわが子のように遇しよう」

そして、窮子に〝息子（プトラ）〟といった名前を与えました。息子は二十年間、まじめに汲み取りの仕事に従事します。

長者には、智有りて　漸く入出《にっしゅつ》せしめ
二十年を経て　家事を執作《とりな》さしむ。
その金・銀　真珠・頗梨《はり》の
諸《もろもろ》の物の出入《すいにゅう》を示して　皆、知らしむれども
猶、門外に処し　草菴《そうあん》に止宿して
自《みずか》ら貧しき事を念う　「われに、この物無し」と。

この長者、すなわち父親は、二十年がたつと、息子にようやく邸宅に自由に出入りすることを許し、財産の管理もまかせます。けれども息子のほうは、なおも邸宅の外の粗末な小屋に寝起きし、自分は貧乏なんだ、このような財物は自分のものではないと思い込んでいます。まさに、親の心、子知らず、です。

しかし、ついに父親は決断しました。親族・国王・大臣などに集まってもらい、皆の前で宣言します。

「みなさん、聞いてください。この子はわたしの実子なんです。わたしを捨てて逃げ出したのですが、偶然にも再会することができました。この子は、まちがいなくわたしの実子です。わたしはこの子の父です。わたしの所有する全財産は、この子のものです。」

この父親の言葉を聞いて、もちろん息子は喜びます。

〈自分からは何も求めていなかったのに、思いがけずにこのような宝物を得た〉

と息子は思ったのでした。

須菩提、摩訶迦旃延、摩訶迦葉、摩訶目犍連の四人を代表して摩訶迦葉がこのように話したあと（じつは散文の部分では、誰が語ったのか明記されていませんが、偈文の部分では、摩訶迦葉が四人を代表して語ったことが明らかにされています）、最後を次のようにまとめています。

「世尊よ、大富長者とは、則ちこれ如来なり。われ等は、皆、仏子に似たり。如来は常に、
われ等は為《こ》れ子なり、と説きたまえばなり。」

釈迦世尊が父親であって、彼ら声聞の弟子たちが窮子だというのです。

▼真の声聞なり

ところで、摩訶迦葉は、偈文の終り近くになって、次のように述べています。

「われ等は、今者《いま》　真にこれ声聞《しょうもん》なれば
仏道の声をもって　一切をして聞かしめん。
われ等は今者《いま》　真に阿羅漢《あらかん》なれば
諸《もろもろ》の世間の　天・人・魔・梵において
普《あまね》くその中において　応《まさ》に供養を受くべし。」

これはすごい言葉です。すなわち摩訶迦葉は、自分たちが、
——「真の声聞」であり「真の阿羅漢」である——

と自覚したのです。普通は、大乗仏教の立場からすれば、声聞や阿羅漢は小乗仏教徒であり、劣った存在とされています。ところが摩訶迦葉は堂々と胸を張って、

「わたしは真の声聞であり、真の阿羅漢である」

と宣言するのです。

これは、『法華経』が、声聞の人たちを決して貶《おとし》めていないことを意味します。声聞は声聞であっていいのです。小乗の仏教者は小乗でいい。それはちょうど、小学生が小学生であっていいのと同じです。なにも大学生が偉くて、小学生が劣っているのではありません。

しかし、声聞であれば、真の声聞でなければなりません。

では、真の声聞であるとは、どういうことでしょうか……?

問題は「アディムクティ」です。

摩訶迦葉は、「真の声聞なり、真の阿羅漢なり」との自覚を表明する直前に、世尊に向かって次のように言っています。

「富める長者の　子の志の**劣**なるを**知**りて
方便力《ほうべんりき》をもって　その**心**を**柔伏**《にゅうぶく》して
しかして**後**に**乃**《すなわ》ち　**一切**の**財宝**を**付**するが**如**し。

仏も亦、かくの如し　希有《けう》の事を現わしたまい
小を楽《ねご》う者なりと知りたまいて　方便力をもって
その心を調伏《じょうぶく》して　乃ち大智を教えたまえば
われ等は今日　未曾有《みぞう》なることを得たり。」

あの長者が、わが子の志の劣なるを知って、方便を使って子どもの心を高めたのちに全財産を譲ったように、仏もまたわれわれ声聞が小を楽う者なりと見抜かれて、方便によって心を高め、智慧を教えてくださったからこそ、わたしたちは今日のようなすばらしい出来事にあうことができました。摩訶迦葉は世尊にそのように申し上げています。じつは、ここに出てくる、「志の劣なる」と「小を楽う」といった語は、いずれもサンスクリット語本では、

――ヒーナ・アディムクティ（劣ったアディムクティ）――

なんです。アディムクティは、この章の最初に解説したように、「意向（心の向かうところ）」といった意味。声聞、小乗仏教徒は、大乗の高い理想に心を向けることがなく、低い阿羅漢の境地に満足してしまった。それがいけないのです。その彼らに、釈迦仏は、

「もっと高い理想に心を向けなさい」

と教えてくださった。その教えを受けて、彼らは目覚めて真の声聞・真の阿羅漢になったの

です。

だとすれば、わたしたちも、

「われは真の凡夫なり」

と自覚すべきです。そして、仏といった高い理想に心を向けて少しずつ歩んで行く。そのとき、わたしたちは真の仏教徒になれるのです。わたしはそのように学ばせていただきました。

5　草いろいろ（薬草喩品《やくそうゆほん》第五）

▼すべての人を一切智の境地に導く

第五章の「薬草喩品」の言いたいことは、冒頭の部分で世尊が摩訶迦葉《まかかしよう》（マハーカーシャパ）に語られる言葉に尽きています。摩訶迦葉は釈迦の十大弟子の一人で、「頭陀《ずだ》第一」とされています。頭陀とは、衣食住についての貪りと欲望を捨てて仏道修行に励むことです。つまり、摩訶迦葉は少欲知足の修行者であったのです。

第四章の「信解品」で、摩訶迦葉は自分の理解したところを世尊に語りました。それに対して世尊は、

「**善《よ》い哉《かな》、善い哉。迦葉よ、善く如来の真実の功徳《くどく》を説けり。**」

と迦葉を誉められたあと、また、

「迦葉よ、当《まさ》に知るべし、如来は、これ諸法の王なれば、若し説く所有らば、皆、虚《むな》しからざるなり。一切法において、智の方便をもって、これを演説し、その説く所の法は、皆、悉《ことごと》く一切智地《じ》に到らしむ。」

と宣言されています。すなわち、如来は「諸法の王」であるから、その説くところは真実であって虚しいものではない。あらゆる事柄において、方便としての智慧でもって説法し、すべての人々を一切智（すべてを知る智）の境地に到達させようとするものである。そう言われたのです。

さて、ここに一つの大きな問題があります。あらゆる人々を対象に教化するのですが、人々の理解力の差はどうすればいいのでしょうか？　わたしも、ときに、中学一年生から高校三年生までを集めて仏教の話をすることがありますが、あれはやりにくいですね。でも、そのときの体験からすれば、聴衆の知識のレベルは問題にはなりません。仏教の話は、いわゆる学力は関係ないのです。その人がどれくらい仏教を知りたいと思っているか、その関心の深さによります。したがって、わたしは、

〈ああ、これがアディムクティなんだなあ……〉

と思ったりします。アディムクティというのは、前章で言ったように、「心を向けること」です。

釈迦世尊は、能力の高い者／低い者に応じて、アディムクティの高い者／低い者に応じて、またその人の年齢や性別、性格の差を勘案しながら教えを説かれました。それが、

――対機説法・応病与薬――

です。釈迦世尊の説法は、相手の機根（性質と能力）に応じてなされたものであり、また相手の病気に応じて薬を与えるのが世尊のやり方でした。それが「方便」なんです。

このことを世尊は、次に譬喩でもって話されています。これが、法華七喩と呼ばれるもののうちの、

――三草二木《さんそうにもく》の譬喩――

です。読んでみましょう。

▼「三草二木」の喩え

「迦葉よ、譬《たと》えば、三千大千世界の山川《せんぜん》・谿谷《けいこく》・土地《どじ》に生ずる所の卉木《くさき》・叢林及び諸《もろもろ》の薬草は、種類若干《にゃつかん》にして、名《みょう》・色《しき》各《おのおの》異り、密雲は弥《あまね》く布《し》きて、遍《あまね》く三千大千世界に覆い、

一時に等しく澍《そそ》ぎ、その沢《うるおい》は普《あまね》く卉木《くさき》・叢林及び諸の薬草の小根・小茎《しょうきょう》・小枝・小葉と、中根・中茎・中枝・中葉と、大根・大茎・大枝・大葉とを洽《うるお》し、諸の樹の大小は上中下に随って、各《おのおの》、受くる所有りて、一雲の雨《あめふ》らす所は、その種性《しゅしょう》に称《かな》いて、生長《しょうちょう》することを得《え》、華《け》・果《か》は敷《ひら》け実《みの》り、一地《じ》の生ずる所、一雨の潤《うるお》す所なりと雖も、しかも諸《もろもろ》の草木に、各差別有るが如し。

迦葉《かしょう》よ、当《まさ》に知るべし、如来も、亦、また、かくの如し。」

（「迦葉よ、たとえば全世界の山や川、渓谷・平地に生える草木、叢林、さまざまな薬草は、種類も多く、名前も形も違っている。そこに雨雲が大空いっぱいにひろがり、全世界を覆い、一時に、どこも等しく雨を降らせる。そのうるおいの雨はすべての草木、叢林、薬草の小根・小茎・小枝・小葉と、中根・中茎・中枝・中葉、また大根・大茎・大枝・大葉をうるおし、もろもろの大樹や小樹はその上中下に応じてそれぞれ受けるところが違っている。けれども、一つの雲によって降った雨は、その植物の種類に応じてそれぞれを生長させるのであり、それぞれの花を咲かせ、果を実らせるのだ。同じ一つの土地に生え、同じ一つの雨の恵みを受けたといっても、もろもろの草木には差があるようなものだ。

迦葉よ、よく知りなさい、如来もまたそれと同じであるのだ。」）

空いっぱいにひろがった雨雲から降る雨が釈迦の教えです。雨は無差別平等に降ります。すなわち、仏の慈悲は平等に及んでいるのです。その平等の雨を、三草二木の植物がそれぞれに必要なだけいただいているわけです。

三草二木とは、小・中・大の薬草と、小・大の樹木です。これが何を意味するかは、偈文において次のように解説されています。

「或は人《にん》・天《でん》　転輪聖王《てんりんじょうおう》
釈《しゃく》・梵《ぼん》の諸王に処するは　これ小《しょう》の薬草なり。
無漏《むろ》の法を知りて　能《よ》く涅槃《ねはん》を得
六神通《じんずう》を起し　及び三明《さんみょう》を得ると
独り山林に処して　常に禅定《ぜんじょう》を行《ぎょう》じて
縁覚《えんがく》の証《さとり》を得るとは　これ中《ちゅう》の薬草なり。
世尊《せそん》の処を求めて　われ当《まさ》に仏と作《な》るべし、とて
精進《しょうじん》と定《じょう》とを行《ぎょう》ずるは　これ上《じょう》の薬草なり。
また、諸《もろもろ》の仏子にして　心を仏道に専らにして

常に慈悲を行じ　自《みずか》ら仏と作《な》ること
決定《けつじょう》して疑い無しと知るものは　これを小樹と名づく。
神通《じんずう》に安住して　不退《ふたい》の輪《りん》を転じ
無量の億　百千の衆生を度する
かくの如きの菩薩を　名づけて大樹となすなり。」

これをもとにして、伝統的には、
小の薬草は……人間と天人、
中の薬草は……声聞と縁覚、
上（大）の薬草は……低い段階の菩薩、
小樹は……中程度の段階の菩薩、
大樹は……高い段階の菩薩、
を喩えたものとしています。上の薬草にたとえられているのは菩薩ですが、この場合の菩薩は『法華経』以外の大乗の教えによって修行する菩薩であり、『法華経』の教えを学ぶ者は草ではなしに樹（小樹と大樹）にたとえられています。教学的にはこのように細かな論議がなされていて、古来、ここは『法華経』の難所の一つとされていますが、われわれはそのような議論はしないでおきましょう。

▼薬草とは何か?

ところで、この章は「薬草喩品」と題されています。サンスクリット語でも「オーシャディー」であって、これは薬草です。では、薬草にどのような意味があるのでしょうか?

たぶん、それほど深い意味はないと思います。

じつは、インド仏教では、戒律の上から左の四種類の薬を区別しています(平川彰『法華経の世界』東方出版による)。

1　時薬……正午までの時間であれば食べてよい薬といった意味で、この場合の薬とは食事のことです。正午を過ぎると出家修行者は食事することが許されません。したがって非時になります。

2　時分薬……正午以後でも口にしてよい薬(食事)です。ジュースがそれです。しかし、ミルクは食物の範疇に入っています。

3　七日《なぬか》薬……七日間保存してよい薬(食物)で、バター、ヨーグルト、砂糖などです。

4　尽形寿《じんぎょうじゅ》薬……これが狭義の薬(バイシャジュヤ)です。人間はいつ病気になるか分かりませんから、狭義の薬は死ぬまで保持することが許されたのです。しかし、このバイシャジュヤ（薬）とオーシャディー（薬草）とは、まったく違ったものです。

こうしてみると、インド仏教では、食べる物を薬と理解していたようです。それ故、滋養のある草をことさらに薬草（オーシャディー）と呼んだのだと思えばいいでしょう。われわれはこれを普通の草木にしておきます。

さて、あまねく大地を覆った雨雲から降り出した雨は、植物の大小に関係なく平等に降りそそぎます。それぞれの植物は、小根・小茎・小枝・小葉は小さいなりに、大根・大茎・大枝・大葉は大きいなりに、自分に必要な雨を受けるのです。じつは、聖徳太子（五七四―六二二）は『法華義疏《ほっけぎしょ》』の中で、

――根・茎・枝・葉はそれぞれ信・戒・定・慧を喩えたものである――

と注釈しています。ちょっとこじつけ解釈のようにも思えますが、おもしろい見方です。信じるという根によって、戒・定・慧が育つのです。

ところでわたしは、すでに第I部においてこの「三草二木の喩え」を少しく解説しておきました（二五ページ参照）。そのときも言ったのですが、怠け者は怠け者であっていいし、勤勉家は勤勉家であっていいのです。ノッポはノッポであっていいし、チビはチビであっていいのです。すべての人に平等に仏の慈悲の雨が降りそそいでいます。それが『法華経』の精神です。だから、小中上の草、小大の樹を段階的に区別するような解釈は、それが段階の低い者に対す

る軽蔑、段階の高い者に対する尊敬につながるのであれば、とても危険な解釈です。小さな草は小さな草であっていいのです。中ぐらいの草は中ぐらいであっていい。それが『法華経』の考え方です。そのことを忘れないでください。

▼一音の教え

だが、たしかに草はいろいろです。さまざまな人がいます。さまざまな人がさまざまであっていいのです。けれども、わたしたちが忘れてならないことがもう一つあります。それは仏の教えが一つであることです。

それに関しては、釈迦世尊が次のように言っておられます。

「如来の説法は、一相、一味なり。謂う所は、解脱相《げだつそう》・離相《りそう》・滅相《めつそう》にして、究竟《くきよう》して一切種智《しゆち》に至るなり。」

平安中期の仏教説話集に『三宝絵詞《さんぽうえことば》』があります。じつはこれ、本来は『三宝絵』であったのですが、現存するのは詞書《ことばがき》の部分だけなもので、『三宝絵詞』といいます。編者は源為憲《ためのり》です。その「中序」に次のようにあります。

《釈迦の御《み》法正覚《のりしょうがく》なりたまひし日より涅槃《ねはん》に入りたまひし夜に至るまで、説きたまへるもろもろのこと一つも実《まこと》ならぬはなし。…（中略）…また所々にして方等《ほうどう》くさぐさの経（＝大乗仏教のさまざまな経典）をあらはすに、仏は一音《ひとこえ》に説きたまへれども、衆生は品々にしたがひて悟りをうること、雨は一つの味《あじわ》ひにて注げども、草木は種々にしたがひて潤ひをうるがごとし》

これはまさに、ここで「薬草喩品」に説かれていることそのものです。「仏は一音《ひとこえ》に説きたまへれども」というのは古来、

――一音教《いっとんきょう》――

と呼ばれているものです。仏の説法は、降る雨が一味であるように、一音《いっとん》、すなわち一つの音声でなされるのですが、それをわたしたちは各自がそれぞれの機根によって種々に聞き分けているのです。だから、『法華経』を読んでもおもしろくないと言う人は、その人の能力が低いからでしょう。

さて、釈迦世尊の教えは一相一味の一音教ですが、その説き方には三段階があります。その三段階が「解脱相・離相・滅相」です。

まず最初の「解脱相」は、生死の迷いから解脱して自由になることです。

けれども、その段階にとどまっていたのでは、自分だけが世の中から超然としていることに満足して、独善的になり、他人に対するシンパシー（同情）がありません。それ故、この解脱

相から離れる必要があります。それが「離相」です。

そして、第三の「滅相」になると、自他の区別がなくなり、自分と他人が一体になります。いや、もっと進んで天地自然と自分が一体になることができるのです。

このように、解脱相―離相―滅相と進んで、最後に到達するのが「一切種智」です。一切種智とは、すべてのものを無差別平等に見る智慧と、現実世界の差別《しゃべつ》の相をどこまでも細かく見る智慧の両面をそなえた智慧です。じつは、この智慧は仏の智慧です。釈迦世尊の説法は、われわれのすべてがこの仏の智慧に到達できるように説かれているのです。

そこで、釈迦世尊は、最後にこのように言っておられます。

「今、汝等のために　最も実なる事を説かん
『諸《もろもろ》の声聞衆《しょうもんしゅ》は　皆、滅度《めつど》せるに非ず
汝等の行《ぎょう》ずる所は　これ菩《ぼ》薩道《さつどう》なり
漸漸《ぜんぜん》に修学《しゅがく》して　悉《ことごと》く当《まさ》に成仏すべし』と。」

（「いま、あなたがたのために　最高の真実を説こう
『声聞の人々は　まだ最終的な滅相に達していない

あなたがたが歩むべき道は　菩薩の道なのだ
一歩一歩を歩み学びつつ　仏の境地にまで達するように』。）

鳩摩羅什訳の『妙法蓮華経』「薬草喩品」はここで終りになります。だが、サンスクリット語原典や他の漢訳本には、このあともう一つの譬喩が語られています。しかし、われわれは『妙法蓮華経』を読んでいるのですから、そちらのほうは割愛することにします。

6　未来に対する保証（授記品《じゅきほん》第六）

▼摩訶迦葉に授記を与える

『妙法蓮華経』の第六章は「授記品《じゅきほん》」と題されています。〝授記〟（〝記莂《きべつ》〟ともいいます）というのは、仏が弟子に、

「そなたは必ず未来において仏になれるぞ」

と保証を与えることです。授けるほうからすれば「授記」になりますが、受ける側からすれば「受記」になります。この「授記品」においては、釈迦世尊は、

――摩訶迦葉（マハーカーシャパ）・須菩提《しゅぼだい》（スブーティ）・大迦旃延《だいかせんねん》（マハーカーティヤーヤナ）・大目犍連《だいもくけんれん》（マハーマウドガリヤーヤナ）――

の四人の弟子に授記を与えておられます。

われわれがすでに見たように、「譬喩品《ひゆほん》第三」において、釈迦世尊は舎利弗《しゃりほつ》（シャーリプトラ）を授記されました（一二一ページ参照）。舎利弗は釈迦の弟子中のナンバー・ワンです。

だから彼は、「方便品第二」で釈迦世尊が説かれた教えだけで、自分もまた仏になれることが確信でき、それを見た世尊は「譬喩品第三」に入るとすぐに舎利弗を授記されたのです。

けれども、摩訶迦葉・須菩提・大迦旃延・大目犍連は、舎利弗よりも少し能力が劣ります。そこで世尊は彼らのために、「三界火宅」の譬喩や「三草二木」の譬喩を説かれました。その譬喩による教えを聞いて、彼ら四人も「仏に成れる」ことが自覚でき、そして釈迦世尊から授記されるようになったのです。

まず世尊は、「授記品」の劈頭《へきとう》で、摩訶迦葉に授記を与えられます。

「わが、この弟子、摩訶迦葉は、未来世において、当《まさ》に三百万億の諸《もろもろ》の仏・世尊を覲《み》奉りて、供養し、恭敬《くぎょう》し、尊重《そんじゅう》し、讃歎《さんだん》して、広く諸仏の無量の大法を宣《の》ぶることを得べし。最後《さいご》身《しん》において、仏に成為《な》ることを得ん。名をば光明《こうみょう》如来・応供・正遍知・明行足・善逝・世間解・無上士・調御丈夫・天人師・仏・世尊と曰《い》わん。」

ここで注意すべきは、未来における成仏が保証されたといっても、のほほんと暮らしていて、それで仏になれるわけではありません。授記を受けた者は、それを契機に仏に向かっての歩みを始めるのです。摩訶迦葉の場合でいえば、彼は三百万億の仏に師事して、それら諸仏を崇め敬い、また自分でも人々に仏法を説かねばなりません。その歩みの彼方に、彼の成仏があるのです。

それ故、授記というのは、卒業証書ではなしに入学許可書というべきものです。

かくて摩訶迦葉は授記されました。

彼は光明如来になります。如来のあとについている呼称は、すべて如来の十号（九〇ページ参照）です。光明如来の仏国土は光徳です。

「その土《ど》は清浄《しょうじょう》にして　瑠璃《るり》を地《じ》となし
多くの諸《もろもろ》の宝樹は　道の側に行列し
金《こがね》の縄にて道を界《さかい》し　見る者は歓喜《かんぎ》せん。
常に好香を出し　衆《もろもろ》の名華《みょうけ》を散じ
種種の奇妙なるものを　もって荘厳《しょうごん》となし
その土は平正《びょうじょう》にして　丘《おか》・坑《あな》あることなけん。」

このように光明如来の光徳国の様子が具体的に描かれています。授記というのは、ただ漠然と「あなたは将来、仏になることができますよ」というのではなく、具体的にこのような仏になると告げるのです。

▼大王の食膳

次いで世尊は、須菩提と大迦旃延、大目犍連に授記を与えられます。いや、じつをいえば、彼ら三人のほうから、「われらにも授記を与えてください」と世尊に催促をした。その催促に応えて、釈迦は三人に授記を与えられたのです。

「大雄猛《だいおうみよう》なる世尊よ　諸《もろもろ》の釈《しやく》の法王よ。
われ等を哀愍《あいみん》したもうが故に　仏の音声《おんじよう》を賜え。
若しわが深心《じんしん》を知ろしめして　ために、記を授けられなば
甘露《かんろ》をもって灑《そそ》ぐに　熱を除いて清涼《しようりよう》を得るが如くならん。
飢えたる国より来りて　忽ちに大王の饍《ぜん》に遇えるに
心、猶、疑懼《ぎく》を懐《いだ》いて　未だ敢えて即便《ただ》ちには食せず
若しまた王の教《おしえ》を得れば　然る後、乃ち敢えて食するが如く
われ等も、亦、かくの如し。　毎《つね》に小乗の過《とが》を惟《おも》いて
当《まさ》に云何《いか》にして　仏の無上の慧《え》を得べきかを知らず。

仏の音声《おんじょう》の　われ等は、仏と作《な》らん、と言うを聞くと雖も
心に尚、憂懼《うく》を懐《いだ》くこと　未だ敢えて便《すなわ》ち食せざるが如し。
若し仏の授記《じゅき》を蒙《こうむ》らば　爾《しこう》して乃《すなわ》ち　快《こころよ》く安楽ならん。
大雄猛なる世尊は　常に世間を安んぜんと欲す
願わくは、われ等に記を賜え。
飢えしものの、教《おしえ》を須《ま》って食するが如くならん。」

釈迦牟尼世尊よ、わたしたちを憐れんでお言葉をかけてください。未来の成仏が保証されると、甘露がそそがれてすがすがしい気分になれるのです。

ちょうどわたしたちは飢饉《ききん》の国から、いきなり大王の食膳についたようなもので、食べてよいのか悪いのか分からず、びっくり、おどおどして手を出せません。王が「食べてよい」と言ってくださると、喜んで食べることができるのと同じです。

わたしたちは小乗の教えに満足していたことを反省していますが、どうしたら仏の無上の智慧が得られるのか、さっぱり分かりません。仏は、われらもまた仏となることができると教えてくださいましたが、でもなお心配と迷いがあって、ご馳走をいただけないありさまです。もし仏の授記が得られたなら、わたしたちも安心ができます。

世尊は常に世間の人々を安心させてやろうとしておられます。どうか世尊よ、われわれに授記を与えてください。飢えた者が、「食べてよいよ」という言葉を待っているように、わたしたちも世尊の授記を待っています。

ご馳走を前にして、食べていいのか悪いのか、迷っている心境がよく描かれています。なかなかすばらしい喩えですね。

▼須菩提と大迦旃延への授記

この弟子たちの懇願に応えられて、釈迦世尊は最初に須菩提に授記されました。

須菩提は、仏教教団に祇園精舎《ぎおんしょうじゃ》を寄進した須達《しゅだつ》長者（スダッタ）の甥とされる人物です。彼は「空《くう》」の教理をよく理解していたという意味で「解《げ》空《くう》第一」、また教化活動の中で外道の人たちから非難され、中傷されることがあっても決して争わなかったということで「無諍《むじょう》第一」の仏弟子とされています。

この須菩提は三百万億那由他《なゆた》の仏に師事したのち、未来世において名相如来となる——と、世尊は授記されました。摩訶迦葉の場合は三百万億の仏に師事するのですが、須菩提は三百万億那由他になっています。〝那由他〟というのは、諸説がありますが、一説では千億、つまり千の億倍とされています。ともかく厖大な数であって、われわれとしては「無数」にしておきましょう。

そして仏となった（その仏の名は名相如来）須菩提が建立する国は「宝生」という名前で、

「その土《ど》は平正《びょうじょう》にして、頗梨《はり》を地となし、宝樹にて荘厳《しょうごん》して、諸《もろもろ》の丘坑《くきょう》・沙礫《しゃりゃく》・荊棘《きょうこく》・便利の穢無く、宝華《ほうけ》は地に覆い、周遍して清浄《しょうじょう》ならん。」

と、宝生国の様子が描写されています。これも摩訶迦葉が光明如来となってつくる仏国土の光徳国と、基本的には同じです。

そして、そのあと、釈迦世尊は大迦旃延に授記を与えられます。

大迦旃延（摩訶迦旃延、あるいは迦旃延とも）は釈迦の十大弟子の一人で、「論義第一」とされています。彼は、釈迦が一歩も足を踏み入れたことのない西インドの地で活躍し、多くの信者を獲得した人物です。

この大迦旃延は未来世において、八千億の仏に供養・師事したのちに、さらに二万億の諸仏に供養して、閻浮《えんぶ》那《な》提金光《だいこんこう》如来（あるいは閻浮金光如来）となる。釈迦世尊はそのように授記されています。ところが、閻浮金光如来が建立する仏国土の様子（それは摩訶迦葉の光明如来の光徳国、須菩提の名相如来の宝生国とほとんど同じです）はちゃんと描写されていますが、なぜかその名前は書かれていません。サンスクリット語の原典にもその仏国土の名前がないので、これは翻訳者の羅什のミスではありません。もともとの『法華経』の作者がうっかり書き忘れたものと思われます。

なお、釈迦世尊は大迦旃延の授記にあたって、摩訶迦葉や須菩提の場合と同じく、多数の仏に供養し、師事することを言っておられますが、ここで新しく「塔廟（仏塔）の建立および供養」が加えられています。すなわちストゥーパの建立が言われているのです。『法華経』は、ストゥーパ（仏塔）を重視しています。しかし、『法華経』の仏塔信仰については、のちに語ることにします。

▼目連への授記

四人の弟子の最後は大目犍連です。彼は摩訶《まか》目犍連《もくけんれん》とも表記され、目連《もくれん》とも呼ばれます。釈迦の十大弟子中、「神通《じんずう》第一」とされています。すなわち超能力においてナンバー・ワンだったのです。

伝説によると、舎利弗と目連はナーランダー（マガダ国の首都の王舎城の近郊）の出身で、同年同月同日生まれとされています。幼時からの親友で、のちに二人そろって不可知論者のサンジャヤ（六師外道の一人）の弟子になりますが、その教えに満足できず、やはり二人そろって釈迦の弟子になりました。

舎利弗と目連は、ときに「釈迦の両腕」とも称されるほどの優れた弟子で、二人の能力にはあまり差がなかったようです。小乗仏教の最高位の聖者である阿羅漢となったのは、舎利弗よりも目連のほうが先でありました。それについては、たとえば旅をしようとする場合、目連はすぐに腰を上げて旅に出るタイプであるが、舎利弗は準備に時間をかけて、万全を期してから出かけるタイプである。だから目連のほうが早く目的地に着くのだ、と説明している経典があります。まあ、ともあれ、二人は甲乙つけがたい優秀な弟子であったのです。だが、後世になると、舎利弗のほうがより優秀とされ、釈迦の弟子中の白眉とされるようになりました。だから『法華経』においても、舎利弗が真っ先に授記を受け、目連が後発組に回されています。

その目連も世尊から授記され、八千の諸仏を供養したのち、諸仏の塔廟を建立して供養し、それからさらに二百万億の諸仏を供養した末に「多摩羅跋栴檀香如来《たまらばっせんだんこう》」になることが予言されます。この名前はサンスクリット語の〝タマーラパトラ・チャンダナ・ガンダ〟を音訳したものので、「タマーラ樹の葉と栴檀の香のある者」といった意味です。それから、この仏の仏国土は「意楽国《いらく》」です。

ところで、偈文の部分では、釈迦世尊は目連（大目犍連）を授記されたあと、次のように言っておられます。

「わが諸《もろもろ》の弟子にして　威徳を具足せるもの
その数五百なるにも　皆、当に記を授くべし
『未来世において　咸《ことごと》く成仏することを得ん。
…………』」

わが弟子のうちには、すばらしい徳をそなえた者が五百人もいる。わたしはその五百人にも、「あなたがたは未来世において仏となることができる」と授記するつもりである。そのように釈迦世尊は言われているのです。

これは伝統的な解釈だと、のちの「五百弟子受記品第八」において世尊が五百人に授記を与えられる、それを予告したものとされています。羅什訳の『妙法蓮華経』を読むかぎり、それ以外に解釈しようがありません。だが、サンスクリット語本によれば、これは「五百人」ではなしに「五人」になっています。そして、かりにこれが五人だとすれば、その五人は「譬喩品第三」において授記された舎利弗と、そしてこの「授記品」において授記された摩訶迦葉・須菩提・大迦旃延・目連の四人を加えた五人になるでしょう。わたし自身は、ここは五人と受け取ったほうが良いと思いますが、われわれは羅什訳の『妙法蓮華経』を読んでいるのですから、

そうは行きませんよね。

7　過去世の因縁（化城喩品《けじょうゆほん》第七）

▼『法華経』の成立史

第七章は「化城喩品《けじょうゆほん》」と題されています。この章においては、『法華経』の七つの譬喩の一つ、

――化城宝処の譬喩――

が説かれているので、羅什はこの章の題名を「化城喩品」としました。

ところが、サンスクリット語原典だと、この章は「プールヴァ・ヨーガ」です。〝プールヴァ〟は「過去世」の意味、〝ヨーガ〟はこの場合は「修行」の意味です。したがって、サンスクリット語本によりますと、釈迦世尊がはるかな昔にどのような修行を積まれた結果、いま仏となってこの世に出現されたのか、その因縁を語るのがこの章の目的ということになります。

なお、『妙法蓮華経』の「薬王菩薩本事品第二十三」と「妙荘厳王本事品第二十七」において、羅什が〝本事〟と訳している言葉の原語は、同じく〝プールヴァ・ヨーガ〟です。「本事」とは「過去世の出来事」であり、その過去がどのように現在とつながっているかを論ずる

のが「本事」です。その意味では、羅什はこの第七章を、

——釈迦如来本事品——

と題してよかったのです。だが、彼はそうせずに、この章の題名を「化城喩品」としました。羅什はこの章で語られる化城宝処の喩えによほど魅せられたのでしょう。なかなかいい喩え話です。読者はその解説を楽しみに待っていてください。

本文の解説に入る前に、余計なことかもしれませんが、『法華経』の構成について論じておきます。われわれが読んできたように、『法華経』は「譬喩品第三」以降、「信解品第四」「薬草喩品第五」「授記品第六」にいたるまで、ずっと釈迦世尊による声聞の弟子たちへの「授記」について述べてきました。ところが、この「化城喩品第七」においては、釈迦世尊による「授記」の話は出てきません。「授記」の問題は、次章の「五百弟子受記品第八」とその次の「授学無学人記品第九」で再び論じられています。そうすると、「授記」といったテーマの連続性からすれば、この第七章をとばして「授記品第六」から「五百弟子受記品第八」を読んだほうが、話はつながるのです。その話のつながりを無視して、無理にここに「化城喩品」を挿入した。素直に『法華経』を読んでいると、そういう印象を受けます。

いまわたしは、無理にここに「化城喩品」を挿入したと言いましたが、「化城喩品」は、これはこれだけで独立した経典になっています。それは、ずっとあとで出てくる

「観世音菩薩普門品第二十五《かんぜおんぼさつふもんぼん》」にも言えることですが、われわれは「化城喩品」だけを取り出して、たとえば『化城宝処経』と題して読んでもちっともおかしくない、そういう経典になっています。実際『観音経』がそうです。われわれは『法華経』の中の一章である「観世音菩薩普門品」を取り出してきて、独立した経典『観音経』として読んでいますが、『化城宝処経』もそのような経典なんです。

だが、じつをいえば、これは逆かもしれないのです。『法華経』という経典は、最初は独立した経典としてばらばらにつくられていたものを、のちにまとめて編集したもののようです。『法華経』成立史を研究している多くの学者がそう言っています。だから、『観音経』は最初は独立した経典であったものが、『法華経』の中に編入されて「観世音菩薩普門品第二十五」となり、それがのちに再び独立した経典『観音経』となった。そう見るのが正しいようです。そして、「化城喩品第七」も、最初は独立した経典であったが、それが『法華経』の中に編入されてここ（第七章）に置かれたと見たほうがよいと思います。

▼大通智勝仏の修行

さて、「化城喩品」のテーマは、すでに述べたように釈迦如来の本事（プールヴァ・ヨーガ。過去世の出来事）を語ることです。釈迦世尊はいかなる過去世の因縁によって、〈法華経〉（この場合の〈法華経〉は大宇宙の真理です）を説くにいたったか、その因縁を明らかにするのがこの章の目的です。

仏は諸《もろもろ》の比丘に告げたもう「乃往《むかし》、過去の無量・無辺・不可思議の阿僧祇劫《あそうぎこう》に、その時に仏有《いま》せり。大通智勝《だいつうちしょう》如来・応供・正遍知・明行足・善逝・世間解・無上士・調御丈夫・天人師・仏・世尊と名づく。その国を好成《こうじょう》と名づけ、劫《こう》を大相《だいそう》と名づけたり。諸《もろもろ》の比丘よ、彼の仏、滅度《めつど》したまいしより已来《このかた》、甚大《はなはだ》、久遠《くおん》なり。」

これが「化城喩品」の書き出しです。釈迦世尊は以下のように語られます。はるかな昔、大通智勝如来がおいでになった。その如来のあとに、例によって如来の十号（十の呼称）が書かれています。この大通智勝如来の仏国土を好成国と呼び、その時代を大相といいます。そして、この仏が入滅されてから現在にいたるまで、久遠の時間がたちました。

そこで、次にその久遠の時間を説明して、

「三千大千世界（すなわち全宇宙）を磨《す》り潰《つぶ》して墨汁にして、東に向かって千の国土を過ぎてその墨汁で一点を書く。また千の国土を過ぎて一点を書く。そうしてその墨汁がなくなるまで行く。さらにそれだけの空間を集めて粉砕して塵《ちり》にし、その一塵を一劫（無限宇宙時間）とする。その一劫を無量・無辺・百千万億の阿僧祇《あそうぎ》倍した時間がそれである」

といった説明があります。要するに無限ということです。あるいは無限の無限倍の無限倍でしょうか。われわれ現代人は抽象的に「無限」ですませるところを、古代のインド人は具体的に説明しようとするのです。どうもこういう説明にいちいち付き合っていると、話が進まなくて困ります。したがって、われわれはこれからは、

「想像を絶するはるかな昔」

ですませることにしましょう。まあ、省エネです。

で、想像を絶するはるかな昔に大通智勝仏がおいでになった。大通智勝仏は無数の無限宇宙時間を修行し、「魔軍《まぐん》を破《やぶ》りおわる」のですが、しかし「諸仏の法」が得られません。それでその後も無限宇宙時間の修行を続けた結果、ついに「諸仏の法」を得られました。そのように記述されています。

「魔軍を破りおわる」というのは、釈迦も成道の直前に悪魔の攻撃を受けています。魔軍というのは、人間の心に宿る煩悩・迷いでしょう。その煩悩をやっつければ悟りが現前すると大通智勝仏は考えていたのですが、そうではなかった。「諸仏の法」は、それからなおも修行を続けたのちに、ようやく現前したのです。

この「諸仏の法」というのは、過去の諸仏が悟られた最高の真理です。わたしたちは第I部

において、その最高の真理を〈法華経〉と呼ぶのだと学びましたが、魔軍（すなわち煩悩）を破ったぐらいでは、〈法華経〉は得られないのです。そのことがここに説かれているのです。

▼十六王子と梵天たち

ところで、この大通智勝仏は出家する以前はある国の王子であったのですが、彼には十六人の子どもがいて、長男を智積《ちしやく》といいます。この十六人の子どもが、父親が悟りを開いて仏になられたのを知って、祖父（つまり大通智勝仏の父親）の転輪聖王《てんりんじようおう》（古代インドの理想の帝王）や大臣たちとともに大通智勝仏が悟りを開かれた場所に行きました。そして、仏に、

「どうか天上界・人間界の衆生のために法をお説きください」

と懇願しました。

さて、大通智勝仏が悟りを開かれたとき、全世界が六種に震動しました。六種震動というのは仏典によく出て来る言葉で、一説では大地が「動・起・涌・撃・震・吼」の六類に震動することだといいます。まあ、天地が感動したことを表現したものです。

この大地の震動とともに、梵天の宮殿が大光明でもって照らされます。それによって奇瑞が起きたことを察知した梵天たちは、あちこちの仏国土から大通智勝仏がおいでになる場所にやって来ます。大通智勝仏は菩提樹の下に坐し、十六王子をはじめとする大勢の衆生に囲まれて

います。やって来た梵天の王たちは、仏に花を散じて供養し、またそれぞれの宮殿を仏に献上しました。

その梵天王の一人、上方の世界からやって来た尸棄《しき》という名の梵天は、大通智勝仏に次のように言っています。

「われ等《ら》の諸の宮殿は　光を蒙るが故に厳《おごそか》に飾られたり。
今、もって世尊に奉る　唯、哀《あわれみ》を垂れて納受《のうじゅ》したまえ。
願わくはこの功徳をもって　普《あまね》く一切に及ぼし
われ等と衆生と　皆、共に仏道を成ぜん」

わたしたちの宮殿は、仏の光を受けて美しく輝いています。この宮殿を世尊に捧げます。われらの心を察して受け取ってください。わたしたちの願いは、この功徳をあらゆる人々に及ぼし、わたしたちと衆生とがみな同じく仏道を完成したいことです。梵天はそう言っています。

この最後の一句、

願以此功徳《がんにしくどく》　願わくは此《こ》の功徳を以て

普及於《ふぎゅうお》一切《いっさい》
我《が》等与衆生《とうよしゅじょう》
皆共成仏道《かいぐじょうぶつどう》

普《あまね》く一切に及ぼし
我等《われら》と衆生と
皆共《みなとも》に仏道を成ぜん

が、「普《ふ》廻《え》向文《こうもん》」と呼ばれているものです。宮殿を奉納した。その功徳をわたくしにください――というのでは、「ギブ・アンド・テイク」であって、日本の神道の神様に対する祈願と同じです。仏教においては、自分ばかりでなく、大勢の人たちと一緒に救われたいという願いでなければなりません。

それから、わたしは、梵天が宮殿を布施したことについて、ちょっとおもしろい解釈をしています。というのは、大通智勝仏は梵天の宮殿を貰っても、そこに住むわけではありません。ましてやそれを売り払って、お金にして使うのでもない。たぶん梵天は、きっとその宮殿に住み続けているでしょう。だとすると、宮殿の献上は名義だけの変更ではないでしょうか。そう考えたほうがよさそうです。

ここに、小乗仏教の教団への寄進と、大乗仏教の仏への供養との差があります。教団に対する寄進・布施は、寄進する側は財物・金銭を失います。しかし、仏に供養するには、その供養する財物の所有権だけが仏に移転されて、使用権は信者に残ります。

ということは、わたしたちはすべての財産を仏に供養することができるのです。自分が住んでいる家は仏の所有物であって、わたしは仏の住居に住まわせていただいている。いや、わたしという身体そのものも仏のものであって、わたしはこの肉体をしばらくのあいだ使わせていただいている。そう考えるのが大乗の仏教者の考え方だと思います。わたしは、梵天による釈迦世尊への宮殿の供養を、そのように解釈しています。そう考えるとおもしろいですよね。

▼大通智勝仏が〈法華経〉を説く

次に大通智勝仏は、十六王子の懇願と梵天たちの勧請を受けて、いよいよ四諦と十二因縁の教えを説かれることになります。じつは、歴史的には、釈迦世尊がインドのブッダガヤーの菩提樹の下で悟りを開かれたとき、梵天の勧請を受けて転法輪(説法)を決意されたのでした。「化城喩品」のここのところは、そのような歴史的事実をはるかな過去の大通智勝仏にかこつけて書いているのです。四諦と十二因縁については、「序品第一」において簡単な解説を加えておきました(九二ページ以下参照)。四諦と十二因縁は、基本的には小乗仏教の教理・教学です。『法華経』の教えを学ぶのに、それほど重要とは思えません。だから詳しく解説することはやめておきます。

大通智勝仏が法輪を転ぜられたとき、大勢の衆生が悟りを開きました。また、十六王子は出家をして沙弥《しゃみ》になりました。彼らは年少であったので比丘《びく》にはなれません。
十六王子は仏に最高の法を説きたまえと懇願します。

そのとき、彼の仏は、沙弥の請を受けて、二万劫を過ぎおわりて、すなわち四衆《ししゅ》の中において、この大乗経の、妙法蓮華・菩薩に教える法・仏に護念せらるるものと名づくるを説きたまえり。

十六王子の請願を受けて、大通智勝仏は最高の教えである〈法華経〉をお説きになりました。じつは、この文章は、われわれは第I部において読んでいます（三七ページ参照）。「大乗経の、妙法蓮華・教菩薩法・仏所護念」というのは〈法華経〉、すなわち大宇宙の真理にほかならないのです。

大通智勝仏は八千劫にわたって〈法華経〉を説かれました。〈法華経〉は大宇宙の真理ですから、それを説くには無限宇宙時間（劫）がかかるわけです。そして、〈法華経〉を説き終って、大通智勝仏は禅定に入られます。八万四千劫という長時間、禅定に入られたのです。で、仏が禅定に入られているあいだ、十六人の沙弥の菩薩が人々のために、八万四千劫におよぶあいだ〈法華経〉を説き続けたのです。

八万四千劫たってから、大通智勝仏は禅定から立ちあがり、十六沙弥が〈法華経〉を説いたことを非常に喜ばれました。と、このような話を釈迦世尊は聴衆に語ったあと、

「諸の比丘よ、われは、今汝に語る。彼の仏の弟子の十六の沙弥は、今みな阿耨多羅三藐《あのくたらさんみゃく》三菩提《さんぼだい》をえて、十方の国土において、現在、法を説きたまい、無量百千万億の菩薩・声聞ありて、もって眷属《けんぞく》となせり。その二《ふたり》の沙弥は、東方にて仏と作り、一をば阿閦《あしゅく》と名づけて、歓喜国《かんぎこく》にいまし、二をば須弥頂《しゅみちょう》と名づく。東南方に二仏あり、……」

と解き明かされました。十六人の沙弥たちは無上最高の悟り（阿耨多羅三藐三菩提）を開いて仏になっておられ、現在、十方の世界において無数の菩薩や声聞たちに説法をしておられる。まず最初の二人の沙弥は……と、釈迦世尊が十六の仏の名前を人々に教えられました。すなわち、

東方世界においては……歓喜国の阿閦《あしゅく》如来と須弥頂《しゅみちょう》如来、
東南方においては……師子音《ししおん》如来と師子相《ししそう》如来、
南方においては……虚空住《こくうじゅう》如来と常滅《じょうめつ》如来、
西南方においては……帝相《たいそう》如来と梵相《ぼんそう》如来、

西方においては……阿弥陀《あみだ》如来と度一切世間苦悩《どいっさいせけんくのう》如来、
西北方においては……多摩羅跋栴檀香神通《たまらばっせんだんこうじんずう》如来と須弥相《しゅみそう》如来、
北方においては……雲自在《うんじざい》如来と雲自在王《うんじざいおう》如来、
東北方においては……壊一切世間怖畏《えいっさいせけんふい》如来、
がそれぞれ活躍中です。東北方には一仏しかおいでになりません。すると合計で十五仏です。
十六沙弥の残りの一人はどうなったのでしょうか？

▼釈迦は大通智勝仏の弟子

残りの一仏は、誰あろう、釈迦世尊その人です。釈迦世尊は次のように語っておられます。

「第十六は、われ釈迦牟尼仏《しゃかむにぶつ》にして、娑婆国土《しゃばこくど》において、阿耨多羅三藐三菩提を成ぜり。諸の比丘よ、われ等、沙弥たりしとき、各各《おのおの》、無量百千万億の恒河《ごうが》の沙《すな》に等しき衆生を教化せり。われに従って法を聞けるは、阿耨多羅三藐三菩提の為《ため》なりしなり。」

いま、娑婆世界において人々に法を説いておられる釈迦世尊が、大通智勝仏の第十六番目の弟子であり、沙弥であった人です。そして十六人の沙弥たちはそれぞれ、仏になる前、沙弥であった時代にガンジス河（恒河《ごうが》）の砂ほど無数の衆生を教化されました。だからもちろん、釈迦世尊も沙弥であった時代からすでにガンジス河の砂を何億何千万倍もした人々を教化されたのです。このことは、のちに問題になりますので、忘れずにおいてください。

さて、釈迦世尊が過去に沙弥であった時代に教化された衆生とは、いったい誰なのでしょうか？　それは、いま、釈迦世尊の説法を聴聞している人々です。いま、目の前にいる聴聞衆のすべてが、過去において釈迦世尊と縁のあった人々です。そしてまた、釈迦世尊が入滅されてのちの未来世において、釈迦世尊の教えを学ぼうとする人々がいれば――それが取りも直さず、いま『法華経』を学んでいるわたしたちですが――その人々もまた過去世における釈迦仏と縁のあった人なのです。わたしたちは、自分の意志でもって『法華経』を学んでいると思っていますが、そうではないのです。過去における仏縁の故に、いま、『法華経』を学ぼうとする心が起きたのです。すべてが因縁によるものだ。「化城喩品」はそのように言っています。

そして、釈迦世尊は、はるかな遠い過去の沙弥であった時代から釈迦仏の現在にいたるまで、終始一貫〈法華経〉を説き続けておられます。〈法華経〉の教えというものは、すべての人を仏にしてやりたいという願いにもとづく教えです。

だが、衆生のうちには、釈迦世尊から〈法華経〉の教えを教わりながら、なおも小乗（声聞）の段階にとどまっている者がいます。しかし、釈迦世尊は、彼らを小乗の段階にとどめておきたいのではありません。世尊の願いは、すべての人を無上最高の悟り（阿耨多羅三藐三菩提）に到達させたいのです。そのことを世尊は次のように言っておられます。これはすぐ前の引用文に続く部分です。

「この諸の衆生にして、今に声聞地に住すること有る者は、われ、常に阿耨多羅三藐三菩提に教化せしかば、この諸の人等《ら》は、応にこの法をもって、漸《ようや》く仏道に入るべし。」

（「過去世においてわたしから〈法華経〉の教えを受けながら、現世においていまなお小乗（声聞）の段階にある者もいるが、わたしは常に仏の悟りへと人々を教化してきたのだ。これらの人たちは、わたしが説く〈法華経〉（大宇宙の真理）の教えを学ぶことによって、ようやく仏道に入ったと思うべきだ。」）

そして釈迦世尊は、そういう小乗（声聞）の教えに停滞している人々のために、仏を目指して歩むようにと「化城宝所の譬喩」を語られました。ということで、いよいよ「化城宝所の譬喩」になります。

だが、その前に、一つコメントしておきます。それは、一八六ページにありますように、現在、西方の極楽世界で〈法華経〉（大宇宙の真理）を説いておられる阿弥陀仏は、十六人の沙弥の一人であって、釈迦世尊と兄弟であるということです。すなわち、阿弥陀仏も釈迦仏もともに大通智勝仏の出家以前の実子であり、ともに出家して沙弥になり、大通智勝仏の弟子となった二人です。また、二人はともに〈法華経〉を説き続けているのです。『法華経』を所依の経典とする日本仏教の宗派のうちには、阿弥陀仏を目の敵にしているかのように思われる宗派もあります。そういう人々は、本当に『法華経』を正しく読んでいるのでしょうか。わたしは、阿弥陀仏と釈迦仏が仲のいい兄弟だということを強調したいと思います。

▼「化城宝処」の喩え

「譬えば、五百由旬《ゆじゅん》の険難なる悪道の、曠《むな》しく絶えて人なき怖畏《ふい》の処あるが如し。若し多くの衆《ひとびと》ありて、この道を過ぎて、珍宝の処に至らんと欲するに、一《ひとり》の導師の、聡慧《そうえ》・明達《みょうだつ》にして、善く険道《けんどう》の通塞《つうそく》の相を知れるものあり。衆人《もろびと》を将《ひき》い導《みちび》きて、この難を過ぎんと欲するに、将《ひき》いらるる人衆《にんしゅ》は、中路に懈退《けたい》して、導師に、白《もう》して言わく『われ等は疲《つか》れ極まりて、また怖畏す。また進むこと能わず。前路はなお遠し。今、退《しりぞ》きかえらんと欲す』と。」

（「たとえば五千キロメートルもある険《けわ》しく困難な道があり、人のいない曠野で恐ろしい所である。大勢の人々がその道の向こうにある宝の土地に行きたいと思った。その中に一人の導師がいて、彼は智慧もあり、ものの道理をわきまえ、またその道をよく知っていた。そこでその導師が一同を率いて難路を行くのだが、引率される人々は途中でいやになり、導師に向かって、『われわれはもう疲れてしまった。それにこの道はなんだか怖ろしい。もうこれ以上進めない。先はまだ遠いから、いま、ここから引き返したい』と言うありさまであった。」）

釈迦世尊はこのような譬え話を始められました。わたしは五百由旬を五千キロメートルと訳しました。一由旬がどれくらいの距離か、諸説がありますが、わたしは十キロメートルに換算しています。なお、古代の中国では一里は五百メートルに換算されます。したがって「万里の長城」といいますが、万里は五千キロメートルです。五百由旬は万里になります。ちょっとおもしろいですね。

それはともかく、万里（五百由旬）の悪路を行く人々は、途中でいやになって、

「ここから引き返したい」

と言い始める。そこで導師は、三百由旬（三千キロメートル）を過ぎた所に一城を化作《けさ》しま

す。城というのは、この場合は都城、すなわち大都会です。

「諸君、引き返してはならない。あそこに大都会がある。あの大都会に行けば、われわれは安楽になれる」

導師はそう言って、人々を大都会に連れて行き、休ませました。方便を講じたのです。

そして導師は、人々が休息して元気になったのを見て、神通力でもって出現させた都城（化城）を消して、

「汝等よ、去来《いざ》や、宝処は近きにあり。さきの大城は、われの化作せるところにして、止息のためなるのみ」


と言って、人々を再出発させせました。

これが「化城宝処」の喩えです。お分かりのように、この導師というのが釈迦世尊です。宝処（宝の国）は仏です。世尊は遠い遠い仏の境地にまで人々を引率したいのです。けれども、途中で弱音を吐く者がいます。「もういやだ、ここから引き返したい」と言う者がいる。それが声聞や独覚、つまり小乗の徒です。そういう小乗の徒のために、釈迦世尊は化城を作られた。阿羅漢という境地に彼らを誘導し、そこで休息させた。けれども、それは化城であって真の目

的地ではありません。だから世尊は、〈法華経〉（大宇宙の真理）を説いて、

「さあ、元気を出して、仏を目指して歩もう」

と呼び掛けられたのです。

▼大乗仏教徒のこの章の読み方

以上のようにまとめてみますと、この「化城喩品」は小乗仏教徒を説得するために作られたと思われます。小乗仏教徒は『法華経』を読んで、きっと、

「釈迦世尊は晩年になってから〈法華経〉を説かれたはずがない。釈迦世尊の教えは、われわれ声聞や独覚に教えられた四諦であり、十二因縁であった」

と言い出すにきまっています。そういう連中を説得するために、

——釈迦世尊は、はるかな昔に大通智勝仏から〈法華経〉を学ばれた——

——釈迦世尊は、そのはるかな昔からずっと〈法華経〉を説き続けておられる——

——しかし、途中で弱音を吐く小乗仏教の徒には、化城（四諦・十二因縁）を作って休息させられたのだ——

といったことを論じているのです。明らかに「化城喩品」は、小乗仏教徒を説得するための章なのです。

では、われわれ大乗仏教徒にとって、この章は不必要でしょうか？　われわれ大乗仏教徒は、この章をどう読むべきでしょうか？

わたしは、この「化城宝処」の譬喩は、われわれに、

――仏を目指して歩み続けることの大事さ――

を教えてくれていると思います。

経典では、宝処（仏の境地）は五百由旬（五千キロメートル）の彼方にあると書かれています。しかし、仏になるには、そんな短い距離ではありません。五百由旬を行けば、そこからまた五百由旬があり、そこに行ってもさらに五百由旬があります。仏は無限といってよい彼方にあるのです。

だから、わたしたちは、仏に到達できないのです。絶対に到達できない。それじゃあ、歩んでも無駄だ。歩む必要は無い。そう考えてはいけません。そう考えるなら、小乗仏教徒以下になってしまいます。

じつは、仏に向かって歩む、そのことに意義があるのです。到達できるか否か、結果はどうでもいいのです。ただ仏に向かって歩む。それだけが重要です。

もちろん、疲れたら休んでいいのです。でも、疲れが取れたら、再び歩む。その歩む姿のうちに仏があるのです。わたしは、この「化城喩品」から、そういう教えを学びました。

8　五百人への授記（五百弟子受記品《ごひやくでしじゅきほん》第八）

▼「説法第一」の富楼那

『法華経』とは「授記経」である――と言う人がいます。なるほどその通りで、これまで見てきたように、舎利弗《しゃりほつ》（シャーリプトラ）・摩訶迦葉《まかかしょう》（マハーカーシャパ）・目犍連《もくけんれん》（マウドガリヤーヤナ）・須菩提《しゅぼだい》（スブーティ）・迦旃延《かせんねん》（カーティヤーヤナ）といった五人の弟子が授記されています。そしてこの章では千二百人が受記しています。じつは、千二百人が受記したのですが、この章のタイトルは「五百弟子受記品」になっています。千二百人がなぜ五百人になるのか、のちほどその理由を説明します。

『法華経』においては、〝授記〟は「予言」の意味に使われています。あなたは将来、これこれという名の仏になるであろうと、釈迦世尊がその人の将来の成仏を予言し、保証した。それが授記です。授けるほうからすれば〝授記〟ですが、受ける側からすればこの章のタイトルにもあるように〝受記〟になります。

だが、もともとは授記とは後継者の指名でありました。現在の仏が次の未来仏として一人をノミネートするのが本来の形です。たとえば釈迦は燃燈仏《ねんとうぶつ》から授記され、そしてその釈迦は兜率天《とそつてん》を去って下界に降誕する直前、次の未来仏として弥勒菩薩《みろくぼさつ》をノミネートしたとされています。ところが『法華経』においては、何百何千という人々に授記を与え、またある意味ではいっさいの衆生に授記を与えています。そしてこれによって、『法華経』は仏となる道を万人に開いたのです。『法華経』が「授記経」だと言われるのは、そういう意味を含んでいます。

*

さて、この章の最初に登場するのは富楼那《ふるな》（プールナ）です。彼は釈迦の弟子中「説法第一」とされています。母の名前がマイトラーヤニー（弥多羅尼《みたらに》）であったので、富楼那弥多羅尼子とも呼ばれています。

富楼那は、世尊が舎利弗や四人の比丘たちに授記を与えられたのを見て、感激しています。その富楼那の心中を知った世尊は、人々に富楼那を説法の名手として誉め称えられました。しかも富楼那は、いま現世において、釈迦仏の弟子として「説法第一」であるばかりでなく、過去世において無数の仏のもとにおいて「説法第一」であったと言われました。

ここで注意すべきは、富楼那の人物を評した世尊の次の言葉です。

「……菩薩の神通の力を具足し、その寿命に随って、常に梵行を修せるをもって、彼の仏の世の人は、咸《ことごと》く皆、これを実に、これ声聞なりと謂《おも》えり。」

同じことが偈文の部分には次のようにあります。

「内に菩薩の行を秘《かく》し　外にこれ声聞なりと現わして
少欲にして生死《しょうじ》を厭《いと》えども　実には自ら仏土を浄むるなり。」

すなわち、過去の諸仏のもとにおいて、富楼那は実際は大乗の菩薩であったのですが、表面的には小乗の声聞の姿をとって、清らかに身を保って修行をしていたというのです。だから、現世においても、富楼那よ、おまえは形の上では声聞となっているが、本当は大乗の菩薩なんだよ……と、世尊は彼にそう言っておられるのです。

▼富楼那に対する授記

そこで釈迦世尊は、この富楼那に授記を与えられました。授記を与えたという表現はいささかおかしい。本当は記を授けたでいいのですが、まあこういう表現も許していただきましょう。菩薩の道を無限宇宙時間（劫）をかけて歩んだ末に、富楼那よ、そなたは法明如来という名の仏になる。世尊はそのように予言されたのです。

「その仏は、恒河の沙《すな》に等《ひと》しき三千大千世界をもって、一仏土となし、七宝を地となし、地の平かなること、掌《たなごころ》の如くにして、山陵《やま》・谿澗《たに》・溝壑《みぞ》あることなからん。七宝の台観《たかどの》は、その中に充満し、諸天の宮殿《くでん》は近く虚空に処し、人と天と交接して両《もろ》ともに相見《あいみ》ることをえん。諸の悪道なく、また女人もなくして、一切の衆生は皆、もって化生《けしょう》し、婬欲あることなからん。」

（「その法明如来は、ガンジス河の砂の数ほどもある三千大千世界をまとめて仏国土とされ、七宝の大地の起伏のないことは手《て》の平《ひら》さながらにして、山も谷も溝もない。七宝でもって造られた高殿が立ち並び、天人の住む宮殿が地面に近い空中に浮かび、人間は天上界を見ることができ、天人は人間世界を見ることができ、人間と天人の心が通じ合っている。

この仏国土には罪悪はなく、また女性もいない。すべての衆生は化生（母胎や卵殻から生まれるのではなく、超自然的に生まれる）し、性の欲望もない。」）

富楼那が成った法明如来の仏国土はこのように描写されています。なぜこの部分を引用したかといいますと、ここにある、

《人と天と交接して両《もろ》ともに相見《あいみ》ることを得ん（人天《にんでん》交接《きょうしょう》。両得相見《りょうとくそうけん》）》

といった訳文が、鳩摩羅什の名訳とされているからです。ちなみにサンスクリット語の原文は、

《神々も人間を見るであろうし、人間も神々を見るであろう》（岩波文庫『法華経（中）』の岩本裕訳）

となっています。だが、このような直訳では、人間と天人（神々）が互いに親睦を深めて生きている様子を伝えることができないので、羅什は訳文を思案していた。すると助手の僧叡《そうえい》が「人天交接。両得相見」といった訳文を考え、羅什はそれを採用しました。そのようなエピソードが伝えられています。

ところで、この引用文中には問題になる箇所が一つあります。それは、

《女人もなくして》

とあるところです。阿弥陀仏の仏国土である極楽世界も同じように女性がいないとされていますが、これを女性差別と見る人がいます。けれども、これは、この娑婆世界において女性であった人も極楽世界や法明如来の仏国土には男性となって生まれる（すなわち変成男子《へんじょうなんし》）というのであって、女性をシャット・アウトしたのではありません。また、女性のいない世界においての男性は、完全な意味での「おとこ」ではないのですから、あるいはこれを中性、それとも仏性《ぶっせい》（仏《ぶつ》という性別）としてもよいかと思います。

▼五百人への授記

かくて富楼那が釈迦世尊から授記されました。六番目の授記です。

それを見た千二百の阿羅漢《あらかん》はこう考えました。

〈わたしたちにも、世尊が記を授けてくだされば、どれだけうれしいことか〉

世尊は彼らの心中を推し量って、摩訶迦葉にこう言われました。

「この千二百の阿羅漢に、われは、今、当に現前に、次第に、阿耨多羅三藐三菩提《あのくたらさんみやくさんぼだい》の記を与え授くべし。この衆の中において、わが大弟子憍陳如比丘《きょうじんにょびく》は、まさに六万二千億の仏を供養し、しかして後《の》ちに、仏と成《な》ることをうべし。号《な》をば普明《ふみょう》如来・応供・正遍

知・明行足・善逝・世間解・無上士・調御丈夫・天人師・仏・世尊といわん。その五百の阿羅漢たる優楼頻螺迦葉《うるびんらかしょう》・伽耶迦葉《がやかしょう》・那提迦葉《なだいかしょう》・迦留陀夷《かるだい》・優陀夷《うだい》・阿㝹楼駄《あぬるだ》・離婆多《りはた》・劫賓那《こうひんな》・薄拘羅《はくら》・周陀《しゅだ》・莎伽陀《しゃかだ》等は、皆、まさに阿耨多羅三藐三菩提を得べし。尽《ことごと》く同じく一号にして、名づけて普明《ふみょう》といわん」

ここで世尊は千二百人を授記しておられます。「今、当に現前に、次第に」（いま、まさに目の前で、順を追って）授記を与えるというのですが、その最初に憍陳如比丘《きょうじんにょびく》（カウンディニヤ）に記を授けられました。憍陳如は釈迦世尊と一緒に苦行をした五人の仲間の一人で、成道後の世尊がかつての修行仲間の五人に説法された初転法輪において、真っ先に悟りを開いて阿羅漢となった弟子です。

この憍陳如は六万二千億の仏を供養したのちに普明如来となるのです。

続いて世尊は五百人の阿羅漢に記を授けられます。その五百人は憍陳如と同じ名の普明如来になるというのです。この五百人が記を受けたことによって、章の題名を「五百弟子受記品」としたのでしょう。

その五百人を代表して十一人の名前が挙げられています。

優楼頻螺迦葉《うるびんらかしょう》（ウルヴィルヴァーカーシャパ）・伽耶迦葉《がやかしょう》（ガヤーカーシャパ）・那提迦葉《なだいかしょう》

（ナディーカーシャパ）の三人は、三迦葉と呼ばれる兄弟で、もとは事火外道《じかげどう》（火を崇拝する教団）の徒であったのですが、三兄弟がそろって千人の弟子を連れて釈迦の教団に入りました。

残りの八人のうち、コメントを加えておくべきは阿嵬楼駄《あぬるだ》（アニルッダ）と周陀《しゅだ》（チュンダ）の二人です。阿嵬楼駄は阿那律《あなりつ》とも呼ばれ、釈迦の十大弟子中の一人で「天眼第一」とされます。彼は釈迦の説法中に居眠りして、世尊に叱責され、それで不眠の行をして、その結果失明しました。そのかわりに天眼を得たのです。

周陀は周梨槃特《しゅりはんどく》ともよばれます。彼は釈迦世尊から教わった一偈をも覚えられないほどの愚鈍の弟子でした。しかし、釈迦の指導よろしきを得て、ついに阿羅漢となることができました。

このように五百人の阿羅漢が世尊から記を受けました。ところで、偈文のほうでは、世尊は摩訶迦葉に次のように言っておられます。


「迦葉よ、汝は已《すで》に　五百の自在の者を知れり。

余の諸の声聞衆も　亦、当にまたかくの如くなるべし。

その此《こ》の会《え》に在らざるものには　汝は当にために宣説すべし」


摩訶迦葉よ、かくて五百人がすでに授記された。残りの声聞たちも、同様である。ということは、千二百人から五百人を引いた七百人が「同様」に授記されたことになります。そして、「此の会に在らざるもの」(ここにいない者)には、摩訶迦葉よ、そなたからわたしの言葉を伝えよ、と世尊は言っておられます。ここにいない者とは、前に釈迦世尊の説法の座を去って行った五千人も含まれていますし、また、釈迦の入滅後に生まれたわれわれも含まれています。釈迦世尊はすべての仏教徒に記を授けられたのです。だからわたしたちも、はるか遠い未来でありますが、必ず仏になれるのです。そう信じて、仏を目指して歩みましょう。その歩みのうちに仏がおいでになるのです。

▼衣裏繫珠の喩え

釈迦世尊の五百人に対する授記が終ると、五百人の阿羅漢が世尊の前に進み出て、自己反省の弁を述べます。

「われ等は、応に、如来の智慧を得べかりしに、しかも、便《すなわ》ち自ら小智をもって足れりとなしたればなり。」

われわれは如来の智慧を求めないといけないのに、阿羅漢といった低い程度の智慧(小智)

で満足していました。そして、次に、そのことを譬喩でもって語ります。散文の部分では、五百人の阿羅漢の誰が自己反省と譬喩を語っているのか明らかにされていませんが、偈文の部分では憍陳如が語っていることが明らかにされています。ここで語られている譬喩が、「法華七喩」の第五の、

――衣裏繋珠《えりけいじゅ》の喩え――

です。それは次のような物語です。

貧しい男が親友の家でご馳走になり、酒に酔って眠ってしまいました。ところがこの金持ちの親友が、急に公用で出かけなければならなくなり、寝ている友人を起こすのも気の毒なもので、彼の着物の裏に高価な宝石を縫いつけてやったのです。

貧乏な男が目を醒ますと、親友はいません。それで男はその家を去って放浪の生活を続けます。衣食を得るために苦労し、少しばかりの収入でもって満足している。そういう状態で、男は金持ちの親友と再会しました。

驚いたのは親友のほうです。

「ぼくは、きみのために高価な宝石を着物の裏に縫い込んでおいた。あの宝石を売れば、きみはこんな苦労をしなくていいのだ。さあ、宝石を売って、きみは欲しいものを手に入れるとよい」

親友は貧しい男にそう言いました。

釈迦世尊は、ちょうどこの親友のような方でございます。憍陳如は、世尊にそのような謝辞を述べています。

この譬えが何を意味しているのか、誰にでも分かるでしょう。ただ、学者のうちには、この宝石は「仏性」を喩えたものだとする人もおられるのですが、じつは『法華経』には「仏性」という考え方はありません。仏性、すなわち仏となる可能性をすべての衆生が有している(一切衆生悉有仏性)といった考え方は、『法華経』よりもあとでつくられた『涅槃経《ねはんぎょう》』に出てくるものです。『法華経』の段階では、すべての人に仏性があるとは言えずに、釈迦がすべての人に授記を与えることによって、すべての人が仏となれる可能性を言っているのです。したがって宝石は、釈迦世尊による授記を意味するものです。

憍陳如がこのような譬喩を語り、そして世尊に謝辞を述べることによって、この章は終ります。

9　まだ未熟でも（授学無《じゅがくむ》学人記《がくにんき》品《ほん》第九）

▼阿難に対する授記

第九章のタイトルは、「授学無《じゅがくむ》学人記《がくにんき》品《ほん》」です。これは、「学人および無学人に記を授ける章」といった意味です。

じつは、この〝学人〟と〝無学人〟という言葉が、世間一般で使っている意味とは正反対になっています。われわれは学のある人（学人）を尊敬し、無学な人（無学人）を軽蔑します。だが、仏教では、無学な人というのは、すべてのことを学び尽くしてもはやこれ以上学ぶ必要のない人で、尊敬される人です。学人は有学の人とも呼ばれますが、これからしっかり学ぶ必要のある人です。

さて、この章においては、釈迦世尊は阿難《あなん》（アーナンダ）と羅睺羅《らごら》（ラーフラ）の二人と、二千の声聞たちに授記を与えられます。阿難と羅睺羅はともに釈迦の十大弟子に数えられ、阿難は「多聞第一」の弟子、羅睺羅は「密行第一」の弟子とされています。二人の人物については、あとで解説します。

阿難と羅睺羅は、自分たちも記を受けることができればうれしいと思い、世尊に「どうか授記してください」と願い出ました。すると世尊は、まず最初に阿難を授記されます。

「そなたは六十二億の諸仏を供養したのち、未来世において、山海慧自在通王如来《さんかいえじざいつうおう》（大海のごとき智慧の遊戯《ゆげ》に通じたる仏）という名の仏になるであろう。そして、その仏の仏国土は、名を常立勝幡国《じょうりゅうしょうばんこく》（常に勝利の旗のひらめく国）という」

ところが、ここで聴衆のあいだから疑問が生じました。


その時、会《え》の中の新発意《しんぼっち》の菩薩八千人は、咸《ことごと》く是の念を作せり「われ等は、尚、諸の大菩薩の、かくの如き記を得たることすら聞かざるに、何の因縁《いんねん》有りて、諸の声聞にして、かくの如きの決を得るや」と。


八千人の新発意《しんぼっち》の菩薩が、みな一様にこう思ったというのです。新発意の菩薩とは、仏道に志したばかりの初心者です。

〈相当に修行を積んだ大菩薩に対してすら、これまでこのような授記はされなかったのに、どういうわけで声聞に対して授記されるのであろうか?!〉

ここには、まず菩薩に対する授記のないことへの疑問があります。だが、菩薩に対しては授記は必要ありません。なぜなら、菩薩とは、仏になれることをみずから信じて、仏に向かって歩んで行く者だからです。

それともう一つ、なぜ阿難のような弟子に対して授記されるのかといった不審があります。ということは、阿難は、釈迦の弟子中でもやや程度の低い人間と見られていたのです。世尊は、なぜ阿難のような劣った弟子にまで授記されるのか?! 新発意の八千人の菩薩は、それを不審に思ったのです。

じつは阿難は、釈迦世尊が入滅された時点においては、まだ阿羅漢となっていなかったのです。もっとも、羅什訳の『妙法蓮華経』の「序品」では、阿難の名前が大阿羅漢の一人として出てきます。だが、サンスクリット語の原本では、

《学修の道においてなお修めるべきことの残っていたアーナンダ（阿難）長老もその座にいたし、……》（岩波文庫『法華経（上）』の岩本裕訳による）

と、阿難だけはなお修めるべきことの残っていた（すなわち有学《うがく》）の弟子として別扱いされています。どうやら阿難は、小乗仏教の人たちのあいだでも、一段階低い弟子とされていたようです。だから、新発意の菩薩たちが、

〈釈迦世尊は、なぜ阿難のような弟子にまで記を授けるのであろうか?!〉

と疑問を起こしたのです。

▼「多聞」の故に

その疑問に対する世尊の答えはこうでした。

「諸の善男子よ、われと阿難とは等しく、空王仏《くうおうぶつ》の所《みもと》において、同時に阿耨多羅三藐三菩《あのくたらさんみゃくさんぼ》提《だい》の心を発《おこ》せり。阿難は常に多聞《たもん》を楽《ねが》い、われは常に勤めて精進せり。この故に、われは已《すで》に阿耨多羅三藐三菩提を成ずることを得たり。しかるに阿難は、わが法を護持し、また将来の諸仏の法蔵をも護りて、諸の菩薩衆を教化し成就せしめん。その本願は、かくの如し。故にこの記を獲たるなり」

はるかな過去世において、空王仏のもとで阿難と釈迦世尊は兄弟弟子だったのです。そして二人はともに、無上最高の悟り（阿耨多羅三藐三菩提）を得ようと発心しました。それで、釈迦世尊は精進（仏道の実践）したのに対して、阿難は「多聞を楽《ねが》った」のです。その差が、釈迦をして仏ならしめ、阿難をして仏弟子たらしめているわけです。それ故、現在においても、阿難は釈迦世尊の侍者をつとめ、釈迦が説法される場にはいつも阿難がそこにいて、釈迦の説法を聴聞し、記憶し、世尊の入滅後に開かれた経典編纂会議（これを結集《けつじゅう》といいます）においては、記憶していた世尊の説法を語り、それが経典となったのです。だから、阿難がいなければ、釈迦世尊が説かれた教えの大部分が散佚《さんいつ》して失われてしまったかもしれません。阿難は、わたしは仏教界の恩人だと思っています。

でも阿難は阿羅漢ではなかったとされています。阿羅漢は、小乗仏教の悟りを開いた聖者であって、無学の人です。しかし、阿難は釈迦入滅の時点においてはいまだ阿羅漢の位に達していない有学の人だというのです。

なぜ、阿難が阿羅漢になれなかったか？　別段、阿羅漢になんかになる必要はありません。が、なぜ阿難が阿羅漢になれなかったかといえば、それは明らかに、彼が釈迦の教えを聞きすぎたためです。多聞、すなわち多くを聞いたためです。わたしはそう思っています。

というのは、釈迦の教えは基本的には対機説法です。相手の機根（性格や能力）に応じて説法される。あるいは応病与薬といって、その病気にふさわしい薬を与えられます。それが釈迦の説法であり、多聞ということはいわば下痢止めと下剤を同時に服用するようなものです。阿難は、そういう気の毒な立場に置かれていたのです。

だからこそ、世尊は阿難に記を授けられたのです。

そして阿難は、世尊に心よりの感謝の辞を述べています。

▼羅睺羅に対する授記

次に世尊は、羅睺羅を授記されました。

羅睺羅は釈迦世尊の実子です。釈迦が出家を決意しておられるときに子どもが生まれたもので、長子誕生の報を聞いた瞬間、世尊は、

「ああ、ラーフラ（障碍《しょうげ》、繋縛《けばく》）が生じた」

と言われた。自分の出家を邪魔する障りが出来た、と、呟かれたのです。それでそんな名前が子どもにつけられたといった伝説があります。「邪魔者」だなんて、おかしな命名ですが、文化人類学的には子どもにおかしな名前、わざと卑しい名前をつける風習が世界の各地にあります。

まあ、ともかく、世尊はわが子も、妻も、父も養母もすべてを捨てて出家されたのです。そして羅睺羅は、幼くして出家して（というより、父親の釈迦世尊によって無理矢理出家させられた、と言ったほうが正確でしょう）沙弥になりました。釈迦世尊は、羅睺羅沙弥が正式の比丘となれる二十歳までの教導を舎利弗（シャーリプトラ）にまかせられました。わが子の教導は、いくら仏であってもやりにくいものなんでしょう。

しかし、それは子どものほうにも言えます。偉大なる父親を持った子どもは、いい面もありますが困った面もあります。周囲から特別の眼で見られるからです。だが羅睺羅は、幼時には

少しやんちゃな行動もあったようですが、のちにはしっかり修行して阿羅漢になっています。つまり無学の人になったわけです。彼は釈迦の十大弟子の一人として、「学習第一」「密行第一」と呼ばれています。密行とは、戒を細かなところまできっちり護持することです。

世尊はその羅睺羅に記を授けられます。そなたは未来において、蹈七宝華如来《とうしつぽうけ》（七宝の蓮華を踏み越えて行く仏）という名の仏になるであろう。その蹈七宝華如来の仏国土は、阿難が山海慧自在通王如来となって得た仏国土とまったく同じすばらしさである。そのように世尊は言っておられます。

そのあと、世尊は、その場にいた学・無学の二千人に、

「これらの人々は、はるかな未来世において、宝相如来という名の仏になるであろう」

と、授記されました。二千人はもちろん、釈迦世尊の言葉を聞いて歓喜《かんぎ》し、踊躍《ゆやく》します。そしてその喜びを偈文でもって表明しました。

「世尊は慧の燈明なり　われは記を授けらるる音《みこえ》を聞きたてまつりて心、歓喜に充満すること　甘露をもって灌《そそ》がるるが如し」

以上でもってこの章が終ります。

10 〈法華経〉を説く心構え（法師品《ほっしほん》第十）

▼〈法華経〉を喜ぶ者への授記

「法華経」といえば、日本語では出家僧の意味に使われますが、『法華経』の「法師品《ほっしほん》」においては、出家／在家を問わず、また男／女の差別なく、〈法華経〉の教えを説く人を指しています。

その時、世尊は、薬王菩薩に因《よ》せて、八万の大士《だいじ》に告げたもう「薬王よ、汝はこの大衆の中の無量の諸の天・竜王・夜叉《やしゃ》・乾闥婆《けんだつば》・阿修羅《あしゅら》・迦楼羅《かるら》・緊那羅《きんなら》・摩睺羅迦《まごらか》と、人《にん》と非人《ひにん》と、及び比丘・比丘尼・優婆塞《うばそく》・優婆夷《うばい》と、声聞《しょうもん》を求むる者・辟支仏《びゃくしぶつ》を求むる者・仏道を求むる者とを見るや。かくの如き等《ら》の類《たぐい》にして、咸《ことごと》く仏前において、妙法華経の一偈《げ》一句を聞きて、乃至、一念も随喜《ずいき》する者には、われは、皆、記を与え授く『当に阿耨多羅《あのくたら》三藐三菩提《さんみゃくさんぼだい》を得べし』と。」

これが「法師品」の冒頭です。釈迦世尊は薬王菩薩を代表とする八万の大士《だいじ》に告げられました。大士は菩薩と同義です。ここに天人や竜王、夜叉、また比丘・比丘尼、優婆塞《うばそく》・優婆夷《うばい》の在家信者たちがいるが、これらの中で〈法華経〉の一偈でも一句でも聞いて、ほんの一瞬のあいだでも心からありがたく感ずる者がいれば、わたしはその人たちに授記する。「あなたがたは未来に最高最上の悟りを得る」と。

これは、そのとき釈迦世尊の前にいた菩薩たちに対する授記です。と同時に世尊は、如来が入滅されたのちに、〈法華経〉の一偈一句を聞いて、それをありがたく喜ぶ者がいれば、その人たちにも記を授けようと言っておられます。ということは、二十一世紀の日本において、いまこうして『法華経』を読んでいるわたしたちも授記されているのです。

じつをいえば、菩薩は仏に向かって歩む者ですから、わざわざ授記する必要はありません。そのことは二〇七ページでも述べました。しかし、ここで世尊が菩薩たちに授記されたのは、現代人であるわれわれに、われわれもまた必ず仏となれると信じて、仏に向かって歩んで行けと言っておられるのだと思えばよいでしょう。

続いて経文は、『法華経』を弘めるための五つの大切な行を説いています。それは、

――『法華経』を受持すること・読むこと・誦《じゅ》すること・解説《げせつ》すること・書写すること――

です。古来、これを「五種法師」と呼びます。

受持することとは、受は教えを深く信じることで、そしてそれを持ち続けることです。読むことは、声に出して読んでもよいし、黙読でもいい。あるいは人が読むのを聞くのでもいいのです。誦《じゅ》は経文を見ずにそらんじること。解説《げせつ》は現代語でいう解説《かいせつ》です。そして書写は写経すること。昔は印刷術がなかったもので、『法華経』を弘めるためにはそれを写経して配布するよりほかなかったのです。現在は印刷術が発達していますから、書写の意味はだいぶ違っています。

さらに経文は、十種供養を言っています。

……この経巻を敬《うやま》い視ること仏の如くにして、種種に華・香・瓔珞《ようらく》・抹香《まっこう》・塗香《ずこう》・焼香・繒蓋《ぞうがい》・幢幡《どうばん》・衣服《えぶく》・伎楽を供養し、乃至、合掌し恭敬せば、……

とあるのがそれです。『法華経』を仏そのものと見て、それに花や香木、装身具（瓔珞）を献じ、抹香・塗香・焼香でもって供養し、絹《きぬ》の天蓋《てんがい》をさしかけ、幢幡《はたのぼり》で荘厳し、衣服を献じ、音楽を奏して供養するのです。それが十種供養です。

▼お釈迦様の肩車

次に世尊は、世尊が入滅されたのちの世の人々に対して、何をなすべきかを指示しておられます。

「**若しこの善男子、善女人にして、わが滅度の後に能く竊**《ひそ》**かに、一人のためにも、法華経の、乃至、一句を説かば、当に知るべし、この人は則ち如来の使にして、如来に遣**《つかわ》**され、如来の事を行ずるなり。何**《いか》**に況んや、大衆の中において、広く人のために説かんをや。**」

大勢の人々に、いや、大勢でなくてもたった一人のためでもいいのです。人に『法華経』の教えを説くことが、釈迦入滅後のわれわれ衆生の仕事です。そのような仕事をする人が、

——如来の使い——

であると世尊は言っておられます。

だからなんです。世尊は薬王菩薩に言われます。一劫といった無限宇宙時間にわたって仏をののしり続ける人がいても、その人の罪は軽いものだ。それよりは、在家信者であれ出家修行者であれ、『法華経』を読誦している人がいて、その人の悪口を言った者がいれば、その罪は非常に重い、と。これは、釈迦世尊に面と向かって悪口を言う人がいても、世尊は仏ですからそれを平気で耐えることがおできになります。けれども、『法華経』を読誦する者は「如来の使い」であるが、基本的には弱い人間です。その弱い人間をいじめる者の罪は重い。だから、

どうかわたしの使者をいじめてくれるな、と釈迦世尊は言っておられるのです。

そして世尊は、次のように言われました。

「薬王よ。それ法華経を読誦する者あらば、当に知るべし、この人は、仏の荘厳《しょうごん》をもって、しかも自らを荘厳するなり。すなわち如来の肩に荷担《かたん》せらるることを為《え》ん。その至る所の方《かた》には応《まさ》に随って向《むか》い礼《らい》すべし。」

『法華経』を読誦する者は、如来と同じ装身具を身につけ、また如来の肩に荷《に》なわれているのだ。だからその人がどこに行こうと、その人は礼拝を受けるのである。世尊はそう言われたのです。

ところで、羅什はここで《如来の肩に荷担せらるる》と訳していますが、サンスクリット語の原文では、「如来を肩に荷なっている」になっています。羅什訳と逆ですね。羅什はところどころでサンスクリット語の原文から離れて独自の解釈をしていますが、ここのところはわたしは羅什に賛成です。わたしたちは『法華経』を読むことによって、お釈迦様に肩車をしてもらえるのです。小さな子どもが父親に肩車をしてもらって背が高くなり、遠くのほうまで見ることができます。わたしたちはお釈迦様に肩車をしてもらって、高い視点から世の中を見ることができるのです。そんなふうに解釈するとおもしろいと思います。

▼難信難解の経典

さて、そのあと、世尊はちょっと意外な発言をされます。

その時、仏は復、薬王菩薩摩訶薩に告げたもう「わが説く所の経典は、無量千万億にして、已《すで》に説けると、今《いま》説くと、当《のち》に説くとあり。しかも、その中において、この法華経は、最もこれ信じ難く、解《さと》り難きなり。薬王よ、この経は、これ諸仏の秘要の蔵なれば、分布して妄《みだ》りに人に授与すべからず。諸《もろもろ》の仏・世尊の守護したもう所なれば、昔より已来《このかた》、未だ曾て顕《あらわ》に説かざりしなり。」

釈迦世尊が説かれた経典は数多くありますが、その中でも『法華経』がいちばん難信難解——信じ難く、理解しにくい——だというのです。

たしかにその通りだと思います。『法華経』が言っていることは、

——すべての仏教者が仏子である——

ということです。みんな仏の子なんです。小乗仏教の人たちも仏の子です。だから、小乗仏

教の人たちも仏になることができるのです。ましてや大乗仏教の人たちは仏の子であり、必ず仏になれるのです。

ところが、なかには、「一部の人々は仏になれない」と主張する人々もいます。そういう人は『法華経』を信じていない。『法華経』を正しく理解していないのです。

たとえば、「南無阿弥陀仏」を称《とな》えている浄土教の信者はまちがっていると他宗を攻撃する人々がいます。それは『法華経』を正しく理解していないのです。『法華経』はあらゆる人が仏になれると言っているのです。もちろん、仏になれるのは遥かな遠い未来のことです。だからこそ、この現世においては、キリスト教徒であってもイスラム教徒であっても、浄土教の信者であろうと禅宗の人であろうと、神道の人であろうと、無宗教であろうと、すべての人が遠い未来において仏になれるのです。あるいは犯罪者であっても、それは現世での姿であって、来世、来々世において、その人が立派な人になる可能性があります。それが信じられたとき、はじめてわれわれは『法華経』を信じ理解したことになります。

わたしたちは、すべての人が仏子であると言われたとき、まず自分自身が仏子であると思ってしまいます。それで『法華経』を理解したつもりになりますが、それは要するに、

――自惚《うぬぼ》れ――

にすぎません。仏教の言葉でいえば「増上慢」ですね。そうではなしに、他人様、自分の嫌

いな人が仏子であると信じられたときが、真に『法華経』を信じたことになるのです。極端な言い方をすれば、自分はどうだっていいのです。他人が仏子であると信じることが肝要です。そう考えるなら、たしかに『法華経』は難信難解の経典ですね。

▼高原に井戸を掘る

さて、このように『法華経』が難信難解の経典であるからこそ、釈迦世尊が入滅されたのちに『法華経』を信じ、弘めようとする人には仏の加護があるのです。

「**薬王よ、当に知るべし、如来の滅後に、それ能く書持し、読誦し、供養し、他人のために説く者は、如来は則ち、ために衣《ころも》をもってこれを覆いたまい、又、他方の現在の諸仏に護念せらるることを為《え》ん。この人には、大信力と及び志願力と諸の善根力とあり。当に知るべし、この人は如来と共に宿るなり。すなわち、如来の手《みて》にて、その頭《こうべ》を摩《な》でらるるなり。**」

『法華経』を説き弘めようとする者は如来の使いです。この如来の使いは、如来が衣でもって覆《おお》ってくださる。すなわち、如来が庇護してくださるのです。また、他の仏国土においでになる現在の諸仏がその人を護ってくださる。他の仏国土におられる諸仏とは、たとえば西方極楽世界の阿弥陀仏や東方浄瑠璃《じょうるり》世界の薬師仏です。釈迦世尊が入滅されたのちは、阿弥陀仏や薬師仏が『法華経』の信者を庇護してくださる。『法華経』がそう言っているのですから、浄土教の信者を敵視するのは『法華経』の精神ではありません。

そしてまた、如来の使いには、大信力・志願力・善根力が与えられます。大信力とは、『法華経』の教えが絶対だと信じる力です。志願力とは、仏に向かって歩もうとする意志の力です。そしてさまざまな善をなそうとする力が善根力です。

このようにして如来の使いは、「如来と共に宿る」ことができる。つまり、仏と同室できるのです。そして、仏から頭を撫でてもらえます。

「薬王よ、多く人ありて、在家にもあれ、出家にもあれ、菩薩の道を行ずるに、若しこの法華経を見聞《けんもん》し、読誦《どくじゅ》し、書持し、供養すること能得《あた》わざるものは、当に知るべし、この人は、未だ善く菩薩の道を行ぜざるなり。若しこの経典を聞くことを得ること有る者は、すなわち能《よ》善く、菩薩の道を行ずるなり。それ衆生の、仏道を求むる者ありて、この法華経を若しくは見、若しくは聞き、聞き已《おわ》りて信解し、受持せば、当に知るべし、この人は阿耨多羅三藐三菩提《あのくたらさんみゃくさんぼだい》に近づくことを得たるなり。」

『法華経』を見聞する者は、出家／在家を問わず、すべて菩薩の道を行く者である。世尊はそう語られています。そしてその人は、必ず最高無上の悟りに到達できるのです。そのことを、世尊は、

――高原穿鑿《せんしやく》の喩え――

で説明されています。高原で井戸を掘っても、なかなか水は得られません。最初は乾いた土が出てくるだけです。しかし、それで失望してはいけません。なおも掘り進めると湿った土が出てきて、そしてそれが泥になります。そうすると水が近いのです。菩薩もまた、歩み続けるべきです。世尊はそのようにわれわれを励ましておられるのです。

▼如来の室・衣・座

「法師品」の最後には、『法華経』を説く者の心構えが述べられています。

「薬王よ、若し善男子、善女人ありて、如来の滅後に、四衆《ししゆ》のために、この法華経を説かんと欲せば、云何《いか》んが、応に説くべきや。この善男子、善女人は、如来の室に入り、如来の衣《ころも》を著《き》、如来の座に坐して、しかしてすなわち、応に四衆のために、広くこの経を説く

べし。**如来の室とは、一切衆生の中の大慈悲心**、これなり。**如来の衣とは、柔和忍辱《にゅうわにんにく》の心**、これなり。**如来の座とは、一切法の空**、これなり。この中に安住して、然して後に、**懈怠《けたい》ならざる心**をもって、**諸の菩薩及び四衆**のために、広くこの法華経を説くべし。」

『法華経』を説く者は、まずその人が、

――如来の室に入り、如来の衣を著、如来の座に坐す――

必要があります。

如来の室とは……一切衆生に対する大慈悲心です。

如来の衣とは……柔和忍辱の心です。

如来の座とは……すべてのものを空と見ること。いま、目の前に乱暴な人がいても、その人はいろんな縁によって現在のところ乱暴な人となっているのです。すべては空なる存在ですから、ひょっとしたら明日、その人がとてもやさしい人になっているかもしれません。雪も気温が高くなると雨になります。事物を固定的・実体的に見てはいけない。それが空の見方です。『法華経』を説く者は、そのような見方をせねばならないのです。

『法華経』の信者のうちには、ややもすれば人身攻撃に走る人がおられます。そのような人は、釈迦世尊の言われた「如来の室・衣・座」を忘れているのです。『法華経』を説く者は、何よりもまず衆生に対する慈悲心・柔和忍辱の心を持たねばなりません。そして目の前におられる方が仏の子だと信ずることです。いま現象的にその方がどういう姿をしておられるか、それはどうだっていいのです。その人が遠い将来において仏となられるお方だと信ずること。それが『法華経』を説く者の大事な心構えです。

釈迦世尊は、次にこう言っておられます。

「**薬王よ、われは余国において、化人《けにん》を遣わして、それのために、法を聴く衆《ひとびと》を集め、亦、化の比丘・比丘尼・優婆塞・優婆夷を遣わして、その説法を聴かしめん。**」

釈迦世尊が入滅されたあと、世尊その人は余国（他の世界）に行かれます。しかし世尊は、この娑婆世界で『法華経』を説く人がいれば、その余国から聴聞する人を派遣してくださるというのです。ありがたいことですね。

わたしも仏教講演会において『法華経』を講じ、『法華経』の勉強会における講師をつとめることがあります。そういうときには、聴聞してくださる人々が釈迦世尊からの依頼を受けて会場に来てくださったのだと思っています。この本を読んでくださっている読者も、同様に釈迦世尊の依頼を受けておられる人々です。心より感謝します。

11　多宝塔の出現（見宝塔品《けんほうとうほん》第十一）

▼宝塔の出現

その時、仏の前《みまえ》に、七宝の塔あり、高さ五百由旬《ゆじゅん》、縦広《たてよこ》二百五十由旬にして、地より涌《ゆ》出《じゅっ》し、空中に住在せり。

『法華経』の第十一章「見宝塔品《けんほうとうほん》」はこのような書き出しで始まります。ここで『法華経』は大きく場面転換をするわけです。

突然、地中から七宝の大塔が出現します。七宝とは、金・銀・瑠璃《るり》・玻璃《はり》・硨磲《しゃこ》・珊瑚《さんご》・瑪《め》瑙《のう》といった七つの宝物です。大塔の高さは五百由旬、縦横ともに二百五十由旬。一由旬は、わたしは十キロメートルに換算していますから、高さ五千キロメートル、縦横ともに二千五百キロメートルといった、とてつもなく大きな塔です。そして、その宝塔の中から、次のような声が聞こえてきます。

その時、宝塔の中《うち》より大音声《だいおんじょう》を出して、歎《ほ》めて言《のたも》う「善いかな、善いかな、釈迦牟尼世尊は、能く平等の大慧《だいえ》、菩薩を教える法にして、仏に護念せらるるものたる妙法華経をもって、大衆のために説きたもう。かくの如し、かくの如し。**釈迦牟尼世尊よ、**説く所の如きは、**皆これ真実なり**」と。

「善いかな、善いかな」（善哉《ぜんざい》、善哉《ぜんざい》）は褒め言葉です。釈迦世尊よ、あなたは、平等大慧（あらゆる人を差別せずに仏とする智慧）、教菩薩法（菩薩を教える真理）、仏所護念（仏が護念しておられる教え）である〈法華経〉を人々のために説かれました。そうです、そうです。釈迦世尊がお説きになったのはすべて真実です。そのような声が宝塔から聞こえてきました。

人々はびっくりします。

そこで人々を代表して、大楽説《だいぎょうせつ》という名の菩薩が釈迦世尊に質問しました。

「いったいどういうわけで宝塔が出現し、誰がこのような言葉を発しておられるのですか？」

世尊はこう教えられます。

「この宝塔の中には多宝如来の全身がましまます」

普通、塔（サンスクリット語だと〝ストゥーパ〟。仏塔ともいう）の中には仏舎利《ぶっしゃり》が安置されています。仏舎利は仏・如来の遺骨です。しかし、いま出現した宝塔の中には、多宝如来の遺骨ではなしに、多宝如来の全身、多宝如来そのものがおいでになるのです。

では、多宝如来とは誰でしょうか？　はるかな昔、東方世界に宝浄《ほうじょう》という仏国土があり、そこにおられた仏が多宝如来です。

多宝如来は入滅される直前、

「一の大塔を起すべし」

と命じられました。その大塔の中には多宝如来の全身が入っています。そして多宝如来は、十方世界のどこであれ、〈法華経〉が説かれる場所にその大塔を涌出《ゆじゅつ》させ、

「善哉、善哉」

と讃《ほ》めて言う。そのように多宝如来は約束されたのです。だから、いま、ここに、多宝如来の宝塔が出現したのだよ。釈迦世尊は大楽説菩薩にそのように説明されました。

つまり多宝如来は、〈法華経〉が説かれる所に出現され、そこで説かれた〈法華経〉が宇宙の真理にほかならないことを証明される仏なのです。

読者はここで「方便品第二」を思い出してください。そこで世尊は次のように言っておられます（一〇一ページ参照）。

《「やめよう。舎利弗よ、説いても無駄である。なぜかといえば、仏が悟った真理は最高にして比類なきものであり、人々が理解できるものではない。ただ仏と仏のあいだだけであらゆるものの真実の相《すがた》（諸法の実相）を究めることができるのである」》

〈法華経〉とは大宇宙の真理であり、それは取りも直さず諸法の実相です。しかし、その諸法の実相はわれわれ人間には理解できません。それを理解できるのは仏だけです。仏だけがそれを理解でき、そして仏だけにしか伝えることができない。それが「唯仏与仏《ゆいぶつよぶつ》」です。

ということは、われわれ人間には〈法華経〉（大宇宙の真理）は理解できないのだから、それが〈法華経〉（大宇宙の真理）であることを証明できるのは仏だけです。その証明する役割の仏が多宝如来です。多宝如来の出現によって、わたしたちは釈迦世尊が説かれた〈法華経〉が大宇宙の真理であることが了解できるのです。宝塔の出現はそのような意味を持っています。

▼釈迦仏の分身が集まる

さて、そうすると当然、人々は多宝如来に拝謁したくなります。

「**世尊よ、われ等《ら》は、願わくは、この仏身を見たてまつらんと欲す**」

大楽説菩薩は、世尊の神通力でもってわたしたちに多宝如来の仏身を拝ませてくださいと願い出ました。

ところが、われわれが多宝如来の仏身に見《まみ》えることは、そう簡単にはいきません。なぜなら、多宝如来には重大な願《がん》があるからです。それは、

「若し、わが宝塔にして、法華経を聴かんがための故に、諸仏の前《みまえ》に出でん時、それ、わが身をもって、四衆に示さんと欲することあらば、彼の仏の分身《ふんじん》の諸仏の、十方世界に在りて説法したもうを、尽《ことごと》く還《かえ》して一処に集め、然して後に、わが身を乃《すなわ》ち出現せしめんのみ」

といった願です。多宝如来の宝塔は〈法華経〉が説かれる所に出現しますが、多宝如来がご自分の仏身を衆生の前に示されるのは、その〈法華経〉を説いておられる仏（すなわちここでは釈迦仏ですが）の分身をすべて集めないといけないのです。つまり、釈迦仏の分身は十方世界のあちこちで説法しておられます。それらの分身が全部集まったとき、そこに多宝如来は姿を現わされるのです。

前にも述べましたが、西方の極楽世界においでになる阿弥陀仏も、東方の浄瑠璃《じょうるり》世界におい

でになる薬師仏も、釈迦仏の分身です。なぜなら、釈迦仏は娑婆世界において〈法華経〉をお説きになっておられますが、阿弥陀仏も薬師仏もそれぞれの世界で〈法華経〉を説いておられます。〈法華経〉というのは大宇宙の真理ですから、すべての仏が大宇宙の真理である〈法華経〉を説いておられるのです。

ということは、〈法華経〉というのは、十方世界のあちこちで説かれている〈法華経〉を全部集めたものなんです。大宇宙の真理のほんの一部が〈法華経〉というわけにはいきません。すべてを集めてトータルしたものが〈法華経〉です。そこで、十方世界のあちこちで〈法華経〉を説いておられる諸仏が一堂に会したとき、多宝如来は姿を現わして、

「善哉、善哉」

と言われるのです。釈迦仏の分身が全部集まるというのは、そういう意味です。

▼娑婆世界を清浄にする

そこで釈迦世尊は、眉間の白毫《びゃくごう》より光を放って、まず東方、次に南方、西方、北方と、順に十方世界を照らされました。おそらくその光に照らされたためだと思われますが（そこのところは『妙法蓮華経』は詳しい説明をしていません）、十方世界の諸仏は娑婆世界の釈迦仏の所に表敬訪問をし、そして多宝如来の宝塔を供養することを考えられました。すると、その瞬間、

娑婆世界はたちまち清浄な国土となりました。
娑婆世界が浄土となったのです。その浄土の様子は、大地が瑠璃《るり》（青色の宝石）となり、世界全体が宝樹で飾られたと描写されています。それはいいのですが、また、

諸の聚落《じゅらく》・村営《そんよう》・城邑《じょうおう》・大海《だいかい》・江河《こうが》・山川《せんぜん》・林藪《りんそう》なく、

と書かれています。村も町も大都会も、山や川、海もないのです。おかしな話だなあ……と思いましたが、これはわたしたちが、あの山が美しい、あの都会が立派だと、あれこれ比較し差別するのをよくないとしたのでしょう。だから、比較されるようなものをいっさいなくしたのだと思われます。さらに釈迦世尊は、

唯、此の会《え》の衆のみを留めて、諸の天・人を移して他土に置けり。

とあります。いま、〈法華経〉を聴聞している人だけを残して、その他の人々は全員が強制移住させられたのです。すなわち、すべての人が〈法華経〉の聴聞者になったとき、そこが清浄の仏国土なのです。

でも、勘違いしないでください。この娑婆世界を浄土（清浄の仏国土）にすることは、釈迦仏によってしかできないことです。「われわれはこの娑婆世界を浄土にしなければならない」と主張される方がおいでになりますが、そうすると『法華経』という経典を信奉する宗派の信者以外の人は弾圧を受けます。そもそも〈法華経〉は大宇宙の真理なのですから、『法華経』以外の経典も、それが大宇宙の真理を説いているかぎり〈法華経〉なんです。さらに言えば、『新約聖書』や『コーラン』だって〈法華経〉です。〈法華経〉を信ずる人はもっとおおらかでなければなりません。他宗を攻撃する人は、〈法華経〉の精神から最も遠い人々です。わたしはそのように考えます。

さて、清浄国土となった娑婆世界に、十方世界から大勢の仏が集まって来ます。あまりにも大勢の仏で、入りきれません。そこで釈迦仏はその清浄国土を拡張されます。それでも収容できないので、さらに国土の拡張をされました。

十方世界からやって来た諸仏はみんな宝樹の下の師子座《ししざ》に坐しています。師子（獅子）とはライオンです。獅子が百獣の王であるように、仏も一切衆生の王であり、その仏が着座される座席を獅子座（師子座）といいます。そして、諸仏は侍者を連れて来ておられ、侍者を霊鷲山においでになる釈迦世尊の許に派遣して挨拶させます。その挨拶の言葉がいいですね。

「少病、少悩にして、気力《けりき》あり安楽にましますや」

この娑婆世界は老病死の苦に充ちる世界であり、悩みは尽きないのです。その中で生きるわたしたちは、無病を願い、悩みのないことを願ってはいけません。「病気は少ないですか？」「悩みは少ないですか？」と、そう尋ねるのがいい挨拶です。いくら重い病気でも、それを「少ない」と感じることは、その人の心掛け次第でできることです。ほんの少し悩むようにする。それが仏教者らしい生き方です。

▼二仏並坐

十方世界からやって来た諸仏は、使者を派《は》して釈迦世尊に挨拶させ、また、

「われわれもこの宝塔を開いて、多宝如来に拝謁したいと思います」

と、その意向を伝えました。かくて、多宝如来の仏身に見《まみ》える条件がととのったわけです。

そこで釈迦仏は座より立ちあがり、虚空の中に住されました。周りにいた諸仏や衆生は起立し合掌して世尊を見つめます。

それまで釈迦世尊は、霊鷲山において説法されていました。それを虚空に説法の座を移されたのです。

次に世尊は、右の指でもって七宝の塔の扉を開かれました。大きな城門の扉を開くときのような、ギイーという音がしました。

宝塔のうちには、多宝如来が禅定に入っているかのようなお姿で坐しておられます。そして、「善いかな、善いかな。釈迦牟尼仏はみごとに〈法華経〉をお説きになられた。わたしはその〈法華経〉を聴聞するために、ここにやって来たのです」

と言われました。そして多宝如来はちょっと腰をずらして半座をあけ、「釈迦牟尼仏よ、どうかここにお坐りください」

と、釈迦世尊を招きます。釈迦世尊は多宝如来と並んで、宝塔の中に坐しました。これを、

――二仏並坐《びょうざ》――

といいます。大宇宙の真理である〈法華経〉を説く仏と、〈法華経〉が大宇宙の真理であることを証明する仏とが、並んで坐っておられるのです。

だが、そうなると、地上にいる人々には釈迦仏と多宝如来は見えません。なにせ高さ五百由旬の宝塔です。五百由旬は五千キロメートル。東京―大阪間は約五百キロメートルですから、その十倍の高さです。そこで人々は、世尊に、

「仏は高遠《こうおん》に坐したまえり。唯、願わくは如来よ、神通力をもって、われ等の輩《ともがら》をして、

倶に虚空に処せしめたまえ」

と懇願しました。すると世尊は、すぐさま人々を虚空に引き上げられました。そして、人々にこう告げられたのです。

「誰か能くこの娑婆国土において、広く妙法華経を説かん。今、正しくこれ時なり。如来は久しからずして、当に涅槃に入るべし。仏は、この妙法華経をもって付嘱《ふぞく》して、在《とど》ることあらしめんと欲するなり」と。

この娑婆世界において、もうすぐ釈迦仏は涅槃に入られます。そのあと、娑婆世界において〈法華経〉を説く者は、誰かいるか？　世尊は人々にそう呼びかけられたのです。

この世尊の呼びかけに対する応答は、ずっとあとの章に出てきます。

▼『法華経』を信奉することのむずかしさ

以上で「見宝塔品」の散文の部分は終ります。次いで偈文でもって同じことを繰り返しますが、その偈文の中で使われた、

令法久住《りょうぼうくじゅう》（法をして久しく住せしむ）

といった表現が有名です。法とは、〈法華経〉が説く大宇宙の真理です。多宝如来が宝塔を涌出《ゆうしゅつ》させられたのは、釈迦世尊が説かれる〈法華経〉が大宇宙の真理であることを証明し、〈法華経〉を広宣流布《こうせんるふ》して断絶させないためです。だからわれわれは、釈迦世尊の入滅後も、いや入滅されたのちこそますます『法華経』を説き弘めねばならない。偈文はそのように言っています。

また、偈文の部分には、『法華経』を広宣流布する困難さに関して、

——六難九易《ろくなんくい》の譬喩——

が出てきます。世間的には困難とされる九つの事柄も、『法華経』を弘める六つの困難にくらべると易しいことだ——と言っているのです。以下はその取意訳です。

『法華経』以外の経典はガンジス河の砂ほど多数あるが、それを全部説くのはそれほどむずかしいことではない。（一易）

須弥山《しゅみせん》をちぎって他の仏国土に投げつけることはそれほどむずかしいことではない。

（二易）

足の指でもって大千世界を動かして、遠くの他国に投げることもそれほどむずかしいことではない。（三易）

有頂天《うちようてん》（色界の最も上にある天界）に立って、衆生に『法華経』以外の経典を講ずることはそれほどむずかしいことではない。（四易）

しかし、仏の入滅されたのちの悪世において『法華経』を説くことはむずかしい。（一難・説経難）

虚空全体を手にとって、その中を遊行するのはそれほどむずかしくはない。（五易）

しかし、仏の入滅されたのちに、『法華経』をみずから書き持《たも》ち、人をして書かしめるのはむずかしい。（二難・書持難）

大地を足の爪の上に置いて梵天に昇るのはそれほどむずかしくはない。（六易）

しかし、仏の入滅後の悪世において、しばらくのあいだでも『法華経』を読むことはむずかしい。（三難・暫読《ざんどく》難）

この世界の終末に起きる劫火《ごうか》の中を乾燥した草を背負って歩き、しかも焼けずにいることはそれほどむずかしいことではない。（七易）

しかし、仏の入滅後に『法華経』を持《たも》ち、ただ一人のためにもそれを説くことはむずかしか

しい。（四難・説法難）

八万四千の法蔵と十二部経を持《たも》ち、人々に演説し、それを聴聞した人に六神通を得させることはそれほどむずかしくはない。（八易）

しかし、仏の入滅後に『法華経』を聴聞し、その趣旨を問うことはむずかしい。（五難・聴受難《ちょうじゅなん》）

千万億、いや無量無数の衆生を阿羅漢とならせ、六神通を得させることはそれほどむずかしいことではない。（九易）

しかし、仏の入滅後に『法華経』を持《たも》ち奉ることはむずかしい。（六難・奉持難）

ともあれ仏の入滅後に『法華経』を信奉することは、とてもむずかしいことなんですよね。

12　あらゆる人の成仏（提婆達多品《だいばだったほん》第十二）

▼提婆達多大悪人説の嘘

『法華経』の第十二章は「提婆達多品《だいばだったほん》」と題されています。提婆達多（デーヴァダッタ）は仏弟子の一人で、晩年の釈迦世尊の侍者をしていた阿難《あなん》（アーナンダ）の兄（ひょっとしたら弟）とされています。阿難は釈迦世尊のいとこになりますから、提婆達多もまた釈迦世尊のいとこになるわけです。

ところが、釈迦の入滅後につくられた伝説においては、提婆達多は大悪人とされています。釈迦を殺して自分が仏教教団の長となろうとした。しかし、釈迦の暗殺に失敗し、そのため地獄に堕ちたとされているのです。キリスト教において、イエスを裏切った弟子としてユダが有名ですが、そのキリスト教界のユダの役割を提婆達多が果たしているわけです。

しかしながら、提婆達多が本当に叛逆者であったか否か、わたしはそうは思いません。その辺の詳しい論考は、拙著の、

『釈迦の教えたかったこと』（すずき出版）
『釈迦』（春秋社）
に書いておきました。『律蔵』（小品）を読んでいると、提婆達多はいささか過激ではありますが、まじめな修行僧（あるいはまじめすぎる修行僧）です。彼は人里離れた山林で修行し、常に糞掃衣《ふんぞうえ》（ぼろ切れで作った衣）を着し、また托鉢によって得た食だけで暮らし、資産家の家に招待されても行くようなことはありません。そういうストイック（禁欲的）な彼の生活態度が、釈迦没後の小乗仏教の主流派の連中から嫌われて、ついに彼は叛逆者の烙印を押され、大悪人に仕立て上げられたのです。歴史というものは、いつでも主流派、勝ち組の立場から書かれます。わたしは、むしろ提婆達多のほうがよく釈迦の考え方を理解していたと思うのですが、釈迦の教えを歪めて小乗仏教をつくった主流派の連中にすれば、提婆達多は目の上の瘤《こぶ》のような存在で、それで彼を大悪人に仕立てたのだと想像されます。

でも、読者は、わたしが勝手なことを言っていると思われるかもしれません。わたしの論拠は前記の二著を読んでいただくと分かりますが、一つだけ指摘しておきますと、七世紀にインドを訪れた中国、唐代の僧の玄奘《げんじょう》（六〇二―六六四）がその旅行記である『大唐西域記』（巻十）の中で、現在のインドのビハール州の南部に、

《別に三伽藍があり、乳酪を口にせず、提婆達多の遺訓を遵奉している》

と報じています。釈迦の入滅後千年以上にして、なお提婆達多の教えを奉じている教団がインドに存続していたのです。このことだけをもってしても、提婆達多がまじめな仏教者であったことが分かっていただけるでしょう。歴史というものは、勝者に都合のよいように歪められています。そんな歪められた虚像でもって歴史を見るのは危険です。提婆達多大悪人といった虚像に惑わされないでください。そういう虚像でもって『法華経』を読んではいけません。もっと虚心坦懐に『法華経』を読むべきです。わたしはそう思っています。

▼提婆達多は釈迦の恩人

『法華経』を率直に読むなら、釈迦世尊は、

「〔わたしが〕**等正覚を成じて、広く衆生を度**《すく》**うことも、皆、提婆達多という、善知識に因**《よ》**るが故なり**」

と言っておられます。わたしが悟りを開いて仏となって衆生済度ができるようになったのも、提婆達多といった善知識（よき指導者）のおかげである――と、提婆達多が恩人であると言うのです。

すなわち、過去世において釈迦世尊が国王であったとき、彼は王位を太子に譲って〈法華経〉を学びたいと発願しました。すると阿私《あし》という名の仙人が、自分に師事すれば〈法華経〉を説いて聞かせてやるとやって来ます。そこで彼は千年のあいだ阿私仙に師事し、〈法華経〉を教わることができたのです。

この阿私仙こそが、提婆達多の過去世における姿です。

ですから、提婆達多は釈迦世尊にとっての恩人です。

『法華経』は、提婆達多が悪人であるとは、一言《ひとこと》も言っていませんよ。

ところが、『法華経』の解説者のほとんどが、「提婆達多大悪人説」の固定観念の上に立って、『法華経』は提婆達多のような大悪人までをも温かく救わんとする慈悲にあふれた経典だ、と、とんでもないことを言っています。そもそも人間を善人／悪人と極《き》め付けることを『法華経』は不可とします。善人／悪人は実体的に存在するものではなく、縁によって成るものです。いまあなたが善人であっても、将来あなたが悪人にならない保証はありません。ましてや、流転輪廻の過去世において、あるいは未来世において、人間は善人になったり悪人になったりするものです。鎌倉時代の法律でもって罪人として流罪になった法然・親鸞・日蓮といった高僧たちは、永遠に罪人・悪人でしょうか。あの時代の法律は、あの時代だけのものです。提婆達多を悪人とするのは、小乗仏教の主流派の連中です。それはちょうど鎌倉幕府が日蓮を悪人としたのと同じです。しかし、提婆達多を祖師とする人々が千年後のインドにいました。日蓮を祖師とする人々が六百年後の日本にいます。善人／悪人というのは、そういう存在です。『法華経』は提婆達多を悪人とは言っていません。そのことは『法華経』を読めばすぐに分かることです。

だから、釈迦世尊は、この提婆達多に授記しておられます。提婆達多ははるかな未来において天王如来といった仏になるであろう。そして天王如来の仏国土は天道《てんどう》と名づけられる。世尊はそう語っておられます。

ここでちょっとした勘を働かせるなら、大乗仏教の教団のうちで、『法華経』を信奉するグループの人たちは、提婆達多を祖師とする教団の人々と交流があった、仲が良かったことが考えられます。『法華経』は、小乗仏教の主流派の人々にも授記を与えていますが、その主流派から排斥された提婆達多教団の人たちにも授記を与えているのです。いや、提婆達多を恩人に扱っているところからして、むしろ提婆達多教団に肩入れしています。提婆達多が悪人だなんて、『法華経』は言っていません。どうか読者は、固定観念やまちがった先入観念にとらわれることなく、『法華経』を『法華経』のまま正しく読んでください。お願いしておきます。

▼文殊菩薩の登場

ここで話が変ります。

時に、下方《げほう》の多宝世尊に、従う所の菩薩あり、名を智積《ちしやく》と曰《い》い、多宝仏に啓《もう》す「当に本土に還りたもうべし」と。

この多宝世尊というのは、下方世界から娑婆世界にやってきた釈迦世尊の分身仏です。その多宝如来の付人である智積菩薩が言いました。

「もうそろそろ本土にお帰りになる時間です」

すると釈迦世尊が言われました。

「いや、ちょっと待ってください。もうすぐ文殊菩薩がここに来ます。彼といろいろ法談をしてのち、本土にお帰りになったほうがよいでしょう」

その言葉とともに文殊師利菩薩が、大海の底の竜宮から大きな蓮の華に坐って出現されました。文殊菩薩の仲間の大勢の菩薩も、やはり蓮華の上に坐って、一緒に来られます。そして霊鷲山の上空に達すると、文殊菩薩は蓮華から降りて釈迦仏と多宝仏を礼拝し、智積菩薩の許に行き、互いに挨拶されました。

「あなたは大海の底の竜宮に行って教化をされたようですが、いったい幾人の衆生を教化されたのですか?」

「その数は無量で、とても計算できないし、想像もできません。だが、待っていてください。いまにその証拠が現われるでしょう」

智積菩薩の問いに、文殊菩薩はそう答えられました。

すると、それに呼応するかのように、無数の菩薩が美しい蓮華に乗って海中から出現します。それらの菩薩はすべて菩薩としての行を完成した人々ばかりです。

「これらの菩薩たちが、わたしが大海において教化した人々です」

文殊菩薩は智積菩薩にそう告げました。


文殊師利の言わく「われは海中において、唯、常に妙法華経のみを宣説せり」と。


「わたしは海中においては、ただ〈法華経〉のみを説いていました」

文殊菩薩はそう語っています。もちろん、ここで〈法華経〉というのは、『妙法蓮華経』あるいは『サッダルマ・プンダリーカ・スートラ』といった経典ではなく、「大宇宙の真理」にほかなりません。すると、智積菩薩が文殊菩薩に質問します。

智積は、文殊師利に問うて言わく、「この経は甚深微妙にして、諸経の中の宝、世に希有《けう》なる所なり。頗《はたして》、衆生にして、勤めて精進を加え、この経を修行せば、速かに仏を得ること有り不《や》」と。

あなたは海中で〈法華経〉を説かれたと言われたが、〈法華経〉は難解この上ないお経です。で、いかがですか？　この〈法華経〉を聴聞して、仏になった者は誰かいますか？　これが智積菩薩の質問です。

文殊菩薩はそれに対して、八歳になる娑竭羅《しやから》竜王の娘が、仏の智慧に近づいていると答えました。

だが、智積はそれを信じません。釈迦世尊にしてからが、無量劫という時間の勤行・苦行を積み、三千大千世界のいたる所で身命《しんみよう》を捨てる修行を経てのちに仏になられたのである。わずか八歳の竜女が成仏できるなんて、わたしは信じることができない。智積はそのように言いました。

▼竜女が仏となる

智積菩薩のその言葉が終らない前に、当該の竜女が出現しました。彼女は釈迦世尊に礼拝し、

「わたくしが文殊菩薩のお説きになった〈法華経〉を聞いて、それを信受し、悟りを得たことは、世尊がよくご存じです。わたくしは大乗の教えを説いて、苦しみのうちにある衆生を救いたいと思います」

と、その決意を語りました。

すると舎利弗（シャーリプトラ）が猛反撥します。

「そなたはもうすぐ最高・無上の悟りに到達すると言うが、そんなことは信じられない。なぜかといえば、女身は垢穢《くえ》（汚《けが》れている）にして法器（悟りを得る資格）がないからである。古来、女人には五障（五つの障《さわり》）があって、梵天《ぼんてん》・帝釈天《たいしゃくてん》・魔王・転輪聖王《てんりんじょうおう》（理想的国王）・仏になることができないとされているではないか。そなたのような女子が成仏できるなんて、どうしても信じられない」

注意しておいてほしいのは、舎利弗のこの女性蔑視の発言は、小乗仏教の考え方によるものです。大乗仏教は女性を蔑視していません。大乗仏教は、あらゆる人が仏になれると言っています。すくなくとも『法華経』はそうです。

だから、「仏教には女性差別の思想があるが、『法華経』はその女性であっても仏になれることを認めた、男女平等の立場に立った経典である」と主張される方が大勢おられますが、その発言はまちがっています。正しくは、「小乗仏教は女性を差別するが、大乗経典である『法華経』はそうした差別をいっさい認めない」と言うべきです。

それはともかく、舎利弗から売られた喧嘩に対して、竜女の反応はこうでした。舎利弗は釈迦の十大弟子の筆頭ともいうべき存在で、たしかに偉い人物です。けれども、大乗経典に出てくる舎利弗はこちこちの小乗主義者であって、むしろからかいの対象とされています。たとえば『維摩経《ゆいまぎょう》』においては、舎利弗は天女と問答をし、ちょっと女性を蔑視した発言をしたもので、天女からこっぴどくやっつけられる場面があります。舎利弗その人が女性に変身させられて、おたおたするのです。天女はそのようにして、舎利弗に、

「男だとか女だとかいうことは、一つの現象形体であって、いっさいは空《くう》だ」

と教えるのです。ここで竜女がやったことも、その天女と同じで、彼女は釈迦世尊に一つの高価な宝珠を献じます。世尊は竜女からの宝珠を受け取られました。

「わたしはいま、世尊に宝珠を献じ、世尊はそれを受け取ってくださいました。この出来事はあっという間のものでしたよね」

「その通りです」

智積菩薩と舎利弗が答えます。すると、竜女がこう言いました。

「では、わたしの成仏を見てください。それよりもなお速《すみや》かです」

その言葉に、その場にいた全員が竜女を注目しました。


当時《このとき》の衆会《しゅえ》は、皆、竜女の、忽然《こつねん》の間に変じて男子《なんし》と成り、菩薩の行を具して、すなわち、南方の無垢《むく》世界に往き、宝蓮華に坐して、等正覚を成じ、三十二相・八十種好ありて、普《あまね》く十方の一切衆生のために、妙法を演説するを見たり。


竜女は男子に変り、南方の無垢世界において悟りを開いて仏となり、一切衆生に説法するのです。それがまたたく間に起きた。三十二相・八十種好というのは、仏が、そして仏だけが具えておられる瑞相です。

その場の人々は、仏となった竜女に礼拝します。

▼男性／女性にこだわるな！

この竜女の変身を、古来、

——変成男子《へんじょうなんし》——

と呼んでいます。おもしろいことに、この部分のサンスクリット語の原文は、

《そのとき、サーガラ竜王の娘は、世間のすべての人々が見ているところで、また長老シャーリ＝プトラの眼前で、彼女の女性の性器が消えて男子の性器が生じ、みずから求法者となったことを示した》（岩波文庫『法華経（中）』の岩本裕訳による）

となっています。サンスクリット語原文ははっきりと「女陰がなくなり男根が生じた」とあるのを、羅什は婉曲に「男子となった」と訳したのです。中国人は、セックスに関するあからさまな表現を好まないためだと思われます。

だが、そのために、中国や日本において竜女成仏に関して大きな誤解が生じました。

すなわち、『法華経』はこの竜女成仏によって、女性であっても仏となることができる——と教えているのだ、といった解釈が罷り通るようになってしまったのです。『法華経』の解説者は、全部が全部といってよいほど、この解釈を踏襲しています。

でも、そういう解釈はおかしいのです。なぜなら、『法華経』は、あらゆる人が成仏できると言っています。あらゆる人と言っているのに、女性であっても仏になれると言うことは、逆に女性を差別していることになります。あらゆる人が仏になれるというのに、わざわざ悪人であっても仏になれると言えば、その主張のうちには悪人に対する軽蔑があります。すべての人が仏になれるというのに、わざわざ貧乏人であっても仏になれると言うのは、貧乏人に対する

差別があります。

つまり、『法華経』が言いたいのは、

——男や女、金持ちや貧乏人、善人や悪人、背の高い人／低い人、陽気な人／陰気な人、そんな差別にこだわってはいけない。あらゆる人が仏になれるのだよ——

ということです。ところが「提婆達多品」を読んで、『法華経』は、提婆達多のような悪人でも成仏できる、竜女のような女性でも成仏できると受け取る人は、『法華経』の主張を歪めていることになります。

では、なぜ「提婆達多品」において、『法華経』は竜女が男子に変じたと言うのでしょうか。先程も指摘したように、サンスクリット語原本によると、これは竜女に男根が生じたのです。では、なぜ竜女に男根が生ずる必要があったか。それは、仏の三十二相のうちに、

——陰蔵相《おんぞうそう》（陰馬蔵《おんめぞう》ともいいます）——

があるからです。これは、仏の男根は馬のそれのように大きいのですが、普段は体内に陰れているといった相《すがた》です。だから、仏には男根が必要です。それでサンスクリット語の『法華経』は、竜女に男根が生じたと言ったのです。それを羅什が「変成男子」と訳したもので、人々は誤解をしたのです。わたしはそう解釈しています。

ともかく『法華経』は、われわれがいまある現象形体にとらわれるな！と言っています。

あなたが女であろうと、優等生であろうと、悪人であろうと、金持ちであろうと、なんだっていいのです。あらゆる人がそのままですばらしいというのが、

――諸法実相――

なんです。男性や女性、善人や悪人にこだわっていては、『法華経』を正しく読んだことにはなりません。そのことを忘れないでください。

＊

なお、文献学的にはこの「提婆達多品」は、鳩摩羅什が最初に訳した『妙法蓮華経』にはなかったと考えられています。後世に付加されたもののようです。また、サンスクリット語本では、この「提婆達多品」は独立した一章ではなしに、前章の「見宝塔品」の後半の部分になっています。

13 〈法華経〉を説き弘める（勧持品《かんじほん》第十三）

▼叔母とかつての妻への授記

第十三章の「勧持品《かんじほん》」の〝勧持〟とは、「『法華経』の受持を勧める」といった意味です。〝受持〟の〝受〟は『法華経』の教えを信じることであり、〝持〟はその信仰を保ち続けることです。

しかし、「勧持品」のサンスクリット語の原題は〝ウトサーハ〟であり、これは「努力」の意味です。また「忍耐」の意味もあります。

「勧持品」は、まず薬王菩薩と大楽説《だいぎょうせつ》菩薩が登場し、

「唯、願わくは、世尊よ、もって慮《うらおもい》したもう為《べか》らず。われ等は、仏の滅後において、当にこの経典を奉持《たも》ち、読誦《どくじゅ》し、説きたてまつるべし。後の悪世の衆生は、善根、転《うた》た少く、増上慢多く、利供養《りくよう》を貪《むさぼ》り、不善根を増し、解脱《げだつ》を遠離《おんり》するをもって、教化すべきこと難しと雖も、われ等は、当に大忍力《だいにんりき》を起して、この経を読誦し、持《たも》ち、説き、書写して、種

種に供養し、身命《しんみょう》をも惜《お》しまざるべし」

といった誓いの言葉を釈迦世尊に申し上げることから始まります。世尊が入滅されたのちは、この世は悪世になり、衆生は悪質な者が多くなりますが、にもかかわらずわれわれは身命を惜しまず（不惜身命《ふしゃくしんみょう》）に『法華経』を説き弘めます――と言っているのです。

お気づきになられましたか？　薬王菩薩と大楽説菩薩によるこの決意表明は、第十一章の「見宝塔品」において、釈迦世尊が、

「わたしの入滅後に、この娑婆世界において〈法華経〉を説く者は誰かいるか？」

と呼びかけられた（二三四ページ参照）のに呼応したものです。ということは、『法華経』の展開からいえば、「見宝塔品」から直接この「勧持品」につながったほうが自然であり、そのあいだに「提婆達多品」が挿入されたもので、ややストーリーの展開が不自然になったわけです。

そして、この薬王菩薩と大楽説菩薩の決意表明に触発されて、その場にいた五百人の阿羅漢と学・無学の八千人が、自分たちもまた他の国土において〈法華経〉を説くことを誓います。彼らはすでに授記された人々です。他の国土においてというのは、娑婆世界の人々は増上慢の人々が多く、とても彼らの手におえないからです。

ところが、彼らの決意表明に対して釈迦世尊が何も言われないうちに、話は突然、摩訶波闍波提比丘尼《まかはじゃはだいびくに》（マハープラジャーパティー）と耶輸陀羅比丘尼《やしゅだらびくに》（ヤショーダラー）に対する授記に移ります。摩訶波闍波提は世尊の叔母で、世尊の母の摩耶夫人《まやぶにん》（マーヤー）が世尊を産んで七日後に亡くなったもので、その後ずっと世尊の面倒を見た養母にあたる人物です。彼女はじっと悲しそうな顔で釈迦を見ています。すると釈迦世尊は、

「あなたは自分の名前を挙げて授記されないものだから悲しそうにしているが、わたしはすでに、いっさいの声聞にたいして授記した。そのうちにあなたも含まれているのだが、特別にあなたに記を授けよう。あなたははるかな未来において喜見《きけん》という名の仏になる」

と言われました。

そうすると、次に耶輸陀羅が僻《ひが》みます。彼女は羅睺羅《らごら》（ラーフラ）の母と紹介されていますが、羅睺羅は釈迦世尊の実子ですから、耶輸陀羅は出家以前の世尊の妻になります。いまは比丘尼になっているのですが、彼女は、

〈どうして世尊はわたしの名前を言ってくださらないのか……〉

と思っています。その心中を慮《おもんぱか》って世尊は、

「そなたも遠い将来、具足千万光相《ぐそくせんまんこうそう》という名の如来なる」

と、彼女に記を授けられたのです。

▼釈迦の入滅後に〈法華経〉を弘める決意

釈迦世尊が摩訶波闍波提に言われたように、

「われは、先に総じて一切の声聞に皆、已に記を授くと説けり。」

なにも叔母やかつての妻に特別に授記する必要はありません。彼女らは比丘尼なんですから、「一切の声聞」のうちに含まれています。ところが、家族のほうは、その他大勢と一緒にされるのがいやなんです。自分たちは家族なんだから、特別扱いをしてほしい。もしも特別扱いをしてもらえなかったら、自分たちはだめだと言われたのだと思いかねません。それで世尊は、わざわざ二人の名前を出して、特別に授記されたのです。

釈迦の出家を、その出家の時点に立って養母や妻のほうから見るなら、それは「蒸発」になります。〝蒸発〟とは、《②転じて、動機を明らかにしないまま不意にいなくなり、家族と音信を絶ってしまうこと》(『広辞苑』第六版)です。もちろん釈迦のほうからすれば、それは仏になるための「出家」ですが、家族にすれば「蒸発」でしかない。養母や妻が、その「蒸発」をどれだけ嘆いたでしょうか。その養母や元の妻に対して、釈迦はせめてもの思い遣りを発揮しておられるのです。わたしはそのように読んでいます。
釈迦世尊の人間的なやさしさをここに見ることができるでしょう。
さて、二人の女性に対する授記が終ったあと、その場にいた人々が釈迦世尊にいっせいに誓いの言葉を述べます。

「世尊よ、われ等は、如来の滅後において、十方世界に周《あまね》く旋《めぐ》り往返して、能く衆生をして、この経を書写し、受持し、読誦し、その義を解説し、法の如くに修行し、正しく憶念せしめん。皆、これ仏の威力《いりき》ならん。唯、願わくは、世尊よ、他方に在《まし》ますとも、遙かに守護せられんことを」

わたしたちは釈迦世尊の入滅後、十方世界に行き、〈法華経〉を説き弘めます。だが、それは、仏の加護がなければできないことです。どうか世尊よ、世尊は他の世界においでになっても、わたしたちを守護してください。そのように決意表明をしているのです。

▼釈迦入滅後の菩薩の使命

このあと、菩薩たちが「勧持品二十行の偈」と呼ばれる偈を説きます。その大意を示しておきます。

「世尊よ、心配しないでください。仏滅後の悪世において、われらは〈法華経〉を説き弘めます。

無智の人が悪口・罵言《ばげん》を浴びせ、刀杖を加えんとも、われらは耐え忍びます。

悪世において比丘たちが高慢になり、林に住んで清廉《せいれん》な生活をしているかのように見せかけてはいるが、そのじつ物欲や権勢欲、名誉欲だらけであり、

そのような連中が、『この者たちは利養を貪らんがためにおかしな経典をつくり、世間を誑《たぶら》かしている』と、大衆の面前でわれらを誹《そし》るでしょう。

あるいは彼らは、国王・大臣・婆羅門・居士たちに向かって、『この人たちは邪説を説いている』と、われらを誹謗するでしょう。

だが、われらは、仏を敬いたてまつるが故に、それらの悪を耐え忍びます。

彼らは『この連中は、みずから仏だと言っているようだ』と、われらを侮辱するでしょうが、われらはそれをも耐え忍びます。

悪世になればさまざまな恐怖があり、悪鬼がのさばるでしょうが、われらは仏を敬信するが故に、忍辱《にんにく》の鎧《よろい》を着ます。

われらは身命に執着せず、ただ無上道のみを惜しみます。

われらは来世において、仏の教えをよく守ります。

世尊もご存じのように、末世になれば悪比丘たちは仏の方便の教えを知らず、われらに弾圧を加え、われらを塔寺より追い出すでしょうが、われらはそれらを耐え忍びます。

あちこちの村や町に法を求める者がいれば、われらはその所に行って仏から教わった法を説きます。

われらは世尊の使者であるから、いかなる人に対しても怖れることはありません。

われらは善き法を説きます。どうか世尊よ、安心なさってください」


ここでは釈迦入滅後の悪世の様子が未来形で書かれています。しかし、『法華経』がつくられたのは、釈迦の入滅から五百年後です。たぶんそのころ、『法華経』を信奉する人々は、小乗仏教教団からここに述べられているような迫害・弾圧・嫌がらせを受けたのでしょう。彼らは、現在——すなわち『法華経』がつくられた時代——に受けている迫害・弾圧・嫌がらせを、未来の出来事として『法華経』の中に書いたのだと思われます。そう思って読むと、紀元一、二世紀のインドの様子が想像できておもしろいですね。

14　安楽な生き方（安楽行品《あんらくぎょうほん》第十四）

▼四つの安楽行

第十四章は「安楽行品《あんらくぎょうほん》」と題されています。この〝安楽行〟のサンスクリット語は〝スカヴィハーラ〟であって、これはむしろ、

――「安楽な生き方」――

と訳したほうがよい言葉です。〝安楽行〟といった言葉だと、わたしたちは修行を思い浮かべます。しかも、安直な修行、手っ取り早い修行の要領を教えたもののように思います。そうではありません。たとえば受験勉強をするにも、のんびり・ゆったり・楽しく勉強をするのです。『法華経』を信じている人は、そういう生き方ができるはずです。それを教えたのがこの章です。

前章の「勧持品」では、菩薩たちのほうが気負って、釈迦入滅後の悪世においては、『法華経』の行者にさまざまな迫害が加えられることが予想されるが、わたしたちはそれに負けずに忍耐をもって『法華経』を弘めます、と決意表明をしました。それに対してこの章では、釈迦

世尊が、『法華経』の行者はもっとゆったりとした安楽な心境で生活できるのだし、そうすべきであると教えられています。

世間には、迫害だ、弾圧だといって、それに屈しないように肩肘を張って生きる人が大勢います。どうも日本の『法華経』信者にそういう人が多いようですが、釈迦世尊はそういう人に、むしろ柳に風と受け流す生き方を教えておられるような気がします。それが安楽な生き方なのです。

さて、「安楽行品」の冒頭で、文殊菩薩が釈迦世尊に問います。

「いま、菩薩たちが、世尊の入滅後の悪世において、〈法華経〉を護持することを誓いました。では、世尊よ、悪世において〈法華経〉を説く方法を教えてください」

それに対して世尊がこう言われました。

「若し菩薩・摩訶薩にして、後の悪世において、この経を説かんと欲せば、当に四法に安《あん》住《じゅう》すべし。」

この「四法」(四つの方法)が、後世の天台教学において、「四安楽行」——身《しん》安楽行・口《く》安楽行・意《い》安楽行・誓願《せいがん》安楽行――と呼ばれるもので、釈迦世尊は順次にそれを解説されます。

▼身の振舞い方と近づかないほうがよい人

まず第一は身安楽行です。ただし、「身安楽行」というのは天台教学においての呼称で、経典のものではありません。

「一には菩薩の行処《ぎょうしょ》と親近処《しんごんしょ》とに安住して、能く衆生のために、この経を演説すべし。」

身安楽行を行処と親近処の二つに分けて解説します。行処というのは、自分の身の振舞い方に関する基本的な心得です。

「文殊師利よ、云何なるを、菩薩・摩訶薩の行処と名づくるや。若し菩薩・摩訶薩にして、忍辱《にんにく》の地に住し、柔和善順《にゅうわぜんじゅん》にして卒暴《そつぼう》ならず、心も亦、驚かず、又復た、法において、行ずる所なくして、しかも諸法は如実《にょじつ》の相《そう》なりと観じて、亦、行ぜず、分別もせざれば、これを菩薩・摩訶薩の行処と名づくるなり。」

（「文殊師利よ、菩薩の身の振舞いの基本は何かといえば、常に忍辱《にんにく》の心境にあり、柔和にして善を心掛け、乱暴でなく、いかなることにも驚かないことである。そしてまた、いっさいが空であると観じて、現象形体に執着せず、なおかつすべての事物はあるがまま、そのままの相《すがた》だと観じて、事物に執着せず、あれこれ分別しない。それが菩薩の身の振舞い方の基本である。」）

前半の菩薩の心構えに関しては、解説は不要でしょう。すべてを空と観ずるということは、あらゆる事象を実体視しない態度を意味します。たとえば、わたしたちは貧乏を苦にし、なんとかそれを克服したいと思います。そのとき、わたしたちは貧乏を実体視し、それにこだわっているのです。そうすると、ますます貧乏が耐えづらいものになります。貧乏であれば、「ただ貧乏であるだけ」のことです。それを苦にせず、むしろ飄々《ひょうひょう》と生きればよい。あるいは、それを楽しんで生きればよいのです。それが清貧を楽しむという生き方でしょう。そして、それが安楽行なんです。

だから、迫害に遭えば、それに抗して勇ましく生きる生き方もあるでしょうが、前にも言いましたが、逆に柳に風と受け流す生き方もあります。釈迦世尊が教えておられる安楽行というのは、わたしは後者のほうだと思います。こちらが『法華経』の教えを説いて、相手がそれを聞こうとしなければ、「ご縁がなかった」「縁が熟していないのだ」と思えばいい。それを、無理矢理相手を折伏しようとしてはいけません。そういう態度は安楽行と程遠いものだとわたしは思います。

次は親近処です。親近というのは相手に近づくことですが、こちらに相手を利用してやろうという思惑があって近づいたり、相手におもねる気持ちがあったりしたときは、そのような相手に親近（近づく）してはならないというのです。では、どのような相手に親近してはならないかといえば、釈迦世尊はずらりとその職業をリスト・アップしておられます。全部ではなく、その一部を紹介します。

——国王・王子・大臣・官長・外道・文筆家・唯物論者・相撲取《すもうとり》・小乗仏教徒・等々——

もっとも、これらの人々が教えを聞きたいとやって来たら、親切に教えてあげなさいと世尊は言っておられます。

要するに、親近処というのは、対人関係の問題です。対人関係は力関係です。しかし、その力関係は、固定的・実体的なものではありません。すべては空であって、たとえば権力者にしても、その権力者に力があるのではなく、たまたま一時的に相手がわたしに権力を持っているだけのことです。ところが、わたしのほうに相手におもねる気持ちがあると、わたしは相手の権力に打《う》ち拉《ひし》がれることになりかねません。そうであれば、国王や大臣のような権力者に近づかないほうがいい。釈迦世尊はわたしたちにそのようなアドヴァイスを与えてくださっているのです。

経典はさらにもう一つの親近処を言っています。この第二の親近処は、むしろ積極的に近づくことです。何に近づくかといえば、仏教の教えの道理、とくに空の哲学を観ずることです。すべてが空だと分かれば、わたしたちは心の平安が得られます。それが安楽行なんですよ。

▼他人に干渉しない

次は口安楽行です。

仏の滅後に『法華経』を説く者は、他の仏教者の悪口を言ったり、非難をしてはいけない。かといって、他人を褒めるのもよくない。

「他人の好・悪・長・短を説かざれ。」

そのように世尊は言っておられます。これは、〈法華経〉というのは大宇宙の真理・永遠の真理であり、釈迦仏が説かれた教えはすべて〈法華経〉なんです。そして、そのことを語っている経典が『法華経』なのですから、他の仏教者を非難することは『法華経』の精神に反します。だから当然のことなんです。そして、わたしたちが他人の好・悪・長・短についての発言を差し控えるなら、他人から攻撃を受けることもないでしょう。そうすると、わたしたちに心の平安が得られます。それが口安楽行です。

第三は意安楽行。心の持ち方を教えています。

「文殊師利よ、菩薩・摩訶薩にして、後の末《すえ》の世の、法の滅せんと欲する時において、この経典を受持し、読誦せんとする者は、嫉妬《しっと》・諂誑《へつらいあざむき》の心を懐《いだ》くことなかれ。亦、仏道を学ぶ者を軽罵《きょうめ》して、その長短を求むることなかれ。」

これが釈迦世尊の言葉です。意安楽行は口安楽行と基本的には同じであって、あまり他人に関心を持つな、ということです。他人に関心を持つから嫉妬心が芽生えるのであって、そうすると他人の悪口を言いたくなります。また、他人と無益な議論をしたくなります。そうすると心の平安が得られません。

そして、仏道修行においても、他人がどれだけ進んでいるか、あるいは遅れているか、そんなことはわたしに無関係です。基本的には、

「あなたはあなたの道を行かれるとよい。わたしはわたしの道を行きます」

であっていいのです。それが主体性というものです。それによって心の平安が得られる。それが意安楽行です。

最後に、第四の誓願安楽行です。

これは、仏の入滅後に『法華経』を説き弘めようとする人は、大慈大悲の心を起こして、すべての衆生を救ってあげたいという誓願をたてるべきだ、ということです。けれども、誤解しないでください。わたしたちが『法華経』の教えを説いて、それで人々を救済できるわけではありません。そんなことをすれば、相手と喧嘩になることがままあります。口安楽行も意安楽行も、むしろ他人に干渉するなと言っています。『法華経』の押し売りは、相手に対する干渉になりかねません。

では、誓願安楽行とは何でしょうか？

いま現在、『法華経』の教えを拒否している人に対しては、

「かくの如きの人は、則ち為《こ》れ大いに失《あやま》ちて如来の、方便して宜しきに随える説法を聞かず、知らず、覚《さと》らず、問わず、信ぜず、解せざるなり。その人は、この経を問わず、信ぜず、解せずと雖も、われは阿耨多羅三藐三菩提《あのくたらさんみゃくさんぼだい》を得ん時、随って何《いず》れの地に在りとも、神通力と智慧力とをもって、これを引きて、この法の中に住することを得せしめん」

と思うべきだというのです。『法華経』の教えを信じようとしない人々はまちがっているのだが、わたしが無上最高の悟りを得て仏となったとき、そこで得られる神通力と智慧力でもって、その人たちを救ってあげよう――と思うのです。それが誓願安楽行です。つまり、いますぐ相手に『法華経』の教えを押し付けようとすれば、相手と喧嘩になりかねません。しかし、いずれわたしが仏になったとき、真の妙法を説こうと誓願すれば、わたしの心は平安になるのです。それが誓願安楽行です。

あまりあわてないでください。

▼〈法華経〉こそ最高の教え
――髻中明珠《けいちゅうみょうしゅ》の譬喩――

四つの安楽行を説いたあと、世尊は、「法華七喩」の第六である、を語られます。これは、〈法華経〉が最高の教えであることを譬喩で語ったものです。

転輪聖王《てんりんじょうおう》（略して転輪王ともいいます）というのは、古代のインド人が考えた理想の国王で、身に仏と同じ三十二相をそなえ、正義でもって世界を治める王とされています。この転輪王は、武勲のある兵士には種々の珍宝・金・銀・瑠璃《るり》・硨磲《しゃこ》・瑪瑙《めのう》・珊瑚《さんご》・琥珀《こはく》を与えますが、髻《もとどり》の中にただ一つ持っている明珠（宝石）のみは与えません。ところが、最高の戦功のあった者には、ついに転輪王もこの明珠を与えるのです。

それと同じく、法王である如来は魔軍と戦っています。その魔軍には、

1　五陰魔《ごおんま》……五陰というのは肉体と精神で、この肉体と精神がわれわれを苦しませる悪魔です。

2　煩悩魔《ぼんのうま》……煩悩という悪魔。

3　死魔《しま》……死という悪魔。

の三つがあります。そして如来は、この魔軍を撃破した者に、禅定や解脱、さらには涅槃の城といった褒賞の宝物を与えられますが、それでも〈法華経〉を与えられることはありません。それは、転輪王が最後の最後まで明珠を与えることのないのと同じです。

ところが、釈迦世尊は、いま、最後の最後の段階になって〈法華経〉を人々に説かれました。

「文殊師利よ、この法華経は、これ諸の如来の第一の説にして、諸の説の中において、最も為《こ》れ甚深《じんじん》なるものなれば、末後《まつご》に賜い与うること、彼の強力《ごうりき》の王の、久しく護れる明珠《みょうしゅ》を、今、すなわち、これを与うるが如し。」

〔「文殊師利よ、この〈法華経〉は、もろもろの如来が説かれた教えのうち最高にして、最も奥深いものだ。これを最後の最後の段階になって説くのは、かの転輪王が最後になってそれまで秘蔵していた明珠を与えるのと同じである。」〕

これが「髻中明珠の譬喩」です。このようにして、〈法華経〉が如来の最高の説法であることを語っているのです。

15　大地から出現した菩薩たち（従地涌出品第十五《じゅうじゆじゆっほん》）

▼虚空から出現した無数の菩薩

第十五章の「従地涌出品《じゅうじゆじゆっほん》」に入って、『法華経』は大きく展開します。

……娑婆《しゃば》世界の三千大千の国土は、地、皆、震裂《しんれつ》して、その中より、無量千万億の菩薩・摩訶薩ありて、同時に涌出《ゆじゅつ》せり。この諸の菩薩は、身《み》、皆、金色《こんじき》にして、三十二相と無量の光明とあり。先きより、尽《ことごと》く娑婆世界の下《した》、この界の虚空《こくう》の中に在って住せしなり。

突然、娑婆世界に大地震が起きて、大地の裂け目から無数の菩薩が出現します。その無数の菩薩は全員、金色に輝き、仏と同じ三十二の瑞相を有しています。彼らは最高レベルの菩薩たちです。

なぜ、このような無数の菩薩が出現したのか？　その理由はすぐに説明しますが、その前に、

これらの菩薩たちは、

《この界の虚《こ》空《くう》の中に在って住せしなり》

を解説しておきます。菩薩たちは大地から出現したのですが、その大地の下に虚空があって、彼らはそこにいたというのです。大地の下の虚空なんて、読者にその意味がお分かりになりますか？

じつは、これは、古代のインド人の世界観を反映しているのです。

この古代インド人の世界観については、わたしは拙著の『仏教の世界観　地獄と極楽』（すずき出版）に詳しく書きましたが、簡単にいえば、最初にまず虚空があります。虚空というのは、現代人の感覚からすれば「宇宙空間」と呼べばよいでしょうか。何もない空間です。何もない空間があると言うのはおかしいでしょうが、古代のインド人がそう考えたのだから仕方がありません。

そして、その虚空の中に風輪が浮かんでいます。風輪というのは、まあ空気の層と思えばよいでしょう。その風輪の厚さ（あるいは高さ）は百六十万由旬《ゆじゅん》（千六百万キロメートル）です。地球と太陽との距離は一億四九五九万七八七〇キロメートルですから、この風輪の厚さは地球と太陽の距離の約十分の一です。そしてその円周はといえば、阿僧祇《あそうぎ》由旬《ゆじゅん》です。阿僧祇は十の六十四乗ですから、これはとてつもなく大きい。現代科学が考えている宇宙の大きさよりも大

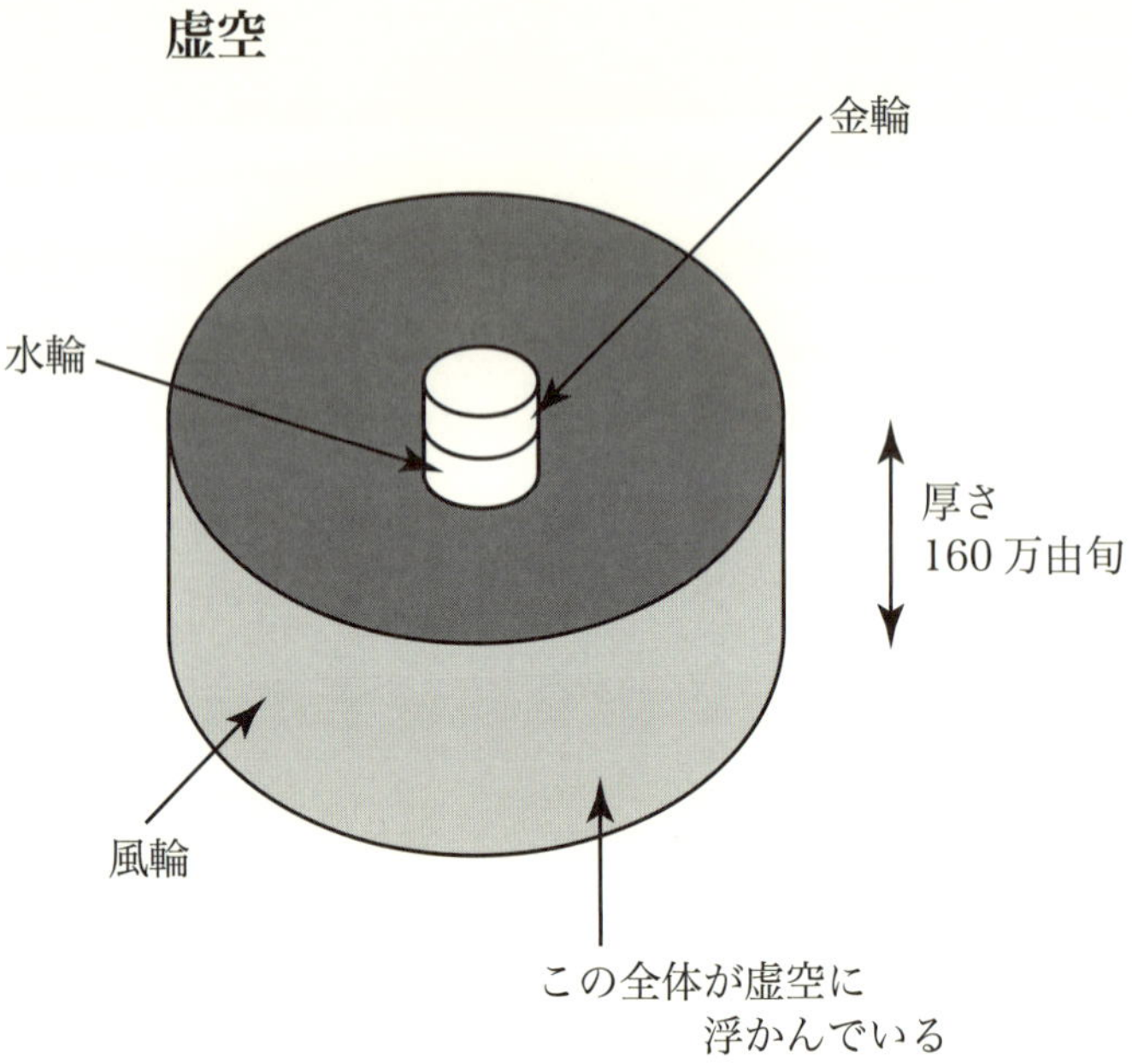

きいでしょう。そんなものは図に描くことはできません。いちおう図示してみましたが、この円周と厚さの関係はまったく違います。イメージとしては、厚さ一ミリの東京ドームを想像してください。それが風輪です。

その風輪の上に、顕微鏡で見ても見えないくらい小さな水輪が載っています。さらに、その水輪の上に金輪《こんりん》が載っている。われわれが住んでいる大地は、その金輪の上にあるのです。

ともかく、虚空（宇宙空間）の中に風輪（空気の層）が浮かび、その風輪の上に水輪が載っており、その水輪の上に金輪が載っかり、金輪の表層がわれわれの住む大地です。われわれの考え方からすれば、金輪の上に水輪があり、水輪の上に風輪があるほうがよいように思えますが、昔のインド人はなぜか逆を考えたようです。したがって、われわれの住む大地の下に金輪―水輪―風輪があり、さらにその下の虚空から、無数の菩薩たちが出現しました。「従地涌出品」は、そのようにして始まります。

▼なぜ菩薩たちが出現したのか？

では、なぜ無数の地涌の菩薩たち（大地から湧き出た菩薩）が出現したのでしょうか？「従地涌出品」の冒頭で、他の仏国土から宝塔を礼拝するために娑婆世界にやって来た数多《あまた》なる菩薩たち――その数はガンジス河の砂を八倍したほど（八恒河沙《ごうがしゃ》）です――が、釈迦世尊に、

「**世尊よ、若**《も》**しわれ等に、仏の滅後において、この娑婆**《しゃば》**世界に在りて、勤めて精進**《しょうじん》**を加えて、この経典を護持し、読誦**《どくじゅ》**し、書写**《しょしゃ》**し、供養**《くよう》**せんことを聴**《ゆる》**したまわば、当にこの土において、広くこれを説きたてまつるべし**」

と申し出ました。これは「見宝塔品第十一」において、世尊が、

「誰かわが滅後に、この経典を護持する者はいるか？」

と言われた呼び掛けに応じたものです。

ところが世尊は、他の仏国土から来た菩薩たちの申し出をきっぱりと断わられました。


「止《や》めよ、善男子よ。汝等《なんだち》の、この経を護持することを、須《もち》いず。所以《ゆえ》はいかん。わが娑婆世界に、自《おのずか》ら六万の恒河《ごうが》の沙《すな》に等しき菩薩・摩訶薩有り、一一の菩薩に各《おのおの》、六万の恒河沙《しゃ》の眷属《けんぞく》あり。この諸《もろもろ》の人等《ら》は、能くわが滅後において、護持し、読誦して、広くこの経を説けばなり」


あなたがた他土の菩薩に依頼する必要はない。なぜなら、この娑婆世界にすでにガンジス河（恒河）の砂を六万倍したほどの数の菩薩がいるからだ。しかも、その六万恒河沙の菩薩のそれぞれに六万恒河沙の従者がいる。彼らが〈法華経〉を弘める仕事をやってくれるであろう。

釈迦世尊はそう言われました。

そして、世尊の言葉が終らないうちに、大地震が起きて、大地の亀裂より無数の菩薩が出現しました。それがこの章の冒頭に示した出来事です。

この無数の菩薩のリーダー格の四人が、

1　上行《じょうぎょう》菩薩……勝れた所行の菩薩、

2　無辺行《むへんぎょう》菩薩……無限の所行の菩薩、

3　浄行《じょうぎょう》菩薩……清浄な所行の菩薩、

4　安立行《あんりゅうぎょう》菩薩……確固たる所行の菩薩、

です。サンスクリット語名を参考にするとそうなります。

この四人の菩薩が釈迦牟尼仏に挨拶します。

「世尊よ、少病・少悩にして、安楽に行じたもうや、不《いな》や。度《すく》いたもうべき所の者の、教を受くること易《やす》しや、不や。世尊をして、疲労《ひろう》を生《おこ》さしめざるや」

それに対して釈迦世尊は、次のように応《こた》えておられます。

「諸の善男子よ、如来は安楽にして、少病・少悩なり。諸の衆生等《ら》は、化度《けど》すべきこと易く、疲労あることも無し。……」

前にも出てきましたが、この「少病・少悩」というのがいいですね。「無病・無悩」ではないのです。誰にだって病いはあり、悩みはあります。それを大きく病むか、小さく病むか、大きく悩むか、小さく悩むか、その差が問題です。釈迦世尊は、小さく病み、小さく悩んでおられます。われわれも、あまり病気を苦にせず、悩みはさらりと悩めばよい。それが『法華経』の教えではないでしょうか。

また、「世尊は衆生の済度にお疲れになりませんか?」といった菩薩たちの問いに、釈迦世尊は「いっこうに疲れない」と答えておられます。なぜなら、世尊は楽しみながら人々に〈法華経〉(大宇宙の真理)を説いておられるからです。このことも重要なことだと思います。われわれも楽しく『法華経』を読み、学ぶべきですよね。

▼出現した菩薩たちは釈迦の弟子

その場にいた人々は、この大勢の菩薩の出現に驚きます。あたりまえですね。そこで弥勒《みろく》菩薩が聴衆を代表して世尊に尋ねました。

「わたしたちはここに出現された菩薩たちを、一人として知りません。どうか教えてください。これら大勢の菩薩たちは、いったいどこから来られたのですか? また、何の因縁でここに集まって来られたのですか?」

この弥勒菩薩は、この娑婆世界において釈迦仏の次に仏になることが約束されている未来仏です。釈迦世尊が彼に授記を与えられました。
弥勒菩薩の質問に対して、世尊は次のように答えられました。

「われは今、この大衆において、汝等に宣告《せんごう》す。阿逸多《あいった》よ、この諸の大菩薩・摩訶薩の無量・無数の阿僧祇にして地より涌出せるは、汝等が昔より未だ見ざりし所の者なり。われは、この娑婆世界において、阿耨多羅三藐三菩提《あのくたらさんみゃくさんぼだい》を得《え》おわりて、この諸の菩薩を教化し、示導し、その心を調伏《じょうぶく》して、道《どう》の意《こころ》を発《おこ》さしめたり。この諸の菩薩は、皆、この娑婆世界の下《した》、この界の虚空《こくう》の中において、住せしとき、諸の経典を読誦《どくじゅ》し、通利し、思惟《しゆい》し、分別して、正しく憶念《おくねん》せり。阿逸多《あいった》よ、この諸の善男子等は、衆に在りて多く説く所あることを楽《ねが》わずして、常に静かなる処を楽《ねが》い、勤行し、精進して、未だ曾て休息《くそく》せず、亦、人・天に依止して住せず、常に深智《じんち》を楽《ねが》って、障礙《しょうげ》あることなく、亦、常に諸仏の法を楽《ねが》い、一心に精進して、無上慧《むじょうえ》を求めたり。」

(「わたしはいま、あなたがたに宣言する。阿逸多《あいった》(弥勒菩薩の本名)よ、この大地より出現した無量無数の菩薩は、これまであなたがたが見たこともない菩薩たちである。この菩薩たちは、わたしがこの娑婆世界において悟りを開いて仏となったのちに教化・指導し、その心を最高の悟りへと向けさせた人々である。この菩薩たちは娑婆世界の下の虚空に住しており、さまざまな経典を読み、理解し、よく思案し、正しく記憶している。阿逸多よ、これらの菩薩たちは大勢にまじって説法することを好まず、常に静かな場所で修行に励むことを願い、いまだかつて疲れたことがない。また、人間世界や天界に自己の居場所を設定せず、常に深遠な智慧を求めている。また、諸仏の教えを求めて一心に努力し、最高の知慧を求めている人たちである。」)

これは爆弾発言です。ガンジス河の砂を六万倍したほどの菩薩たち、およびその眷属(従者)のすべてが釈迦世尊が教化された人物だというのですから、ちょっと常識では考えられません。それを聞いた人々が驚くのは無理もありません。

▼二十五歳の青年が父で、百歳の老人がその息子

だから弥勒菩薩が世尊に質問します。

「世尊よ、如来は太子たりし時、釈《しゃく》の宮《みや》を出でて、伽耶城《がやじょう》を去ること遠からず、道場に坐

して、阿耨多羅三藐三菩提《あのくたらさんみゃくさんぼだい》を成ずることを得たまえり。これより已来《このかた》、始めて四十余年を過ぎたり。世尊よ、云何にしてこの少《しばし》の時において、大いに仏事《ぶつじ》を作したまえるや。仏の勢力《せいりき》をもってなりや、仏の功徳《くどく》をもってなりや、かくの如き無量の大菩薩衆を教化して、当に阿耨多羅三藐三菩提を成ぜしめたもうは。…（中略）…世尊よ、かくの如きの事《じ》は、世の信じ難き所なり。譬えば人有り、色美《うるわ》しく、髪黒くして、年二十五なるに、百歳の人を指して『これわが子なり』と言い、その百歳の人も亦、年少のものを指して『これわが父なり、われ等を生育《しょういく》せり』と言うに、この事信じ難きが如く、仏も亦、かくの如し。」

（「世尊よ、世尊はかつて釈迦国の太子であられましたが、その釈迦国の宮殿を出て、伽《が》耶城《やじょう》（ガヤーの町）の近くの道場《どうじょう》で無上最高の悟りを開かれ仏となられました。それから四十数年しかたっていません。世尊はどのようにしてその短時間のあいだに、かくも無数の菩薩たちを教化して無上最高の悟りを得させるという活動をすることができたのですか。仏の偉大なる力によるものですか、それとも仏の偉大なる功徳によるものですか。…（中略）…世尊よ、このようなことは世間の人は信じることができません。たとえば、顔色もよく、髪も黒い二十五歳の人がいて、百歳の人を指して『これはわが子です』といい、その百歳の老人が青年を指して『この人はわたしを養育してくれた父です』と言っても、誰も信じることはできないでしょう。世尊が言われるのは、それと同じです。」)

弥勒菩薩は、同じ質問を偈でもって繰り返していますが、趣旨に変りはありませんが、ちょっといい言葉がありますので、その部分だけ引用しておきます。

「仏は昔、釈種より　出家して伽耶に近く
菩提樹に坐したまえり　爾《しか》りしより来《このかた》、尚、未だ久しからず。
この諸の仏子等《ら》は　その数、量るべからず。
久しく已《すで》に仏道を行じて　神通《じんずう》・智《ち》力《りき》に住せり。
善く菩薩の道を学びて　世間の法に染まらざること
蓮華の水に在るが如し　地より湧出して
皆、恭敬の心を起し　世尊の前《みまえ》に住せり。
この事《じ》、思議し難し　云何《いか》んぞ信ずべき。」

(「仏は昔、釈迦国から　出家して、ガヤー町の近くの
菩提樹の下に坐して悟りを開かれました　それからあまり時間がたっていません。

この仏子である菩薩たちは　無数です。
仏道を歩むこと長く　超能力も智慧も身につけています。
菩薩の道をよく学び　世間の汚れに染まらないのは
蓮華が泥水を離れて咲くのと同じ　大地より涌《わ》き出て
全員が恭《うやうや》しく　世尊の前にいます。
これは不思議なこと　どうして信じられましょうか。」）

じつは、ここにある、
《世間の法に染まらざること　蓮華の水に在るが如し》
は、わたしはすでに第I部において言及しておきました（二一八ページ参照）。そこで言ったように、『法華経』で蓮華が登場するのはここだけです。蓮華が、大地より出現した地涌の菩薩を象徴していることが、お分かりいただけたでしょうか？

▼現象は実相ではない

「従地涌出品」は、釈迦世尊に問いかける弥勒菩薩の疑問でもって終ります。釈迦世尊の回答はありません。その回答は次の「如来寿量品」でなされるわけです。そして、そこでなされる

回答こそが、そもそも、

――釈迦・釈迦世尊・釈迦仏・釈迦如来――

なるものがいかなる存在かを教えたもので、『法華経』のメイン・テーマです。それ故、われわれは次章において、その「釈迦の本質」を学ぶことにします。

だが、その前に、われわれは、これまで『法華経』を学んできた成果を活用して、わたしたちなりに弥勒菩薩が提起した疑問に対する答えを模索してみましょう。じつは、この点は、すでに「方便品第二」において論じてあることなんです（一〇二ページ以下参照）。『法華経』は「方便品」において、諸法の実相は仏だけが知る、仏でなければ諸法の実相を知ることができない――と言っています。諸法の実相とは、あらゆるものの真実の相《すがた》です。

そこでの解説のときに使った譬えですが、いま、ここに氷があるとします。だが、少し時間がたてば、氷は融《と》けて水になります。そしてその水も、やがて水蒸気になって大気中に拡散してしまいます。しかし、それで終りではありません。その水蒸気が雲になって雨を降らせ、再び水になり、それを冷やして氷にすることもできます。

では、氷・水・水蒸気のいずれが実相（真実の相）ですか？

人間を例にとれば、いま、あなたの目の前にいる人が善人であっても、その人が永遠に善人であるわけではありません。明日、その人が悪人になる可能性もあります。あなたにとっていやな奴である人が、第三者にとっては好きな人であることもある。善人／悪人、好きな人／嫌いな人というのは、縁によって違ってくるのです。あなたが好意を寄せるから相手もあなたに好意を寄せるのであり、あなたが嫌うから相手もあなたを嫌う。そういうことはざらにあります。

だから、わたしたちが下す善人／悪人の判断なんて所詮はあやふやなものであり、それは実相ではありません。その実相を知っておられるのは仏だけです。『法華経』はそのことを教えています。だから、「提婆達多品第十二」の解説のときにも言いましたが、提婆達多（デーヴァダッタ）を悪人とし、その悪人でも救われると『法華経』が述べていると読む人は、まったく『法華経』の精神が分かっていないのです。

まあ、ともかく、『法華経』がわれわれに教えてくれていることは、われわれが目の前にある現象を見て、それを実相と見てはならない——ということです。目の前にいる若い美人も、それが実相ではない。いま、かりにある姿（現象）であって、やがて彼女は老婆になります。いや、老婆になれずに死んで死体になるかもしれません。いま、あなたが不安であっても、その不安は実体ではありません。縁（条件）によって不安になっているのであって、いつかそれは消えてしまうでしょう。そのように見るのが『法華経』の見方です。

もう、お分かりになりましたね。弥勒菩薩は目の前に釈迦世尊を拝しています。しかし、そこにおいでになる釈迦世尊は実相ではありません。人々の前に姿を現わしておられる現象でしかないのです。では、釈迦世尊の実相とは何か？　それを論じたのが次の「如来寿量品」です。

そう思って「如来寿量品」を読めば、きっと理解も深まるでしょう。

16　仏の寿命　（如来寿量品《にょらいじゅりょうほん》　第十六）

▼如来の秘密の力・神通の力

この章の「如来寿量品《にょらいじゅりょうほん》　第十六」は、古来『法華経』のハイライトとされています。『法華経』の中の重要な二章といえば、前半の部分では「方便品《ほうべんぼん》第二」であり、そして後半では「如来寿量品」です。

「如来寿量品」とは、読んで字のごとく如来（仏）の寿命の長さを論じた章です。

その時、仏は諸の菩薩及び一切の大衆《だいしゅ》に告げたもう「諸の善男子よ。汝等は、当に如来の誠諦《まこと》の語《ことば》を信解《しんげ》すべし」と。

釈迦世尊が聴衆に語られた、

「あなたがたは如来が語る真実の言葉を信じなさい」

といった言葉でもって「如来寿量品」が始まります。いきなり釈迦世尊が「わたしがこれから語ることは真実そのものだから、あなたがたはこれを信じなさい」と言われたのは、前章で弥勒《みろく》菩薩が発した質問にこれから世尊が答えられるのですが、それがあまりにも信じ難いものであるので、あなたがたは驚かないようにとあらかじめ警告されているのです。しかも世尊は、

《汝等よ、当に如来の誠諦《まこと》の語《ことば》を信解すべし》

と、同じことを三度繰り返しておられます。それだけ、世尊がこれから語られることが常識でもっては考えられないことなのです。

なお、ここに〝信解すべし〟とある言葉は、「信解品《しんげほん》第四」で使われている〝信解〟と違っています。「信解品」の〝信解〟はサンスクリット語の〝アディムクティ〟を訳したものであり、その〝アディムクティ〟は「心が何かに向かっている」ことを言ったものであることはすでに解説しました（一四〇ページ参照）が、ここで〝信解〟と訳されている原語は、それとは違ってもっと普通に「信じる」（シュラッダー）といった言葉です。ちょっと注意しておきます。

もちろん、世尊がそう言われると、聴衆は、

「わたしたちは世尊の言われることを信じます。だから、どうかお説きください」

と応じます。そこで世尊は、彼らに話されたのです。

「汝等よ、諦《あきら》かに聴け、如来の秘密・神通の力を。一切世間の天・人及び阿修羅《あしゅら》は、皆、今の釈迦牟尼仏《しゃかむにぶつ》は、釈氏《しゃくし》の宮を出でて、伽耶城《がやじょう》を去ること遠からず、道場に坐して、阿耨多羅三藐三菩提《あのくたらさんみゃくさんぼだい》を得たりと謂《おも》えり。然るに善男子よ、われは実に成仏してより已来《このかた》、無量無辺百千万億那由他劫《なゆたこう》なり。」

（「あなたがたよ、わたしはこれから如来の秘密の力、神通の力について語るから、よく聞きなさい。世間の人は、いや天人も阿修羅も、みな、わたし釈迦牟尼仏が釈迦国の宮殿を出て、ガヤーの街の近郊にある菩提道場において最高・窮極の悟りを得たと思っている。だが、そうではない。善男子よ、わたしは悟りを開いて仏となってから今日まで、無限宇宙時間を無限倍にし、さらにそれを無限倍にしたほどの時間が経過しているのだ。」）

ここで語られる如来の秘密の力・神通の力こそが、この章のテーマです。

▼方便としての入滅

つまり、如来の寿命は無限宇宙時間を無限倍にし、さらにそれを無限倍したほどの長さです。

その長さを、経典は譬喩でもって語ります。

この三千大千世界（全宇宙）を磨《す》り潰《つぶ》して微塵《みじん》にします。現代的な表現だと微粒子にするわけです。そして東に向かって歩き、五百千万億那由他阿僧祇《なゆたあそうぎ》の国――那由他（ナユタ）も阿僧祇（アサンクヤ）も、いずれも厖大な数です――を通過した所で一微塵を、また同じだけの距離を歩いて一微塵を下《お》ろし、そして全微塵がなくなります。ということは、三千大千世界が五百千万億那由他阿僧祇倍されたことになりますが、次にまたそれだけ膨脹《ぼうちょう》した世界を磨《す》り潰《つぶ》して微塵にし、同じことをします。それに要する時間は数えられないほどの長さですが、釈迦世尊の寿命はそれほど長いのです。その長い長い時間を、釈迦仏はこの娑婆世界にあって教えを説き続けられました。

「われ成仏してより已来《このかた》、またこれに過ぎたること、百千万億那由他阿僧祇劫なり。」

釈迦世尊が仏となってのち、長い長い時間がたっています。その長い長い時間を、世尊は衆生の教化に尽力されました。だから、世尊には無量無数の弟子たちがおられるのです。それが地涌の菩薩なんです。

ところが、にもかかわらず釈迦世尊は、

「遠からずわたしは入滅する」

と言われます。無限ともいうべき寿命を持った世尊がなぜ入滅されるのでしょうか？　わたしたちはそういう疑問を持ちますが、それに関して世尊は次のように言われました。

「然るに、今、実の滅度に非ざれども、しかも便《すなわ》ち唱えて『当に滅度を取るべし』という。如来はこの方便をもって衆生を教化するなり。所以はいかん。若し仏、久しく世に住せば、薄徳の人は善根を種《う》えず、貧窮下賤《びんぐげせん》にして、五欲に貪著し、憶想の妄見の網の中に入れば、なり。若し如来は常に在りて滅せずと見れば、便ち憍恣《おごりごころ》を起して、厭怠《おこたりごころ》を懐き、遭《あ》い難きの想《おもい》と恭敬の心を生ずること能わざらん。この故に如来は、方便をもって『比丘よ、当に知るべし、諸仏の出世には値遇《あう》べきこと難《かた》し』と説くなり。」

仏は実際には入滅することはない。にもかかわらず「仏はもうすぐ入滅するであろう」と言うのは、衆生を教化するためである。というのは、仏がずっと存在しつづけるとなれば、人々は善根を積まず、欲望にとらわれ、まちがった考え方をするからである。もしも仏がいつまでも生きていて入滅しないということになれば、人はたちまち傲慢《ごうまん》になり、また怠け心を起こして、仏に出会う機会は滅多にないことを忘れ、仏に対する尊敬の念もなくなる。それがために、このような手段でもって、仏は人々に「仏に出会う機会は滅多にないのだ」と教えるのである。

世尊はそのように言われたのです。

▼医師である父と毒を飲んだ子どもたち

以上のことを分かりやすく解説するために、釈迦世尊は一つの譬喩を語られました。それが、――「良医病子《ろういびょうし》の譬喩」あるいは「良医治子《ろういじし》の喩え」――

と呼ばれるもので、法華七喩の一つです。

一人の優れた医師がいました。智慧があり、聡明で、薬をよく知り、治療の技術も抜群です。彼には大勢の子がいます。十人、二十人、いや百人もいました。医師は所用があって他国に行っていたのですが、その留守中、子どもたちは毒薬を飲んでしまった。そのため地面に転がって悶え苦しんでいます。

ここで毒薬を飲んだということは、世間のおかしな教えに惑わされたことを意味します。現代の日本でいえば、たいていの人が、お金があることが幸福だと思っています。その結果、お金を得るためにあくせく・いらいら・がつがつと働き、家庭における団欒を犠牲にし、親子も夫婦も互いの心が離れてしまっています。つまり、かえって不幸になっているのです。お金があることが幸福だといった考えが毒薬であり、それに毒されてしまっているのです。

子どもたちが毒薬に悶え苦しんでいる。そこに医師である父親が帰って来ました。子どもた

ちは喜んで父親を迎え、

「どうかわたしたちを救ってください」

と願います。父親は早速に良薬をつくり、子どもたちに言いました。

「この大良薬《ろうやく》は、色《いろ》・香《か》・美味《よきあじ》を皆悉く具足せり。汝等よ、服すべし。速かに苦悩を除きて、また衆《もろもろ》の患《うれい》なからん」と。

子どもたちのうち、本心を失っていない者は、父親が与えてくれた薬を服用して病気が治りました。だが、本心を失ってしまった子どもたちは、父親の帰宅を喜びはしますが、薬を服用しようとしません。

所以《ゆえ》はいかん。毒気《どっけ》、深く入りて本心を失えるが故に、この好《よ》き色・香ある薬において、美《うま》からずと謂《おも》えばなり。

そのように説明されています。これは、こう考えるとお分かりになるでしょう。仏教の教えは「少欲知足」――欲望を少なくし、足るを知る心を持て――です。ですが、資本主義社会の経済発展の毒薬的イデオロギーに骨の髄まで冒された者（本心を失った者）は、そんな「少欲知足」の良薬に耳を傾けません。経済発展をしながら（欲望を増長させながら）、なおかつ安楽になりたいと虫のいいことばかり考えています。

医師である父親は、そういう本心を失った子どもたちをなんとかして救ってやりたいと思い、方便を講じたのです。

「**汝等よ、当に知るべし。われは今、衰え老いて死の時已《すで》に至れり。この好《よ》き良薬《ろうやく》を今、留めてここに在《お》く。汝よ、取りて服すべし。差《い》えざらんことを憂《うれ》うること勿れ。**」

この言葉を残して、父親は再び外国に行きました。そして外国から使者を派《は》して、

「**汝の父は已《すで》に死せり**」

と、子どもたちに伝言したのです。子どもたちは当然に嘆き悲しみます。そこで彼らは、父親が残してくれた良薬を服用し、その結果、彼らの毒による病は治癒したのです。それを聞いて父親は帰国し、子どもたちに元気な姿を見せました。

これが「良医治子の喩え」です。

▼「自我偈」

以上述べたことを、経典は偈の形にして再び繰り返しています。言っている内容に大きな違いはありませんが、約五百字（正確には五百十文字）の韻文の部分に『法華経』全体の根本思想が要約されていますので、古来、これを、

——「自《じ》我《が》偈《げ》」あるいは「久《く》遠《おん》偈《げ》」——

と称して、日蓮宗や禅寺において法事のときなどに読誦されます。「自我偈」というのは、偈文が《自我得仏来》で始まる、その最初の二文字をとった呼称です。「久遠偈」は内容による命名です。

そこで以下に「自我偈」の漢文とその読み下し文を紹介し、あとでその荒筋を解説することにします。

自《じ》我《が》得《とく》仏《ぶつ》来《らい》　**われ、仏を得てより来《このかた》**
所《しょ》経《きょう》諸《しょ》劫《こっ》数《しゅ》　**経《へ》たる所の諸の劫数は**
無《む》量《りょう》百《ひゃく》千《せん》万《まん》　**無量百千万**

億《おく》載《さい》阿《あ》僧《そう》祇《ぎ》
常《じょう》説《せっ》法《ぽう》教《きょう》化《け》
無《む》数《しゅ》億《おく》衆《しゅ》生《じょう》
令《りょう》入《にゅう》於《お》仏《ぶつ》道《どう》
爾《に》来《らい》無《む》量《りょう》劫《こう》
為《い》度《ど》衆《しゅ》生《じょう》故《こ》
方《ほう》便《べん》現《げん》涅《ね》槃《はん》
而《に》実《じつ》不《ふ》滅《めつ》度《ど》
常《じょう》住《じゅう》此《し》説《せっ》法《ぽう》
我《が》常《じょう》住《じゅう》於《お》此《し》
以《い》諸《しょ》神《じん》通《ずう》力《りき》
令《りょう》顛《てん》倒《どう》衆《しゅ》生《じょう》
雖《すい》近《ごん》而《に》不《ふ》見《けん》
衆《しゅ》見《けん》我《が》滅《めつ》度《ど》
広《こう》供《く》養《よう》舎《しゃ》利《り》
咸《げん》皆《かい》懐《え》恋《れん》慕《ぼ》

億載阿《おくさいあ》僧祇《そうぎ》なり。
常に法を説きて
無数億の衆生を教化して
仏道に入らしむ
爾《それ》より来《このかた》 無量劫なり。
衆生を度《すく》わんがための故に
方便して涅槃を現わすも
しかも実には滅度せずして
常にここに住して法を説くなり。
われは常にここに住すれども
諸の神通力をもって
顛倒《てんどう》の衆生をして
近しと雖もしかも見ざらしむ。
　衆《もろびと》はわが滅度を見て
広く舎利《しゃり》を供養し
咸《ことごと》く皆、恋慕を懐《いだ》いて

而《に》生《しょう》渇《かつ》仰《ごう》心《しん》
衆《しゅ》生《じょう》既《き》信《しん》伏《ぶく》
質《しち》直《じき》意《い》柔《にゅう》軟《なん》
一《いっ》心《しん》欲《よく》見《けん》仏《ぶつ》
不《ふ》自《じ》惜《しゃく》身《しん》命《みょう》
時《じ》我《が》及《ぎゅう》衆《しゅ》僧《そう》
倶《く》出《しゅつ》霊《りょう》鷲《じゅ》山《せん》
我《が》時《じ》語《ご》衆《しゅ》生《じょう》
常《じょう》在《ざい》此《し》不《ふ》滅《めつ》
以《い》方《ほう》便《べん》力《りき》故《こ》
現《げん》有《う》滅《めつ》不《ふ》滅《めつ》
余《よ》国《こく》有《う》衆《しゅ》生《じょう》
恭《く》敬《ぎょう》信《しん》楽《ぎょう》者《しゃ》
我《が》復《ぶ》於《お》彼《ひ》中《ちゅう》
為《い》説《せつ》無《む》上《じょう》法《ほう》
汝《にょ》等《とう》不《ふ》聞《もん》此《し》

渇仰《かつごう》の心を生ず。
衆生、既に信伏し
質直《すなお》にして意柔軟《こころなようか》となり
一心に仏を見たてまつらんと欲して
自ら身命《しんみょう》を惜まざれば
時にわれ及び衆僧《しゅそう》は
倶《とも》に霊鷲山《りょうじゅせん》に出ずるなり。
われは時に衆生に語る
「常にここに在りて滅せざるも
方便力をもっての故に
滅・不滅ありと現わすなり。
余国に衆生の
恭敬し信楽《しんぎょう》するものあらば
われは復、彼の中において
ために無上の法を説くなり」
汝等、これを聞かずして

但《たん》謂《に》我《が》滅《めつ》度《ど》
我《が》見《けん》諸《しょ》衆生《しゅじょう》
没《もつ》在《ざい》於《お》苦《く》海《かい》
故《こ》不《ふ》為《い》現《げん》身《しん》
令《りょう》其《ご》生《しょう》渇仰《かつごう》
因《いん》其《ご》心《しん》恋《れん》慕《ぼ》
乃《ない》出《しゅつ》為《い》説法《せっぽう》
神通力《じんずうりき》如《にょ》是《ぜ》
於《お》阿《あ》僧《そう》祇《ぎ》劫《こう》
常在《じょうざい》霊鷲山《りょうじゅせん》
及《ぎゅう》余《よ》諸《しょ》住処《じゅうしょ》
衆生《しゅじょう》見《けん》劫《こう》尽《じん》
大《だい》火《か》所《しょ》焼《しょう》時《じ》
我《が》此《し》土《ど》安穏《あんのん》
天《てん》人《にん》常《じょう》充満《じゅうまん》
園林《おんりん》諸《しょ》堂《どう》閣《かく》

但《ただ》、われ、滅度すとのみ謂《おも》えり。
われ諸の衆生を見るに
苦海に没在せり
故にために身を現わさずして
そをして渇仰を生ぜしめ
その心、恋慕するによりて
乃《すなわ》ち出でてために法を説くなり。
神通力かくの如し
阿僧祇劫において
常に霊鷲山
及び余の諸の住処に在るなり。
衆生の、劫尽きて
大火に焼かるると見る時も
わがこの土は安穏にして
天・人、常に充満せり。
園林・諸の堂閣は

種《しゅ》種《じゅ》宝《ほう》荘《しょう》厳《ごん》
宝《ほう》樹《じゅ》多《た》華《け》菓《か》
衆《しゅ》生《じょう》所《しょ》遊《ゆ》楽《らく》
諸《しょ》天《てん》撃《きゃく》天《てん》鼓《く》
常《じょう》作《さ》衆《しゅ》伎《ぎ》楽《がく》
雨《う》曼《まん》陀《だ》羅《ら》華《け》
散《さん》仏《ぶつ》及《ぎゅう》大《だい》衆《しゅ》
我《が》浄《じょう》土《ど》不《ふ》毀《き》
而《に》衆《しゅ》見《けん》焼《しょう》尽《じん》
憂《う》怖《ふ》諸《しょ》苦《く》悩《のう》
如《にょ》是《ぜ》悉《しつ》充《じゅう》満《まん》
是《ぜ》諸《しょ》罪《ざい》衆《しゅ》生《じょう》
以《い》悪《あく》業《ごう》因《いん》縁《ねん》
過《か》阿《あ》僧《そう》祇《ぎ》劫《こう》
不《ふ》聞《もん》三《さん》宝《ぼう》名《みょう》
諸《しょ》有《う》修《しゅ》功《く》徳《どく》

種種の宝をもって荘厳し
宝樹には華・菓多くして
衆生の遊楽《ゆらく》する所なり。
諸天は天の鼓《つづみ》を撃ちて
常に衆《もろもろ》の伎楽《ぎがく》を作《な》し
曼陀羅華《まんだらけ》を雨《ふら》して
仏及び大衆に散ず。
わが浄土は毀《やぶ》れざるに
しかも衆《もろびと》は焼け尽きて
憂怖・諸の苦悩
かくの如き悉く充満せりと見るなり。
この諸の罪の衆生は
悪業《あくごう》の因縁《いんねん》をもって
阿僧祇劫を過ぐれども
三宝の名《みな》を聞かざるに
諸有《もろびと》の、功徳を修《しゅ》し

柔《にゅう》和《わ》質《しち》直《じき》者《しゃ》
則《そっ》皆《かい》見《けん》我《が》身《しん》
在《ざい》此《し》而《に》説《せっ》法《ぽう》
或《わく》時《じ》為《い》此《し》衆《しゅ》
説《せつ》仏《ぶつ》寿《じゅ》無《む》量《りょう》
久《く》乃《ない》見《けん》仏《ぶっ》者《しゃ》
為《い》説《せつ》仏《ぶつ》難《なん》値《ち》
我《が》智《ち》力《りき》如《にょ》是《ぜ》
慧《え》光《こう》照《しょう》無《む》量《りょう》
寿《じゅ》命《みょう》無《む》数《しゅ》劫《こう》
久《く》修《しゅ》業《ごう》所《しょ》得《とく》
汝《にょ》等《とう》有《う》智《ち》者《しゃ》
勿《もっ》於《と》此《し》生《しょう》疑《ぎ》
当《とう》断《だん》令《りょう》永《よう》尽《じん》
仏《ぶっ》語《ご》実《じつ》不《ぷ》虚《こ》
如《にょ》医《い》善《ぜん》方《ほう》便《べん》

柔和にして質直《すなお》なる者は
則ち皆、わが身
ここに在りて法を説くと見るなり。
或る時はこの衆のために
仏の寿《いのち》は無量なりと説き
久しくあって乃《いま》し仏を見たてまつる者には
ために仏には値《あ》い難しと説くなり。
わが智力はかくの如し
慧光の照らすこと無量にして
寿命の無数劫なるは
久しく業を修して得たる所なり。
汝等よ、智有る者は
これにおいて疑を生ずること勿れ。
当に断じて永く尽きしむべし
仏の語《ことば》は実にして虚しからざること
医の善き方便をもって

為《い》治《じ》狂《おう》子《し》故《こ》
実《じつ》在《ざい》而《に》言《ごん》死《し》
無《む》能《のう》説《せつ》虚《こ》妄《もう》
我《が》亦《やく》為《い》世《せ》父《ぶ》
救《く》諸《しょ》苦《く》患《げん》者《しゃ》
為《い》凡《ぼん》夫《ぶ》顛《てん》倒《どう》
実《じつ》在《ざい》而《に》言《ごん》滅《めつ》
以《い》常《じょう》見《けん》我《が》故《こ》
而《に》生《しょう》憍《きょう》恣《し》心《しん》
放《ほう》逸《いつ》著《じゃく》五《ご》欲《よく》
堕《だ》於《お》悪《あく》道《どう》中《ちゅう》
我《が》常《じょう》知《ち》衆《しゅ》生《じょう》
行《ぎょう》道《どう》不《ふ》行《ぎょう》道《どう》
随《ずい》応《おう》所《しょ》可《か》度《ど》
為《い》説《せつ》種《しゅ》種《じゅ》法《ほう》
毎《まい》自《じ》作《さ》是《ぜ》念《ねん》

狂子《おうじ》を治せんがための故に
実にはあれども、しかも死すと言うに
能《よ》く虚妄なりと説くもの無きが如し。
われも亦《また》、為《これ》、世の父として
諸の苦患《くるしみ》を救う者なり。
凡夫は顛倒《てんどう》せるを為《もっ》て
実には在れどもしかも滅すと言う。
常にわれを見るをもっての故に
而《すなわ》ち憍恣《おごり》の心を生じ
放逸にして五欲に著《なず》み
悪道の中に堕ちなん。
われは常に衆生の
道を行ずると、道を行ぜざるとを知りて
度《すく》うべき所に随応《したが》って
ために種種の法を説くなり。
毎《つね》に自らこの念を作す

以《い》何《が》令《りょう》衆生《しゅじょう》　「何をもってか衆生をして
得《とく》入《にゅう》無《む》上道《じょうどう》　無上道に入り
速《そく》成就《じょうじゅ》仏身《ぶっしん》　速《すみやか》に仏身を成就することを得せしめん」と。

（わたしが仏となってから今日まで、推《お》し量ることのできない時間が経過している。そのあいだ常にわたしは教えを説き、無数の衆生を教化して仏道に入らせた。わたしは衆生済度《さいど》のために、方便として涅槃《ねはん》に入ったかのように見せかけたが、実際には入滅したのではなく、常に娑婆世界にあって教えを説いている。わたしは常にここにいるのだが、神通力でもって、迷える衆生には近くにいるわたしが見えないようにしている。人々はわたしが入滅したのを見て、仏舎利《ぶっしゃり》に対して供養をし、仏を恋い慕い、恋い焦《こ》がれる心を起こすであろう。かくて衆生が篤い信仰心を持ち、素《す》直《なお》で柔和な心になり、一心に仏を見たてまつらんと欲し、身命《しんみょう》を惜しむことがない。そうなったとき、わたしは多くの弟子を伴って霊鷲山《りょうじゅせん》に出現する。そしてわたしは人々に語る。「わたしは常にここにいる。滅することはない。しかし、方便のために滅したり、不滅であると見せかけるのだ。また、娑婆世界以外の国でも、仏を敬い信ずる者がいれば、わたしはそこに赴き最高の法を説く」と。にもかかわらず、あなたがたはわたしの言葉を聞かず、わたしが入滅したと思う。わたしが衆生を見ると、衆生は苦海に沈んでいる。だからわたしはわたしの姿を見せず、衆生に恋い焦がれる心を起こさせるのだ。人々に仏を恋慕する心が高まったとき、わたしは姿を現わして教えを説く。これがわたしの神通力だ。長い長い時間、わたしは常に霊鷲山、その他の場所にいる。

この世界が滅尽し、衆生が大火によって焼き尽くされるときが来ても、わたしの仏国土である娑婆世界は安穏《あんのん》であり、天人や人々が充満している。美しい花園、樹林があり、楼閣・宮殿はさまざまな宝石で飾られ、宝石の花や果実をつけた樹々があり、人々は楽しく遊んでいる。天人たちは天の鼓を打ち、音楽を奏し、仏や人々に天上の花なる曼陀羅華《まんだらけ》を撒《ま》き降らせる。

わたしの浄土(仏国土)はかくも美しく、破壊されることはないのに、人々は大火によって焼き尽くされていると見、憂いと恐怖、苦しみが充満していると見る。罪の深い衆生は、みずからの悪業の故に、長い長い時間にわたって仏・法・僧の三宝に出会うことがない。だが、功徳を積み、素直にして心が柔和な者は、わたしがこの娑婆世界にあって法を説いているのを見る。

あるときは、わたしは衆生のために、仏の寿命は無量だと説く。また、長い時間ののちに、いま、仏に出会うことができた者には、仏に会うことはきわめてまれだと説く。わたしの智慧はこのように深く、その光は世界を照らして限界がない。仏の寿命が限りないのも、わたしが長い時間にわたって菩薩の行を積んだ結果である。あなたがたのうちで智慧のある者は、これを疑ってはならない。すべての疑惑を断ちきるがよい。仏の言葉は真実にして虚偽ではないのだから。

それは、かの医師が毒によって狂ったわが子を治療するために、実際とは違って自分は死んだと伝言したのと同じであって、虚妄《こもう》ではないのだ。わたしもまた世の人々の父であって、人々の苦悩を救う者だ。凡夫が事物をまちがって認識しているがために、実際はそうではないが「死んだ」と言ったのだ。常にわたしに会うことができるとなれば、人々はわがまま、怠慢になり、欲望に執着し、悪道に堕ちる。

わたしは常に、人々がいかなる仏道を行じ、またいかなる仏道を行じないかを知っており、その人を救うにふさわしい教えを説く。わたしはいつもこのように考えている。「どのようにすれば衆生を無上の悟りに導き、しかも速やかに仏身を得させることができるであろうか」と。）

17　功徳の大きさ（分別功徳品《ふんべつくどくほん》第十七）

▼聞法者の功徳

その時、大会《だいえ》は仏の「寿命の劫数《こうしゅ》の長遠《じょうおん》なること是くの如し」と説きたもうを聞きて、無量無辺の阿僧祇《あそうぎ》の衆生は大饒益《にょうやく》を得たり。

（そのとき、その場の聴衆は、仏が、「仏の寿命がとてつもなく長いことは以上の通りである」と語られるのを聞いて、大きな利益を得た。）

「分別功徳品《ふんべつくどくほん》第十七」はこのように始まります。仏の寿命の無量であることは、前章の「如来寿量品」で説かれたことです。この章では、それを聞き、かつ確信できた者が得られる功徳を十二に分別して説いています。

では、十二の功徳とは何でしょうか。釈迦世尊は次のように言われました。

「阿逸多《あいつた》よ、われ是の如来の寿命の長遠なることを説ける時、六百八十万億那由他《なゆた》の恒河《ごうが》沙《しや》の衆生は、無生法忍《むしようぼうにん》を得たり。また千倍の菩薩・摩訶薩ありて、聞持陀羅尼門《もんじだらにもん》を得たり。また一世界の微塵数《みじんじゆ》の菩薩・摩訶薩ありて、楽説無礙弁才《ぎようせつむげべんざい》を得たり。」

阿逸多《あいつた》というのは弥勒菩薩です。聴衆の代表として、釈迦世尊は弥勒菩薩に話しかけられたのです。十二の全部を挙げると長くなりますので、まず最初の三つだけ原文を紹介しました。

(「弥勒よ、わたしが如来の寿命が無量であると説いたとき、ガンジス河の砂(恒河沙)を六百八十万億那由他倍した多数の衆生が無生法忍を得た。また、それを千倍した菩薩たちが聞持陀羅尼門を得た。また、一世界を微塵に砕いた数の菩薩たちが楽説無礙弁才を得た。」)

では、一つ一つを解説します。

まず最初に「無生法忍《むしようぼうにん》」です。

これは、この世のいっさいの事物が空《くう》であり、それ自体としての固有の性質を持たないことを認識することです。〝無生〟というのは〝無生死〟を略したものだと思えばよいでしょう。わたしたちは生まれた／死んだといった現象にこだわっていますが、すべては空なんですから生もないし死もないのです。氷が融けて水になり、それが水蒸気に変化しますが、それは現象・状態の変化であって、そんな現象・状態の変化にこだわる必要はありません。

釈迦世尊が入滅されても、仏の寿命は無量です。釈迦世尊がなくなってしまったわけではない。わたしたちがそのことを認識できれば、自分自身の死についても考え方が変わるでしょう。それが「無生法忍」です。

あなたがいま、悲しみ、悩んでいるとします。しかし、いっさいは空なんですから、悲しみ・悩みに実体があるわけではありません。さまざまな縁によって、いま、現象的な悲しみ・悩みが生じているにすぎない。縁が変わると、その悲しみ・悩みも変化します。そう思えば、悲しみ・悩みに少しは耐えられるようになるでしょう。

次は「聞持陀羅尼門《もんじだらにもん》」。

〝陀羅尼〟はサンスクリット語の〝ダーラニー〟の音訳で、〝総持《そうじ》〟とも訳されます。密教の場合は、修行者が心の散乱を防いで集中し、教法や教理を記憶し保持するために用いた呪文が陀羅尼です。ですからそれは「記憶力」を意味します。しかし、ここでは、陀羅尼は、悪をとどめ、善をすすめる力の意味に使われています。仏法を聞くことによって、そういう力が生じてくるのです。

第三は「楽説無礙弁才《ぎょうせつむげべんざい》」です。

これは、自由自在に妨げなく教えを説こうと楽《ねが》うことです。そして、そのような才能が人々に生じてくるのです。

▼釈迦の教えは永遠の真理

あとは原文なしで紹介します。

第四は「旋陀羅尼《せんだらに》」です。〝旋《せん》〟は「めぐらす」ことで、陀羅尼（悪をとどめ、善をすすめる力）を自分一人にとどめず、他の人々にも伝えていくことです。

第五は「能《よ》く不退の法輪を転ず」。法輪を転ずというのは説法することです。それが不退だというのは、いかなる困難にあっても一歩も退かないのです。

その次は第六、「能く清浄《しょうじょう》の法輪を転ず」です。清浄とは報酬を求めないことです。われわれがすることは、ほとんどの場合、何らかの見返りを求めています。それではだめです。いっさいの見返りを求めない。それこそが清浄の行為です。

第七から第十一までは、

「八生に当に阿耨多羅三藐三菩提《あのくたらさんみゃくさんぼだい》を得べし」(八回生まれ変わるあいだに無上最高の悟りを得る、すなわち仏となることができる)

「四生に当に阿耨多羅三藐三菩提を得べし」

「三生に当に阿耨多羅三藐三菩提を得べし」

「二生に当に阿耨多羅三藐三菩提を得べし」

「一生に当に阿耨多羅三藐三菩提を得べし」(来世において仏となることができる)

となっています。

そして最後に、無量無数の人々が「皆、阿耨多羅三藐三菩提の心を発《おこ》せり」とあります。これが第十二の功徳です。来世において仏になれる人は超々々エリートです。二回、三回、……八回の生のあいだに仏になれる人も、やはり超エリートです。しかし、そんな超エリートでなくても、仏になろうという心を起こす人はすばらしい人です。わたしたちは如来の寿命が無量であることを信ずることによって、そのような功徳が得られるのです。

なぜでしょうか……?

経典はその「なぜ」を明確には説いていません。が、これはこう考えるとよいでしょう。

もしも、仏の寿命が有限だとすれば、その仏が説かれた教え(仏法)も有限になります。なぜなら、「有限である仏」とは、それは人間でしかないのです。そして人間が説いた教え・真理は、その人がいかに偉い人であっても、絶対ではありません。たとえば、中国人の孔子（前五五一—前四七九）やギリシア人のソクラテス（前四七〇—前三九九）は偉大なる人物ですが、その孔子の教えやソクラテスの哲学に反対する人もいます。釈迦が人間であるとすれば、その釈迦の教えを信奉する人もいれば、釈迦の教えを馬鹿にする人もいます。そして、釈迦を馬鹿にする人に向かって、「あなたはまちがっている」と言えば、相手と喧嘩になります。つまり、それはイデオロギー論争でしかないのです。

釈迦の寿命が無量であってこそ、釈迦は人間を超えた仏なのであり、その仏の説かれた教えが永遠の真理になるのです。

だから、釈迦の教えが永遠の真理であって、誰もがその釈迦の教えを受け容れる——と言っているのではありません。釈迦の教え（すなわち仏教）に反対する人もいます。だが、釈迦を否《いな》む人々に対して、わたしたち仏教者は喧嘩腰になる必要はありません。相手が受け容れてくれなければ、「ああこの人とわたしとは、いまはご縁がなかったのだ」と、静かに引き下がればよいのです。イデオロギー論争ではないのですから、相手に仏教を押し付ける必要はありません。釈迦の教えは永遠の真理だとこちらが信じていれば、喧嘩にならないでしょう。また、相手のほうから喧嘩を売ってきたとき、その喧嘩を買えば、こちらは釈迦の教えを人間の教えとしていることになります。釈迦仏の寿命が無量であると信じていれば、売られた喧嘩を買わずにすみます。それが仏教者のとるべき態度だと思います。

▼「如来寿量品」を信ずる功徳

ともあれ、釈迦世尊の言葉を聞いて、人々は感激します。虚空から曼陀羅華《まんだらけ》や摩訶曼陀羅華《まかまんだらけ》がひらひら舞い落ちます。聴衆を代表して弥勒菩薩が世尊にお礼を申し上げました。

するとと、世尊は弥勒菩薩に次のように言われました。

「阿逸多《あいった》よ、それ衆生ありて、仏の寿命の長遠《じょうおん》なること是くの如くなるを聞きて、乃至、能く一念信解《しんげ》を生ぜば、得る所の功徳は限量《かぎり》有ること無からん。」

仏の寿命の無量であることを聞いて、ほんの一念でもそれを信じた人が得る功徳は、まさにはかり知れないものである——と言われたのです。そして、そのはかり知れない功徳の大きさを説明されます。

まず、八十万億那由他劫《なゆたこう》(これは無限といってよい時間です)のあいだ五波羅蜜《はらみつ》を実践したよりも、如来の寿命の無量を信じた者の功徳のほうが大きいというのです。

五波羅蜜というのは、六波羅蜜——布施・持戒・忍辱《にんにく》・精進・禅定・智慧の波羅蜜——のうち、最後の智慧波羅蜜を除いたものです。これらの波羅蜜は大乗仏教の菩薩たる者が実践すべき徳目であって、大事でないわけではありません。また、その実践によって得られる功徳は大きい。無限の功徳が得られるとされています。しかし、それよりも、如来の寿命の無量を信じた者の功徳のほうが大きいというのです。

ところで、ここで世尊は、六波羅蜜ではなしに、智慧波羅蜜を除いた五波羅蜜にしておられますが、それは、智慧波羅蜜が得られるならば、その人はもう仏であるからです。仏になる以上の功徳なんてありませんから、智慧波羅蜜が除かれているのです。

さらに、仏の寿命の無量なるを聞きて信ずる者は、自分もまた如来と同じ無上の智慧を得たいと願い、多くの人々にもそのような願いを起こさせるであろう、と世尊は語られます。そのような功徳が得られるのです。

そして、世尊は次のように言っておられます。

「阿逸多よ、若し善男子・善女人ありて、わが説きし寿命の長遠なることを聞きて深心に信解せば、則ち為《こ》れ仏の常に耆闍崛山《ぎしやくつせん》に在《ましま》して大菩薩・諸の声聞衆の囲遶《いによう》せると共に説法したもうを見たてまつらん。」

耆闍崛山というのは霊鷲山《りようじゆせん》です。読者は覚えておられますか、前章の「如来寿量品」において、釈迦世尊が、

「衆生、既に信伏し　質直《すなお》にして意柔軟《こころなよらか》となり
一心に仏を見たてまつらんと欲して　自ら身命《しんみよう》を惜しまざれば
時にわれ及び衆僧《しゆそう》は　倶に霊鷲山に出ずるなり。」

と語っておられたことを（二九五ページ参照）。「如来寿量品」において、「わたしは霊鷲山に出現する」と世尊が約束されたことが、その通りに実現するのです。

それから、世尊はこのようにも言っておられます。

「阿逸多よ、この善男子・善女人はわが為めにまた塔寺を起《た》て及び僧坊を作り、四事《しじ》をもって衆僧を供養することを須《もち》いざれ。」

如来の寿命の無量であることを信じた善男子・善女人は、塔や寺を建立し、僧坊を寄進する必要もないし、僧侶に衣服・臥具・飲食物・医薬品（この四つが四事です）を供養する必要も

ない。そう言われています。こんなことを言われたら、現代日本の仏教寺院は困ってしまうでしょう。でも、お寺にいろいろ寄進するなんてことは、仏教徒にとってどうでもいいことなんです。大事なことは『法華経』の教えを信じること。とりわけ「如来寿量品」の教えを信じることです。それが第一なんだよ。そう釈迦世尊は言っておられるのです。

わたしたち『法華経』を学ぶ者は、このことをよくよく知っているべきなんですよね。

18　信仰の喜び（随喜功徳品《ずいきくどくほん》第十八）

▼随喜することの功徳

『法華経』の第十八章は「随喜功徳品《ずいきくどくほん》」と題されています。〝随喜〟といった言葉は、心からありがたく感ずることです。信仰の喜び――それが随喜です。

『法華経』は信仰の書です。もちろん、なかには『法華経』を文学として、文芸の書としてお読みになる人もおられましょう。また、学問的に『法華経』を研究しておられる人もおられます。それが悪いと言うのではありませんが、しかし『法華経』が信仰のための経典であることを忘れてはなりません。そして、信仰のためであれば、まず『法華経』を読んで、

〈ああ、ありがたいなあ……〉

と心から感動し、歓喜する。それが第一のことです。そのような喜びが感じられないのであれば、『法華経』を読むことの意義はなくなってしまいます。

その「随喜功徳品」は、弥勒《みろく》菩薩が、

「世尊よ、若し善男子・善女人ありて、この法華経を聞きたてまつりて随喜《ずいき》せば、幾所《いくばく》の福を得るや」

と釈迦世尊に質問することから始まります。『法華経』を聴聞すれば、どのような福（功徳）がありますか？　弥勒菩薩は世尊にそう尋ねました。

それに対する世尊の返答はこうでした。

――如来が入滅されたのちに、誰でもよい、この『法華経』を聞いて随喜した者がいるとしよう。その人が、空閑《しずけ》き地・城邑《みやこ》・巷陌《ちまた》・聚落《まち》・田里《むら》において、父母・宗親《やから》・善友《よきとも》・知識《しりびと》のために、自分が聞いたことをその人の全力を投入して説く。すると、それを聞いた人が随喜して、また次の人に説く。そのようにして次から次へと説き続けて、五十番目の人になった。そして、その五十番目の人がやはり随喜する。

これは、伝統的には「五十展転《てんでん》」と呼ばれています。この五十展転の人が随喜した結果得られる功徳を、釈迦世尊は説明しようとしておられるのです。

――さて、一方、この宇宙に生存するありとあらゆる生き物に、彼らが欲しているあらゆる物を与えてやる。天・人・修羅・餓鬼・地獄の生き物・卵生《らんしょう》・胎生《たいしょう》・湿生《しっしょう》・化生《けしょう》の生き物のすべてに、金・銀・瑠璃《るり》・硨磲《しゃこ》・瑪瑙《めのう》・珊瑚《さんご》・琥珀《こはく》や宮殿・楼閣《ろうかく》等を布施する。そうして財物を施すほかに、彼らに仏法を説くといった法を施す。つまり、財施と法施をする。この財施と法施の功徳は大きいはずだ。

——だが、その財施と法施の功徳よりも、『法華経』のたった一偈を聞いて五十番目の人が随喜する功徳のほうがはるかに大きいのである。

釈迦世尊は弥勒菩薩にそう教えられました。

ここで言われていることは、基本的には前章と同じです。前章の「分別功徳品」では、仏の寿命の無量なることを聞きて信ずることができた者の功徳は、長年にわたり五波羅蜜——布施・持戒・忍辱・精進・禅定——を実修した功徳よりも大きい、と説かれました。この章では、五波羅蜜の代表として布施をとりあげ、その布施の実修よりも、『法華経』を聞法し、それに随喜する功徳のほうがはるかに大きいと言われているのです。

▼〈法華経〉を説き弘める

さらに釈迦世尊は、弥勒菩薩に語られました。

「又、阿逸多よ、若し人、この経のための故に僧坊に往詣《もうで》て、若しくは坐し、若しくは立

ちて、須臾《しゆゆ》も聴受せば、この功徳によりて身を転《うつ》して生るる所には好き上妙《うつくし》の象・馬の車《くる》乗《ま》、珍宝の輦輿《のりもの》を得《え》、及び天宮《てんぐう》に乗《のぼ》らん。」

弥勒よ、人が、この『法華経』を聴聞するために寺院に行って、須臾《しゆゆ》のあいだでも拝聴するならば、来世はすばらしい世界に生まれることができ、象や馬の立派な乗物に乗って天上界に登ることができるであろう。そう言われたのです。

ここにある須臾という時間の単位は、刹那《せつな》と訳されることもあり、『倶舎論《くしやろん》』によって計算すると七十五分の一秒になります。まさに一瞬です。そんな一瞬でも『法華経』を聴聞すれば、その功徳は絶大です。その人は何万回、何億回と生まれ変わっても、口気不臭《くけふしゆ》（口の息が臭くなく）、鼻不匾㔸《びふへんたい》（鼻が平べったくなく）、面色不黒《めんしきふこく》（顔色は黒くなく）、ともかくハンサムな人に生まれるのです。すごい功徳があるわけです。

これは何を言っているかといえば、誰かが寺院に行って『法華経』を聴聞します。そして感動し歓喜します。それでその人は、その随喜を家族や親類の人、あるいは友人に伝える。伝えられた人は、また別の人に伝えます。そうすると、だんだんに『法華経』を信奉する人の輪が拡がるわけです。そういう布教の方法がここで言われているのです。

小乗仏教の人たちは、自分の悟りばかりを考えています。自分が悟りを開くために猛烈な修行をしますが、それは自分の利益だけを考えているのです。それだと大勢の人々は救われません。

大乗仏教は、それに対して大勢の人々の救いを考えます。

では、どうすれば大勢の人々が救われるでしょうか？

釈迦仏は大勢の人々を救ってやりたいと思っておられるにしても、その能力には限界があります。『大智度論《だいちどろん》』（巻九）には、次の話があります。『大智度論』というのは、全百巻より成る『大品般若経《だいぼんはんにゃきょう》』の注釈書です。舎衛城（シュラーヴァスティー）の街には九億の家があり、そのうち三億の家の人々は仏を眼《ま》のあたりに見たが、三億の家の人々は仏のおられることを耳にしながらも、仏に会うことはなかった。そして、残った三億の家の人々は、仏に会うことはないどころか仏の名前さえ聞いたことがなかった――というのです。舎衛城に九億の家があったというのは、もちろん誇張表現です。しかし、一説では釈迦世尊は舎衛城に二十五年間滞在されたとされています。その舎衛城においてすら、釈迦仏の名前を聞いたことのない人が三分の一もいたというのです。ましてや遠く離れた土地の人々は、釈迦仏の名前を聞いたことがなかったでしょう。

では、そのように釈迦仏と縁のなかった人々を、どうすれば救うことができるでしょうか？

わたしは、そのために、釈迦世尊は肉体を放棄されたのだと思います。肉体を捨てて、

——久遠実成の仏——

になります。

この「久遠実成の仏」というのは、譬えていえばコップの中にある水が蒸発してH_2Oという分子となって空間に拡がったようなものです。釈迦が肉体を捨てて「久遠実成の仏」となって宇宙空間に拡がっている。肉体を持った釈迦だと、その釈迦に接することのできる人は限られています。だからごく限られた人としか接触できないし、救うことができません。しかし、「久遠実成の仏」であれば、宇宙空間に無限に拡がっているから、無限の人を救うことができます。

では、その「久遠実成の仏」は、いかなる形で人々と接触するのでしょうか？

「久遠実成の仏」は姿なき仏です。ということは、「教え」そのものがその仏の本質なんです。そして、その「教え」とは、じつは大宇宙の真理である〈法華経〉にほかなりません。

つまり、「久遠実成の仏」とは〈法華経〉そのものなのです。

だからこそ、宇宙の真理である〈法華経〉について述べた経典である『法華経』を人々に説き弘めることによって、釈迦仏は人々を救えるのです。その『法華経』を説き弘める人の功徳は大きい。だって『法華経』を説き弘めることは、「久遠実成の仏」の布教の手伝いをしていることだからです。

「随喜功徳品」は、そのことを語っている章です。

19 〈法華経〉を学ぶ功徳　（法師功徳品《ほっしくどくほん》第十九）

▼眼根が清浄になる功徳

「法師功徳品《ほっしくどくほん》」においては、釈迦世尊は常精進菩薩《じょうしょうじんぼさつ》を相手に教えを説かれます。それまでは弥《み》勒《ろく》菩薩が聴衆を代表していたのですが、ここでその代表が変わるわけです。

常精進菩薩は、読んで字のごとく常に仏道に向かって精進・努力している菩薩です。

その時、仏は常精進菩薩・摩訶薩《まかさつ》に告げたもう「若し善男子・善女人にして、この法華経を受持し、若しくは読み、若しくは誦し、若しくは解説し、若しくは書写せば、この人は当に八百の眼《げん》の功徳《くどく》、千二百の耳《に》の功徳、八百の鼻《び》の功徳、千二百の舌《ぜつ》の功徳、八百の身《しん》の功徳、千二百の意《い》の功徳を得べし。この功徳をもって六根《ろっこん》を荘厳《しょうごん》して皆、清浄《しょうじょう》ならしめん。」

釈迦世尊は常精進菩薩に、『法華経』を受持し、読み、誦《じゅ》し、解説《げせつ》し、書写する者には、その人の眼・耳・鼻・舌・身・意の六根が清浄になるといった功徳がある——と語っておられます。じつは、この『法華経』を受持・読・誦・解説・書写する人が「法師」（詳しくいえば五種法師）なんです。そのことは、われわれはすでに「法師品第十」で学びました（二一三ページ参照）。そこでも言いましたが、法師といえばわれわれは出家僧をイメージします。しかし、『法華経』においては、出家／在家、男／女の差には関係なく、『法華経』の教えを説く人が法師です。そして、法師にはどのような功徳があるかを説いた章がこの「法師功徳品」です。

では、法師にはどのような功徳が与えられるのでしょうか？　それは六根《ろっこん》（六つの感覚器官）が清浄になることです。

まず眼根《げんこん》について、釈迦世尊は次のように言われています。

「この善男子・善女人は父母所生《ふもしょしょう》の清浄なる肉眼《にくげん》をもって三千大千世界の内外《ないげ》の所有《あらゆ》る山・林・河・海を見ること、下《しも》は阿鼻《あび》地獄に至り、上《かみ》は有頂《うちょう》に至らん。亦、その中の一切衆生を見、及び業の因縁・果報の生処《しょうじょ》を悉く見、悉く知らん」

読者は、ここにある《父母所生の清浄なる肉眼をもって》に注目してください。仏教では

「天眼《てんげん》」（詳しくは天眼通《てんげんつう》）というものをいいます。これはあらゆるものを見通し、未来までをも見通すことのできる超能力です。そしてこの天眼通は修行の結果得られる能力です。しかし、法師が得る功徳は、そのような超能力的なものではなく、われわれの生まれながらの肉眼が清浄になることによって、世界の隅々までも見通すことができ、また衆生の過去の因縁および未来の果報を見通すことができるようになるのです。

それ故、いま引用したところを偈によって繰り返して言っている部分では、

「未だ天眼《てんげん》を得ずと雖も　肉眼の力かくの如くならん」

と言っています。『法華経』を受持している人は、おのずから世界をあるがままに見ることができるようになるのです。欲に狂った眼で見ると、世界は歪んで見えます。われわれは、現代の日本を、あるがままに正しく見ているでしょうか……？

▼『法華経』を学ぶ者に得られる功徳

次に耳根《にこん》が清浄になる功徳です。経典は、

「……象の声・馬の声・牛の声・車の声・啼哭《なきさけび》の声・愁歎《かなしみ》の声・螺《かい》（法螺貝《ほらがい》）の声・鼓《つづみ》の声・鐘《かね》の声・鈴の声・笑う声・語る声・男の声・女の声・童子の声・童女の声・法の声・非法の声・苦《くるしみ》の声・楽《たのしみ》の声・凡夫の声・聖人の声・喜ぶ声・喜ばざる声・天の声・竜の声・夜叉《やしや》の声……火の声・水の声・風の声・地獄の声・畜生の声・餓鬼の声……菩薩の声・仏の声……」

といったさまざまな声が、天耳を得ないでも、生まれながらの耳でもってことごとく聞こえるようになる――と言っています。

わたしたちは、軽蔑しながら、あるいは憎みながら他人に向かっていると、相手が発しているメッセージがよく聞こえません。相手が心の中で泣いているのに、笑っているかのように聞いてしまうのです。逆に喜んで笑っているのに、それを歎いている声に聞いてしまいます。けれども、『法華経』の教えをよく学んで耳根が清浄になれば、さまざまな声があるがままに聞こえるようになるのです。釈迦世尊はそのように語っておられます。

次は鼻根《びこん》。『法華経』を受持する者は、

「八百の鼻《び》の功徳を成就せん。」

とあります。最初にありましたように、
眼《げん》の功徳・鼻《び》の功徳・身《しん》の功徳が……八百で、
耳《に》の功徳・舌《ぜつ》の功徳・意《い》の功徳が……千二百、
になっています。けれども、「八百」とか「千二百」にそれほど意味があるのではなく、これは「多数」「さまざま」だと思ってください。八百の鼻の功徳とは、さまざまな香を嗅ぎ分ける功徳です。

その次は舌根《ぜっこん》の功徳です。この舌根の功徳は、大きく分けて二つあります。

「……若しくは好《よ》き、若しくは醜《あし》き、若しくは美《うま》き、若しくは美《うま》からざる、と及び諸の苦《にが》き渋《しぶ》き物も、その舌根《ぜっこん》に在《お》かば、皆変じて上味《じょうみ》と成ること、天の甘露《かんろ》の如く、美《うま》からざるもの無からん。

若し舌根を以って大衆の中において演説する所あらば、深妙《じんみょう》の声を出して、能くその心に入れて、皆歓喜し快楽《けらく》せしめん。……」

前者は、何を食べてもおいしいと思えるわけです。たしかに、わたしたちが感謝の気持ちを持って食事をいただけば、すべてがおいしいと思えます。これが舌根の功徳です。

後者は、大勢の聴衆に向かって『法華経』の教えを説き、その聴衆を感激させる能力です。そのような能力を「舌によるもの」としているのです。『法華経』を受持していると、そのような功徳が得られるのです。

さらに、『法華経』を受持する者は、身根《しんこん》が清浄になります。清らかな身となるのです。それが身の功徳です。

最後に、意《い》の功徳。意とは心です。心が清浄になるのです。

「この清浄の意根《いこん》を以って、乃至、一偈《げ》一句《く》を聞くに、無量無辺の義を通達《さと》らん。」

釈迦世尊はそう述べておられます。

わたしたちは、『法華経』を受持・読・誦《じゅ》・解説《げせつ》・書写することによって六根が清浄になります。とりわけ意が清らかになる。そうして、その清らかな意《こころ》でもって『法華経』を学ぶと、新たな発見があります。前には分からなかったことが分かるようになるのです。わたしなども、何度も何度も『法華経』を読んでいますが、そのたびに新しい発見があります。それが意の功徳です。『法華経』を受持する者には、そのような功徳が得られるのです。

要するに「法師功徳品」は、『法華経』を学ぶ者——それが法師です——にいかなる功徳が得られるかを解き明かした章なのです。

20　すべての人を拝む（常不軽菩薩品第二十《じょうふきょうぼさつほん》）

常不軽菩薩品第二十

▼軽んじないが故に軽んぜられる

第二十章は「常不軽菩薩品《じょうふきょうぼさつほん》」と題されています。常不軽菩薩と呼ばれる人について語っています。

では、常不軽菩薩とはどういう人でしょうか……？

釈迦世尊は彼を次のように紹介しておられます。語っておられる相手は得大勢《とくだいせい》菩薩ですが、得大勢菩薩についてはあとで解説します。

「その時、一《ひとり》の菩薩の**比丘**あり、常不軽《じょうふきょう》と名づく。得大勢よ、何の因縁をもって常不軽と名づくるや。この**比丘**は、凡そ見る所有らば、若《あ》いは比丘《びく》・比丘尼《びくに》・優婆塞《うばそく》・優婆夷《うばい》を皆悉く礼拝《らいはい》し讃歎《さんだん》して、この言を作せばなり

『われ深く汝等《なんだち》を敬《うやも》う。敢えて軽《かろし》め慢《あなど》らず。所以《ゆえ》は何《いか》ん。汝等は皆菩薩の道《どう》を行《ぎょう》じて、当

に仏と作ることを得べければなり』と。」

（「そのとき、常不軽菩薩と呼ばれる比丘がいた。得大勢よ、なぜ彼が常不軽と呼ばれるかといえば、彼は出会う人があれば、その人が出家か在家かを問わず、礼拝し称讃してこのように言ったからである。

『わたしはあなたがたを尊敬します。決して軽んじたり、見下げるようなことはしません。なぜかといえば、あなたがたは菩薩の道を歩み、いずれ仏になられる人だからです』と。」）

彼はいかなる人と出会っても、常にその人を軽んじない。だから「常不軽」と呼ばれたのです。

だが、じつは、〝常不軽〟の原語はサンスクリット語の〝サダーパリブータ〟です。そして、この語はこのまま訳すと、「常に軽蔑された」になります。もっとも、このサンスクリット語を「常に軽蔑されなかった」と訳すことも可能ですが、それじゃああまり意味がありませんから、やはり「常に軽蔑された」と訳すべきでしょう。つまり、この語は受動態なんです。

そうすると、羅什が訳した『妙法蓮華経』と、意味が正反対になります。

常に他人を軽んじない菩薩――羅什訳。

常に人から馬鹿にされた菩薩――サンスクリット語。

どちらが正しいのでしょうか？　これはどちらが正しいかというのではなしに、「常不軽菩薩品」を読むと、どちらの意味にも使われています。すなわち彼は、

――常に他人を軽んじないという信条を貫いたもので、常に人から軽んじられた菩薩――

なんです。「常不軽菩薩品」は、そういう菩薩に関する物語です。

▼像法の時代に登場した菩薩

では、順を追って読んでいきましょう。

釈迦世尊は得大勢菩薩を相手に語られます。「常不軽菩薩品」で聞き手をつとめるのは得大勢菩薩です。

得大勢菩薩は大勢至《だいせいし》菩薩とも訳され、観世音菩薩と並んで阿弥陀仏の脇侍《わきじ》とされる菩薩です。

得大勢よ、はるかな昔、威音王《いおんおう》如来と呼ばれる仏がいた。この仏は、声聞乗《しょうもんじょう》（小乗仏教）を求める人には四諦《したい》の教えを説き、辟支仏乗《びゃくしぶつじょう》（同じく小乗仏教の人です）を求める人には十二因縁《いんねん》の教えを説き、菩薩乗（大乗仏教）を求める人には六波羅蜜の教えを説かれた。そして、この威音王如来の寿命は想像を絶するほど長いものであったが、それでも寿命が終ると入滅された。だが、威音王如来が入滅されると、また同じ威音王という名の仏が出現し、その仏が入滅

されるとまた威音王仏が出現され、二万億の仏が出現された。そのように世尊は語られました。

そして、その最初の威音王如来が入滅されたあと、正法《しょうぼう》の時代が終り、像法《ぞうぼう》の時代になりました。正法の時代というのは、仏が入滅されたあとでも、まだ正法（正しい教え）が残っている時代なんです。しかし、正法が残っていても、それがだんだんに歪んできます。そうすると正法が像法になります。〝像〟というのはコピーだと思ってください。現代のようなコピー機で複写するのと違って、原本を書写するのです。そうするとだんだんに原本が歪んできます。それが像法です。威音王如来が入滅されて、しばらくは（といっても何億年を何億倍もしたほどの時間です）正法の時代でした。それが像法の時代になったのです。

じつは、インドで『法華経』がつくられた時代は、釈迦が入滅されたのち五百年以上もたった像法の時代だと言われています。『法華経』は、自分たちが生きている釈迦入滅後の像法時代に重ね合わせて、威音王如来の像法時代を言っているのです。

像法時代になると、仏の教えは歪められ、人間は堕落します。「常不軽菩薩品」は、

最初の威音王如来、既已《すで》に滅度したまいて、正法滅して後、像法の中において、増上慢《ぞうじょうまん》の比丘《びく》に大勢力《だいせいりき》あり。

と述べています。増上慢というのは、いまだ完全に悟っていないのに、俺は悟ったと天狗になっている人です。仏教教団が堕落の極みになった時代です。

そこに常不軽菩薩が登場するのです。わたしがいま引用した部分に続けて、『法華経』はこの章の冒頭に引用した文章を記しています。すなわち、

……像法の中において、増上慢の比丘に大勢力あり。その時、一《ひとり》の菩薩の比丘あり、常不軽と名づく。……

と続くわけです。つまり、常不軽菩薩は、像法の時代に登場した菩薩なんです。

▼常不軽菩薩の礼拝行

常不軽菩薩は風変わりな菩薩です。

しかも、この比丘は専《もは》ら経典を読誦《どくじゅ》するにはあらずして、但《ただ》、礼拝《らいはい》を行ずるのみなり。乃至《ないし》、遠くに四衆を見ても、亦復《またた》、故《ことさ》らに往きて礼拝し讃歎して、この言を作せり

「われ敢《あ》えて汝等《なんだち》を軽《かろ》しめず。汝等は皆当に仏と作《な》るべきが故なり」

と。

常不軽菩薩は、経典を読誦しないわけではありませんが、それに専念することはしません。彼は礼拝行をします。遠くに仏教徒がいるのを見ると、それが出家であろうと在家信者であろうと、わざわざ彼はその人に近づいて礼拝し、

「わたしはあなたを軽んずることはしません。なぜなら、あなたは将来、仏になられる人だからです」

と称讃する。それが常不軽菩薩の行でした。

そう言われて、なかには喜んだ人もいると思います。けれども経典は、怒り狂って彼を痛罵し、

「そんな虚妄《こもう》の授記を用いない」

と反応する者がいたと記しています。「あなたは将来、仏になる」といった授記は、仏から与えられるものです。どこの馬の骨か分からない男がやって来て、いきなり授記を与えても、それは「虚妄の授記」になります。そんなものは信用できない――といった反応は、あんがいまともな反応だと思われます。ですから、杖木《じょうぼく》・瓦石《がせき》でもって彼に暴力を加えるものがいても、当然といえば当然ですよね。それほど非難できないでしょう。

すると、この男は走って逃げます。暴力が加えられれば、それから逃げる——というのも、これまた当然です。そして逃げたあと、彼は遠くから、その暴力を加えた人を拝みます。それが彼の礼拝行です。なかなかいいですね。そう簡単にできることではありません。

そこで人々は、この男を「常不軽」と呼ぶようになりました。常に人から軽んじられた男です。もちろん、男のほうは、常に人を軽んじなかったのです。

▼威音王仏が説く〈法華経〉

常不軽菩薩の礼拝行の結果について、『法華経』は次のように言っています。

この比丘は、終らんと欲《す》る時に臨みて、虚空の中において、具さに威音王仏の先きに説きたまえる所の法華経の二十千万億の偈を聞き、悉く能く受持して、即ち上《かみ》の如き眼根《げんこん》の清浄と耳《に》・鼻《び》・舌《ぜつ》・身《しん》・意根《いこん》の清浄とを得たり。この六根の清浄を得已《えおわ》りて、更に寿命を増すこと二百万億那由他《なゆた》歳にして、広く人のために是の法華経を説けり。

いま引用したこの部分は、じつはすでに第I部で言及しておきました（四一ページ参照）。

常不軽菩薩は終生、礼拝行を修した功徳によって、寿命が尽きるときに威音王仏が説かれる

〈法華経〉を聴聞することができたのです。

ここで注意すべきは、常不軽菩薩が威音王仏から〈法華経〉を聞いたのは、威音王仏がすでに入滅したのち、しかも像法の時代だということです。ということは、威音王仏は肉体を持った仏ではありません。『法華経』の言葉で言えば、威音王仏は「久遠実成の仏」になっておられます。だから、常不軽菩薩はそれを、

――虚空の中において――

聴聞したのです。だとすると、わたしたちはすでに「久遠実成の仏」となっておられる釈迦牟尼仏が説かれる〈法華経〉（大宇宙の真理）を虚空の中に聞くのです。虚空の中で聞かねばならないのです。

それからもう一つ、威音王仏が説かれる〈法華経〉は、二十千万億の偈があります。厖大なボリュームです。いま、わたしたちが読んでいる鳩摩羅什訳の『妙法蓮華経』は、漢字で六万九千三百八十四文字あるとされています。ざっと計算すると、威音王仏の説かれた〈法華経〉は、『妙法蓮華経』の二千億倍になります。これは地球の人口の約四十三倍。すると、地球人のすべての人（赤ん坊もイスラム教徒もキリスト教徒も含めて）が一人あたり四十三冊の『妙法蓮華経』を所有することになるわけです。〈法華経〉（大宇宙の真理）とはそういうものです。

さて、常不軽菩薩は、威音王仏から教わった〈法華経〉をよく受持し、その結果、六根が清

浄になります。しかも、その寿命も増えて二百万億那由他歳も長生きしました。その長い歳月を、彼は広く人々のために〈法華経〉を説いたのです。

そうすると、その〈法華経〉を説いて多くの人を教化した功徳によって、彼はその次に日月燈明仏に出会うことができます。しかも、日月燈明仏という名の仏は次々に二千億が出現されますが、彼はその二千億の日月燈明仏に出会うことができました。そしてそのあと、今度は二千億の雲自在燈王仏《うんじざいとうおう》に出会います。もちろんその間、常不軽菩薩は〈法華経〉を受持し、読誦し続けたのです。その功徳が順繰りに次の功徳につながっています。そうして、その結果、常不軽菩薩はついに仏になることができたのです。

▼礼拝行とは何か?

では、常不軽菩薩はどのような仏になったのでしょうか? 釈迦世尊は得大勢菩薩に種明かしして次のように語られました。

「**得大勢**よ、**意**《こころ》において**云何**《いか》ん。その**時**の**常不軽菩薩**は**豈**《あに》、**異人**ならんや。**則**ちわが**身**これなり。**若**しわれ**宿世**《しゅくせ》において、この**経**を**受持**し**読誦**して**他人**のために**説**かざりせば、**疾**《と》く**阿耨多羅三藐三菩提**を**得**ること**能**わざりしならん。われ**先仏**の**所**《みもと》において、この**経**を**受**

持し読誦し、人のために説きしが故に、疾《と》く阿耨多羅三藐三菩提を得たるなり。」

（「得大勢よ、どう思うかね、そのときの常不軽菩薩は、ほかでもないこのわたしなんだよ。もしもわたしが過去世においてこの経典を受持し、読誦し、他人のために説かなかったならば、わたしはこのように速やかに無上最高の悟りを得られなかったであろう。わたしは過去世において諸仏のもとで、この経典を受持し、読誦し、他の人々に説いたが故に、かくも速やかに無上最高の悟りを得ることができたのだよ。」）

常不軽菩薩とは誰あろう、釈迦世尊その人なんです。

そして、常不軽菩薩は、〈法華経〉を受持し、読誦し、人々に説くという功徳を積んだが故に、その結果として仏になることができたのです。釈迦世尊は得大勢菩薩にそのように語っておられます。

しかし、わたしたちは忘れてはいけません。常不軽菩薩が威音王仏の説かれる〈法華経〉を聞くことができたのは、彼が終生にわたって礼拝行をやり続けたからです。増上慢の比丘たちから、常に軽蔑されながら、すべての仏教者を、

「あなたは将来、仏になられる人です」

と言って拝む。そのような礼拝行を続けたおかげで、彼は威音王仏の入滅後に、肉体を持たない「久遠実成の仏」が虚空の中で説かれた〈法華経〉を聞くことができたのです。だから、その意味では、礼拝行こそが常不軽菩薩をして仏たらしめた根本の因縁というべきでしょう。

だから、わたしたちも礼拝行をすべきです。

でも、誤解しないでください。商人が顧客に頭を下げる。自分に利益を与えてくれる人に頭を下げる。そういうのは礼拝行ではありません。たんなるマナー（礼儀）です。礼拝行というのは、すべての人を拝む行為です。あらゆる人が将来、仏になられる人だと認識して拝むのです。「譬喩品第三」にあったように、すべての人が仏子（仏の子）です。だから、すべての人を仏子として拝むのが礼拝行です

しかし、この世の中の人は、それぞれの縁によってさまざまな状態にあります。優等生／劣等生、金持ち／貧乏人と、その状態はさまざまです。そして、大事なことは、世の中のすべての人が優等生になり、すべての人が金持ちになることはできません。誰かが劣等生、貧乏人にならねばならないのです。したがって、わたしたちは、その人がいまある「状態」だけにとらわれてはいけません。その人がいま貧乏な「状態」にあったり、劣等生の「状態」、あるいは犯罪者の「状態」にあるとしても、それはその人の「本質」ではありません。その人の「本質」は、将来の仏であり、あるいは仏子です。わたしたちがすべての人を、その「本質」にお

いて仏子だと認識して拝むのが礼拝行です。

「常不軽菩薩」は、わたしたちにそのような礼拝行を教えてくれている章です。『法華経』の中でも重要な章だと思います。

21　如来の超能力（如来神力品第二十一《にょらいじんりきほん》）

▼『法華経』の話の展開

われわれは、ここでちょっと『法華経』のストーリーの展開を振り返ってみましょう。

『法華経』は、「見宝塔品第十一」において、それまでの筋の運びをがらりと変えて、大地から巨大なる大塔を出現させます。その大塔の中には多宝如来がおいでになり、

「善《よ》いかな、善《よ》いかな、釈迦世尊がお説きになったことは、みなこれ真実である」

と言われます。多宝如来は、どこであっても〈法華経〉が説かれる場所に出現され、そこで説かれる〈法華経〉こそが真実・最高の教えであることを証明することを自己の使命としておられる仏です。

そして釈迦世尊は多宝如来の宝塔の中に入り、多宝如来と並んで坐――「二《に》仏並坐《ぶつびょうざ》」――られました。

ところが、その次の「提婆達多品第十二」と「勧持品第十三」においては、話の筋が脇にそ

れて、提婆達多や摩訶波闍波提比丘尼《まかはじゃはだいびくに》、耶輸陀羅比丘尼《やしゅだらびくに》に対する授記が語られます。また、竜女の成仏の話もあります。

次の「安楽行品第十四」においては、文殊菩薩が世尊に、『法華経』を弘めるために心得るべきことを質問しました。世尊はそれに「四安楽行」でもって答えられますが、なぜか諸菩薩に対して、

「あなたがたはわたしの入滅後に、『法華経』を説き弘める大事な仕事をやってくれ」

とは命じられません。

そこで、その場にいた菩薩たちのほうから、「われわれが『法華経』を説き弘める役目を担います」と申し出ますが、釈迦世尊は、

「止《や》めよ、善男子よ。汝等《なんだち》の、この経を護持することを、須《もち》いず」

と、それをきっぱり断わられました。〈では、誰が『法華経』を弘める仕事をするのだろうか?〉と人々が疑問に思っていると、大地から無量千万億の菩薩たちが出現しました。それが「従地涌出品第十五《じゅうじゆじゅつほん》」です。

そして釈迦世尊は、これら無量千万億の菩薩たちが、じつは世尊が過去に教化した弟子なのだ、と明かされます。しかし、誰もそんなことは信じられません。世尊が悟りを開かれてからわずか四十年にしかならないのに、どうして無量千万億の弟子を教化できるのか?! 人々のこ

の疑問に対する答えが、次の「如来寿量品第十六」です。

「如来寿量品」は、すでに述べた通り『法華経』のハイライトともいうべき章です。ここにおいて、『法華経』の根本思想である、

――久遠実成の仏――

が説かれました。わたしたちが見ている肉体をもった釈迦世尊の背後に、生滅を超越した「永遠の仏」がおいでになるといった思想です。

ところが、「如来寿量品」はなるほど『法華経』のハイライトではありますが、話の筋としてはいささか脱線しています。これは、「従地涌出品」において、大地から無量千万億の菩薩たちが出現しましたが、彼らがすべて釈迦の教化した弟子たちにほかならないことを証明するために、釈迦の寿命の無量であることを説明せざるを得なかったのです。そして、如来の寿命が無量であることを説いたものだから、そのあと「分別《ふんべつ》功《く》徳品《どくほん》第十七」「随喜《ずいき》功《く》徳品《どくほん》第十八」「法師《ほっし》功《く》徳品《どくほん》第十九」「常不軽菩薩品《じょうふきょうぼさつほん》第二十」と、話が横道にそれたまま進行していきます。それが、この「如来神力品《にょらいじんりきほん》第二十一」になって、ようやく本筋に戻るわけです。

▼さまざまな超能力が示される

つまり、この「如来神力品第二十一」は話の筋としては「従地涌出品第十五」に直接つなが

ります。

その時、千世界の微塵《みじん》に等しき菩薩《ぼさつ》・摩訶薩《まかさつ》の地より涌出《ゆじゅつ》せる者は、皆仏の前《みまえ》において一心に合掌し尊顔を瞻仰《あおぎみ》て、仏に白《もう》して言わく「世尊よ、われ等は仏の滅後において、世尊と分身《ふんじん》の在《いま》す所の国土の滅度の処にて、当に広くこの経を説くべし。所以《ゆえ》は何《いか》ん。われ等も亦、自らこの真浄《しんじょう》の大法《だいほう》を得て、受持し読誦し解説し書写して、これを供養せんと欲すればなり」と。

大地より出現した無数の菩薩（地涌の菩薩）が、「われわれは仏の滅後に広く人々のためにこの経を説き、みずからもこの経を受持・読・誦・解説・書写します」と釈迦世尊に誓いました。これで、話が「従地涌出品」につながったわけです。

そうすると釈迦世尊は、人々に大神力《だいじんりき》を見せられます。神力とは超能力です。

広長舌《こうちょうぜつ》を出して上《かみ》は梵世に至らしめ、一切の毛孔《もうく》より無量無数《むしゅ》の色《いろ》の光を放ちて、皆悉く遍く、十方の世界を照らしたもう。

非常に大きな長い舌を出され、その舌が遠く梵天の世界にまでとどきました。また、全身の毛孔《けあな》からカラフルな光を放ち、それが十方世界を照らしたのです。そのほか謦欬《きょうがい》（咳払《せき》い）したり、弾指《たんじ》（指をはじく）したり、また大地が震動したりします。咳払いをしたり、指をはじいたりするのが、なぜ神力になるのか、どうもわたしにはよく分かりません。大地が震動するのは、他の経典を見てもそうなんですが、たとえば釈迦世尊が誕生されたとき、悟りを開かれたとき、涅槃《ねはん》に入られたときに起きている自然現象です。それらは出来事に感動して大地のほうが起こした現象であって、それがなぜ釈迦世尊の神力になるのか、いささか理解に苦しみます。

伝統的な天台教学では、釈迦世尊の示された大神力を十に分類して、それが何を意味するかをいちいち説明しています。たとえば出広長舌は、世尊が自分の説くところは真実であって、嘘をついていないことを証明するためである、といった説明です。ちょっとこじつけが強すぎます。

われわれとしては、釈迦世尊が大神力を見せられ、それで人々や自然が感動し、共鳴したのだと受け取っておきましょう。

▼如来の神力でもっても説けない功徳

では、なぜ釈迦世尊は、このような大神力を聴衆に見せられたのでしょうか？　世尊は上行《じょうぎょう》菩薩を筆頭とする地涌の菩薩たちに話されます。

「諸仏の神力は、かくの如く無量無辺不可思議なり。若しわれこの神力をもって、無量無辺百千万億阿僧祇の劫において、嘱累《ぞくるい》のための故に、この経の功徳を説くとも、猶尽くすこと能わず。」

諸仏がそなえている神力は、いま見せたように無限である。けれども、あなたがたに依頼するために、わたしがこのような神力を駆使して、無限ともいうべき時間にわたって説いても、この経典の功徳を説き尽くすことはできないのだ。

「要をもって之を言わば、如来の一切の所有《あらゆ》る法と如来の一切の自在の神力と如来の一切の秘要《ひよう》の蔵《ぞう》と如来の一切の甚深《じんじん》の事《じ》とは、皆この経において、宣《の》べ示し顕《あらわ》に説けり。」

要するに、
如来が会得され、受持されている一切の法――

如来が会得され、自由自在に駆使することのできる一切の神力――

如来が会得され、秘蔵しておられる一切の教え――

如来が会得された一切の深い経験――

それらのものがこの経典のうちに説き明かされているのです。釈迦世尊はそのように告げられました。

そのような〈法華経〉であるからこそ、世尊が入滅されたのちも、いつまでもこれを受持・読・誦・解説・書写してほしい。世尊は地涌の菩薩たちに、そのように委嘱されたのです。

「この故に有智《うち》の者は　この功徳の利《りえき》を聞きて
わが滅度の後において　応《まさ》にこの経を受持すべし
この人は仏道において　決定《けつじょう》して疑い有ること無からん」

（「したがって智あらん者は　この経の功徳のすぐれたるを聞いて
わたしの入滅後も　まさにこの経を受持せよ

その人は仏道を歩むに　もはや疑惑はないであろう」）

釈迦世尊のこの言葉でもって、「如来神力品」は終っています。

22　菩薩たちへの委嘱（嘱累品《ぞくるいほん》第二十二）

次は「嘱累品《ぞくるいほん》」です。

〝嘱累〟という語は、大事な仕事・骨の折れる仕事を委嘱するといった意味。

▼釈迦世尊からの委嘱

その時、釈迦牟尼仏《しやかむにぶつ》は法座より起ちて、大神力を現わし、右の手を以って無量の菩薩・摩訶薩の頂《いただき》を摩《な》でて、この言《ことば》を作したもう「われは無量百千万億阿僧祇劫《あそうぎこう》において、この得《え》難き阿耨多羅三藐三菩提の法を修習《しゆしゆう》せり。今、以って汝等に付嘱《ふぞく》す。汝等よ、応当《まさ》に一心にこの法を流布《るふ》して、広く増益《ぞうやく》せしむべし」と。

そのとき、釈迦世尊は説法の座より起ちあがって、大神力を現わされました。「嘱累品」はそのように始まりますが、しかし大神力を現じられたのは前章の話ですね。その前章を承《う》けて

「嘱累品」は話を進めるわけです。

釈迦世尊はそこで大勢の菩薩たちの頭を撫《な》でられた。そして言われました。

「わたしははるかな昔に、無上最高の悟り（阿耨多羅三藐三菩提）の教え（法）を修得した。いま、それをあなたがたに託すから、あなたがたはこの教えを一心に説き弘めて、衆生の利益《りやく》を増進させてほしい」

釈迦世尊は三度、この同じ言葉を繰り返されます。その要請に応じて、菩薩たちも三度、

「世尊の勅《いましめ》の如く、当に具さに奉行《ぶぎょう》すべし。唯然《はい》、世尊よ。願わくは慮《うらおもい》したもうこと有らざれ」

と、同じ言葉で応答します。「世尊の命令通りにやりますから、世尊よ、どうか心配しないでください」と誓ったのです。これが「嘱累品」で言われていることの全部です。

ところで、いま、わたしは、羅什訳の『妙法蓮華経』の通りに紹介したのですが、サンスクリット語の原典は、これといささか違っています。羅什が、

《阿耨多羅三藐三菩提の法を修習せり》

と訳している部分において、その〝法〟にあたる言葉がサンスクリット語の原典にはありま

せん。サンスクリット語の原典だと、

《阿耨多羅三藐三菩提を修得した》

と訳さねばならないわけです。では、なぜ羅什は、原文にはない〝法〟といった言葉を加えたのでしょうか？

読者は、わたしが重箱の隅《すみ》を楊枝《ようじ》でほじくるようなことをしていると思われるかもしれません。たしかにそういう傾向もないではありませんが、釈迦世尊がわれわれに付嘱《ふぞく》された（依託された）ものが、

A　阿耨多羅三藐三菩提（仏の悟りそのもの）

B　阿耨多羅三藐三菩提の法（仏の悟りの教え――すなわち仏が悟られた内容に関する教え）

のいずれであるか、大いに違いがあります。Aがサンスクリット語の原典で、Bが羅什訳です。

わたしが思うのは、仏の悟りそのもの（A）は、とても人間の言葉でもっては伝えられません。そのことは、『法華経』は「方便品第二」において、

《仏が悟った真理は最高にして比類なきものであり、人々が理解できるものではない。ただ仏と仏のあいだだけであらゆるものの真実の相《すがた》（諸法の実相）を究めることができるのである》

と言っています（一〇一ページ参照）。だから羅什は、ここに原文にはない〝法〟（教え）と

いった言葉を加えたのだとわたしは推理します。

では、その「仏の悟りの教え」とは何でしょうか。じつは、それこそが〈法華経〉なんです。もちろん、ここでいう〈法華経〉は大宇宙の真理です。そして『法華経』という経典は、――釈迦世尊はわれわれに、世尊の入滅後もあなたがたは〈法華経〉（大宇宙の真理）を人々に伝えてくれよ、と委嘱された――

ことを伝えたものです。そう思って読めば、これが釈迦世尊からわれわれに託された大事なメッセージであることがよく分かるでしょう。

▼釈迦世尊の教えはすべて〈法華経〉

嘱累（委嘱）といえば、世尊はすでに前章の「如来神力品」において、上行菩薩《じょうぎょうぼさつ》を筆頭とする地涌の菩薩たちに、『法華経』の広宣流布《こうせんるふ》を頼んでおられます。それに対してこの「嘱累品」においては、無量の菩薩――すなわちわれわれ普通一般の人――に『法華経』の広宣流布を委嘱されているのです。

では、そのときのわたしたちの心構えです。それについては、世尊はちょっとおもしろいことを言っておられます。

「未来世において、若し善男子・善女人ありて如来の智慧を信ぜば、当にためにこの法華経を演説して聞知《もんち》することを得せしむべし。その人をして仏慧《ぶつて》を得せしめんがための故なり。若し衆生ありて信受せざれば、当に如来の余の深法《じんぽう》の中において、示し教え利し喜ばすべし。汝等よ、若し能くかくの如くせば、則ち為《こ》れ已《すで》に諸仏の恩を報ずるなり」

わたしが入滅したのちの未来の世において、仏の智慧を信ずる敬虔《けいけん》な男女には『法華経』を聞かせよ。そうすることによって、その人に仏の智慧を得させるのだ。だが、それを信じない者には――すなわち『法華経』に反撥する人には――わたしが説いた他の教えを示し・教え・その人を利し・喜ばせよ。あなたがたがそのようにすることが、仏の恩を報じたことになるのだ。

ここでは、『法華経』の教えを説いても、それに反撥する人がいる。そのような人に無理矢理『法華経』を押し付ける必要がないことが言われています。そのような人には、たとえば浄土の教えでも、あるいは密教の教えでも説いてあげればよいのです。そして、その人を「示《じ》・教《きょう》・利《り》・喜《き》」させてあげるのです。まず法を示し、そしてその法を教えます。この二つは当然のことですが、その法を聞いてその人が利益《りやく》を得、喜ぶことがなければなりません。利益や喜びのない信仰は長続きするわけがないからです。

そう言えば、これは相手に迎合しているかのように聞こえるかもしれません。しかし、そうではないのです。これはあらゆる教えが、それが仏教の教えであるかぎり、すなわち〈法華経〉（大宇宙の真理）であることが証明されているからそうなるのです。わたしは、ここのところに『法華経』の懐《ふところ》の深さを感じます。

日本の仏教者のうちには、

「『法華経』だけを読んでいればいいのだ。他の経典は読む必要がない」

と主張される人がおいでになります。わたしは、その人は釈迦世尊の「嘱累」の真意が分かっておられないのだと思います。『法華経』はそんな狭い料簡《りょうけん》の教えではありません。〈法華経〉とは大宇宙の真理であり、釈迦の説かれたいっさいの教えが〈法華経〉にほかならないことを、われわれは心の底から信じることです。そうでないと『法華経』を誤読したことになるでしょう。わたしはそう思っています。

▼『法華経』の一つの区切り

釈迦世尊は菩薩たちへの嘱累を終えたあと、次のように言われました。

その時、釈迦牟尼仏は十方より来りたまえる諸の分身の仏をして、各《おのおの》、本土に還《かえ》らしめたまわんとして、この言《ことば》を作したまえり「諸仏は、各《おのおの》安《やす》ろう所に随いたまえ。多宝仏の

塔は還って故《もと》の如くしたもうべし」と。

いま、そこには、四方八方の世界から分身の仏が集まって来ています。それらの仏に、「どうか皆さんは、それぞれの国にお戻りください。多宝仏の塔も、もとの通りにしてください」

と言われたのです。

この世尊の言葉を聞いて、分身の諸仏も多宝仏も、上行菩薩をはじめとする地涌の菩薩たち、いっさい世間の天・人・阿修羅も、皆、大いに歓喜しました。仏の教えである『法華経』が、世尊の入滅後も弘まることが確信できたからです。

これでもって「嘱累品」は終ります。なんだか『法華経』全体が終ったかのように感じられます。

じつをいえば、「この経典を後世に伝えてくれよ」といった嘱累（委嘱）は、経典の最後に位するのが慣例です。そして、『法華経』においても、サンスクリット語原典ではこの「嘱累品」が最後に置かれています。また、翻訳されたものでも、チベット語訳では「嘱累品」が最後の章になっているほか、漢訳では、竺法護訳『正法華経』と闍那崛多《じゃなくった》・達摩笈多《だつまぎゅうた》訳『添品妙《てんぼん》法蓮華経』は「嘱累品」を最終章にしています。ただ一つ、われわれが読んでいる鳩摩羅什訳の『妙法蓮華経』だけがこれを途中の章にしているのです。

なぜか？　その理由は、古来、中国・日本の学者でさまざまに論じられてきました。まあ、だいたいは、本来の『法華経』はここで終っていて、残りの六章はあとから付加された、という意見になります。

つまり、『法華経』という経典は、それぞれの章が独立してつくられました。それも一時につくられたものではなしに、相当の時間をかけてつくられたのです。もっとも、最近の研究によると、『法華経』はあんがい一時期に集中してつくられたのではないかといった説も出されていますが、それは少数意見です。だから、独立してつくられた章を編集して成立したのが『法華経』ですから、その編集の仕方に異同があります。したがって、「嘱累品」に続く残りの六章の順序も、本によって異同があります。しかし、それについては、われわれは羅什訳の『妙法蓮華経』を読んでいるのですから、詳しく論ずる必要はないでしょう。

まあ、われわれとしては、ここでひとつ『妙法蓮華経』はいったん完結し、そのあとで付録的に六章を追加した——と受け取ることにしましょう。そのように読んでみると、あんがい『法華経』の展開がよく分かるように思われます。しかし、これはわたしの読み方ですから、読者は読者で別の読み方をされてもいいのです。あまり窮屈に考えないでください。

23　薬王菩薩の事例（薬王菩薩本事品《やくおうぼさつほんじほん》第二十三）

▼娑婆世界に遊ぶ薬王菩薩

前章の最後に述べたように、『法華経』のこの章以下はいささか付録的な章です。では、なぜ『法華経』はそのような付録をつけたのかといえば、それはわれわれに、

――実例――

を教えるためです。これまでの章で、われわれは『法華経』の教えを理解することができました。けれども、それをどう実践すべきかとなると、やはり適当な例がないと困るのです。それで、過去において〈法華経〉を実践した例が以下において述べられているのです。

この第二十三章は「薬王菩薩本事品《やくおうぼさつほんじほん》」と題されています。薬王菩薩がいかに〈法華経〉を実践したか、その実例が述べられているからです。〝本事〟という語はサンスクリット語の〝プールヴァ・ヨーガ〟を訳したものです。じつはこの語は、すでに「化城喩品《けじょうゆほん》第七」に出てきました。『妙法蓮華経』の訳者である羅什は、第七章を「化城喩品」と訳しましたが、サンスク

リット語の原典だと第七章は「プールヴァ・ヨーガ」と題されています。そして、〝プールヴァ・ヨーガ〟の意味が「過去世の出来事」であることを、わたしは本書の第七章で言っておきました（一七五ページ参照）。それ故、第二十三章は、薬王菩薩に関する過去世の出来事を物語った章なのです。

　ということは、『法華経』は、これまでの章において実例を語らなかったわけではないのです。「化城喩品第七」が、釈迦世尊が過去世において〈法華経〉を実践された本事（プールヴァ・ヨーガ）を語っています。また、「常不軽菩薩品《じょうふきょうぼさつほん》第二十」も、釈迦世尊が過去世において常不軽菩薩という名前で〈法華経〉を実践された本事が語られています。けれども、釈迦世尊の本事はいくら実例であっても、われわれにはちょっと偉すぎます。そこで、この章においては薬王菩薩の本事を語り、また「妙荘厳王本事品《みょうしょうごんおうほんじほん》第二十七」においては妙荘厳王の実例を語っているのです。

　さて、「薬王菩薩本事品」は、こう書き出しています。

その時、宿王華菩薩《しゅくおうけぼさつ》は仏に白《もう》して言わく「世尊よ、薬王菩薩は云何《いか》にして、娑婆世界に遊ぶや。」

聴衆を代表して、今度は宿王華菩薩が釈迦世尊に尋ねます。

「薬王菩薩はどうして娑婆世界に遊んでおられるのですか？」

ここで〝遊び〟といった言葉が使われていますが、これは〝遊戯《ゆげ》〟と同じだと思ってください。仏教語で〝遊戯〟といえば、仏や菩薩が何ものにもとらわれないで自由自在に行動されることをいいます。われわれが一流大学合格を目指して一生懸命受験勉強をしますが、そのときわれわれは「合格」にとらわれているのです。そんなものにとらわれずに楽しく勉強するのが「遊び」なんですよ。薬王菩薩は自由自在に娑婆世界に遊んでおられます。どうしてそれができるのですか？　宿王華菩薩はそのように世尊に質問しました。

釈迦世尊は、それに答えて、次のように話されました。

▼焼身供養

はるかな昔、日月浄明徳如来《にちがつじょうみょうとくにょらい》がおいでになりました。経典はこの仏の仏国土を縷々《るる》描写していますが、いまは荒筋だけを紹介します。

その日月浄明徳如来の多数の弟子の一人に、一切衆生喜見菩薩《いっさいしゅじょうきけんぼさつ》がいます。彼は一万二千年のあいだ熱心に修行をし、その結果、現一切色身三昧《げんいっさいしきしんざんまい》という霊力を得たのです。これは、相手に応じてそれにふさわしい姿を現わし、そして相手にふさわしい教えを説くといった能力です。

やさしい姿で接したほうがよい場合はやさしい姿で接し、厳しい教えを説いたほうがよい場合は厳しい教えを説くのです。それがごく自然にできるようになる。そういう能力です。

一切衆生喜見菩薩は、自分が現一切色身三昧を得ることができたのも、日月浄明徳如来から〈法華経〉を聴聞したおかげである。だからわたしは、日月浄明徳如来と〈法華経〉とを供養しよう、と考えました。そこで彼は、神力（霊力）でもって虚空から天華を舞い降らせたり、栴檀《せんだん》の香を世界全体にただよわせたりしました。

だが、彼はそれで満足しません。

「**われ神力を以って仏を供養したてまつれりと雖も、身を以って供養せんには如《し》かず**」

〈このような神力でもってする供養よりも、この身をもって供養するのが大事ではないか〉

と、彼はそう考えました。

そして彼は、千二百年の長きにわたってさまざまな香を服用し、また香油を飲みました。その上で身に香油を塗り、天上の宝衣を着て、日月浄明徳如来の前で自分の身に火をつけたのです。そうすると、その身は無限の世界を照らし出しました。一切衆生喜見菩薩の身は千二百年間燃え続けます。

これを見た全世界の諸仏が、

「これぞ第一の施である。もろもろの布施のうち、最高の施である」

と称讃しています。

ちょっとコメントを差し挟《はさ》みますが、これは焼身供養と呼ばれるものです。この焼身供養が、現代の東南アジアにおいて政治的な抗議手段として使われたことがありますが、あれは『法華経』とは何の関係もありません。なぜかといえば、一切衆生喜見菩薩の焼身供養は、その供養をする前に千二百年の長きにわたって香を服用して身を浄化する準備があるのです。だからこそ、彼の身は千二百年間燃え続けたのです。何の準備もなく、ほんの二、三分で燃え尽きてしまうような焼身自殺と、一切衆生喜見菩薩の焼身供養を同じにしないでください。

そもそも一切衆生喜見菩薩の焼身供養とは何でしょうか。それは自己犠牲ではないでしょうか。みずからの身を犠牲にして他人のために尽くす。それを千二百年間続けた上での総まとめとして焼身があるのです。わたしはそのように考えます。

▼一切衆生喜見菩薩とは誰か？

閑話休題《それはさておき》。焼身供養によって寿命を終えた一切衆生喜見菩薩は、その功徳により再び日月浄明徳仏の国土に、王家の息として生まれました。彼が生まれたとき、まだ日月浄明徳仏は生きておられます。そこで彼は仏を訪ねて行きました。

「世尊よ、世尊は猶故《なお》世に在《いま》すや」

と彼は挨拶しています。もちろん、仏は彼が焼身供養をした人物の生まれ変わりであることをよくご存じです。二人は旧知の間柄です。

ところが、日月浄明徳仏は、彼に、

「よく来てくれた。じつはわたしはそろそろ涅槃に入ろうと思うのだ。今夜、般涅槃《はつねはん》する。そなたはわたしの最後の床を準備するように」

と命じられました。そして、如来の入滅後のいっさいの事柄の処理を一切衆生喜見菩薩に託され、そのまま入滅されました。

一切衆生喜見菩薩は、仏の入滅後、その遺体を荼毘《だび》に付し、八万四千の瓶《かめ》に仏舎利を納め、八万四千の仏塔を建立しました。遺命《いめい》の通りにやったのです。

だが、彼は、それで満足しません。なんだか、ほかにすることがあるように思えてならないのです。それで彼は、大勢の人々を前にして、

「汝等よ、当に一心に念ずべし。われ今、日月浄明徳仏の舎利《しゃり》を供養したてまつらん」

と宣言して、八万四千の塔の前で自分の臂《ひじ》に火をつけました。その火は七万二千年間燃え続けます。そして無数の修行者に光明を投じたのです。

これもまた焼身供養ですね。自己犠牲の精神を意味しています。

一切衆生喜見菩薩が臂を焼いて失ったのを見て、もろもろの菩薩たち、天・人・阿修羅は深く悲しみます。そうすると一切衆生喜見菩薩は、

「わたしが両腕を失っても、必ずやわたしは仏の金色《こんじき》の身を得るであろう。もしわたしのこの言葉が真実にして嘘でないならば、わたしの両腕は元の通りになるであろう」

と言います。するとたちまち彼の両腕は元通りになりました。

このように話されたあと、釈迦世尊は最初に質問した宿王華菩薩に言われました。

仏は宿王華菩薩に告げたもう「汝が意において云何ん。一切衆生喜見菩薩は、豈《あに》、異人ならんや。今の薬王菩薩これなり。」

この一切衆生喜見菩薩こそ、薬王菩薩の前身にほかなりません。世尊はここで種明かしをさ

れたのです。

▼『法華経』は経典の王

ところで、この「薬王菩薩本事品」はテーマが前半の部分と後半の部分とでは大きく違っています。前半の部分では、これまで述べたように、薬王菩薩の本事（過去世の出来事）を語っています。しかし、これからあとの後半の部分では、『法華経』が最高・第一のすばらしい経典であることを述べています。

さて、釈迦世尊は、十の譬喩でもって『法華経』のすばらしさを語られます。

「宿王華よ、譬えば一切の川流・江河の諸水の中にて、海は為《こ》れ第一なるが如く、この法華経も亦復《またた》、かくの如く諸の如来の所説の経の中において、最も為《こ》れ深大《はなはだすぐ》れたり。」

その第一の譬喩がこれです。あらゆる河川の中で海がいちばんすぐれているように、諸仏の説かれた経の中で『法華経』がいちばんすぐれているというのです。河川と海では、本当は比較になりませんが、海はあらゆる河川を呑み込んでしまいます。そのように『法華経』は、諸仏の教えをすべて採り入れたものだと言っているのです。

あとは要点だけを紹介します。

1　あらゆる河川の中で海が第一であるように、
2　あらゆる山の中で須弥山《しゅみせん》が第一であるように、
3　多くの星の中で月が最も明るいように、
4　太陽がすべての闇黒《あんこく》を取り除くように、
5　諸王の中で転輪聖王《てんりんじょうおう》（インド人の考える理想的帝王）が最高であるように、
6　三十三天の中で帝釈天がナンバー・ワンであるように、
7　大梵天王《だいぼんてんのう》が一切衆生の父であるように、
8　あらゆる凡夫の中で阿羅漢や辟支仏《びゃくしぶつ》が第一であるように、
9　小乗の声聞・辟支仏にくらべて大乗の菩薩がすぐれているように、
10　仏が諸法の王であるように、

『法華経』が最高・第一・最勝の経典であり、諸経の中の王であると述べています。これが「十喩」です。

▼『法華経』の功徳

次に釈迦世尊は、宿王華菩薩に『法華経』の功徳を語られます。

「宿王華よ、この経は能く一切衆生を救うものなり。この経は能く一切衆生をして、諸の苦悩を離れしむるなり。この経は能く大いに一切の衆生を饒益《にようやく》して、その願を充満せしむること、清涼の池の能く一切の諸の渇乏《かつぼう》せる者を満《みた》すが如く、寒き者の火を得たるが如く、裸《はだか》なる者の衣を得たるが如く、商人の主を得たるが如く、子の母を得たるが如く、渡《わた》りに船を得たるが如く、病《やまい》に医《くすし》を得たるが如く、暗に燈《ともしび》を得たるが如く、貧しきに宝を得たるが如く、民の王を得たるが如く、賈客《こかく》の海を得たるが如く、炬《かがりび》の暗を除くが如く、この法華経も亦復《またた》、かくの如し、能く衆生をして一切の苦、一切の病痛を離れ、能く一切の生死《しようじ》の縛《きずな》を解《と》かしむるなり。若し人、この法華経を聞くことを得て、若しくは自らも書き、若しくは人をしても書かしめば、得る所の功徳は、仏の智慧をもって多少を籌量《はか》るとも、その辺《はて》を得ざらん。」

『法華経』は、寒さにふるえる者が火を得たようなものだ、子どもにとっての母のようなものだ、と、いろいろな譬えでもって『法華経』の功徳を説明しています。この譬えが十二あるので、伝統的にこれを「十二喩」と呼んでいます。

釈迦世尊が言われているように、『法華経』はわれわれの、

《一切の者、一切の病痛を離れ、能く一切の生死の縛《きずな》を解《と》いてくれます。だが、注意しておきますが、『法華経』はわたしたちの苦しみをなくしてくれるのではありません。人間は、生きているかぎり苦しまねばならないのです。

――人生は苦だ――

というのが仏教の教えです。したがって、わたしたちは、苦しみをなくしたいと考えてはいけません。そうではなくて、苦しみをどのように苦しめばいいか、その方法を工夫するのです。『法華経』は、わたしたちに苦しみ方のヒントを与えてくれるのです。

同様に、病気をなくすのではなしに、いかに病気を生きるか、そのヒントを『法華経』に学ぶのです。

釈迦世尊は以上のように語られたあと、

「だからあなたがたは、しっかりと『法華経』を受持しなさい」

と言われます。『法華経』のうちでも、とくにこの「薬王菩薩本事品」を受持せよ、と言われています。

では、なぜ「薬王菩薩本事品」を特別視するのでしょうか？　これは、あとで「観世音菩薩普門品第二十五」にも関連することですが、『法華経』の各品（各章）は独立した経典としてつくられ、あとでまとめて編集されたと推定されています。「薬王菩薩本事品」は、当初は独立の経典として読まれていたものですから、これを特別視しているわけです。『法華経』の全部ではなくても、この「薬王菩薩本事品」だけを聴聞してもその功徳は無限である。そう言っています。

▼女性の救い

ところで、ここでちょっと気になる箇所があります。釈迦世尊は、いま、

「宿王華よ、若し人有りて、この薬王菩薩本事品を聞かば、亦、無量無辺の功徳を得ん。」

と語られたあと、次のように続けておられます。

「若し女人《にょにん》有りて、この薬王菩薩本事品を聞きて能く受持せば、この女身《にょしん》を尽くして後に復《また》、受けざらん。若し如来の滅後、後の五百歳の中にて、若し女人有りて、この経典を聞きて、説《おしえ》の如く修行せば、ここにおいて命終《みょうじゅう》して、即ち安楽世界《あんらくせかい》の阿弥陀仏《あみだぶつ》の、大菩薩に囲遶《いにょう》せらるる住処に往きて、蓮華の中の宝座の上に生れん。」

女性がこの「薬王菩薩本事品」を受持すれば、来世において再び女性に生まれることはない。仏の入滅後であっても、女性がこの「薬王菩薩本事品」を聞き、教えの通りに修行すれば、この娑婆世界での生が終ったあと、阿弥陀仏が大勢の菩薩たちに取り囲まれておいでになる極楽世界に往生し、蓮華の宝座の上に生まれるであろう。経典はそのように言っていますが、ここには明らかに女性蔑視があります。けれども、『法華経』は古代のインドにおいてつくられた経典です。古代インドにあった女性蔑視（それは古代インドだけではなしに、ほとんどの古代社会に女性蔑視がありました）の「現実」の中での発言を、現代人が自分たちの物差しでもって裁くのはおかしいと思います。現代人が裁かなければならないのは、現代社会にある差別の現実です。わたしはそう思います。

それから、ここには阿弥陀仏の極楽浄土が出てきます。これはおもしろいですね。現代日本の法華信仰者のうちには、『法華経』の教えと浄土の信仰がまるで水と油のように相容れないものと思っている人が多いのですが、それはまちがっています。「化城喩品第七」においても指摘しておきましたが、『法華経』によると釈迦世尊と阿弥陀仏は兄弟です。二人はともに〈法華経〉（大宇宙の真理）を説き続けているのです（一八九ページ参照）。

現代日本の仏教は葬式仏教になっています。それも大きな問題ですが、それよりももっと大きな問題は、宗派仏教、祖師仏教になっていることです。最澄・空海・法然・栄西・親鸞・道元・日蓮・一遍といった祖師たちを絶対視し、自分の宗派以外の祖師たちを敵視しないまでも軽視します。すべての仏教が釈迦世尊の教えにつながるものです。とくに『法華経』は、そのことを強調した経典です。セクト争いをしていては、釈迦世尊を嘆かせることになるでしょう。ともあれ、『法華経』の中に阿弥陀信仰が説かれています。そのことを忘れないでください。

24　妙音菩薩の章（妙音菩薩品第二十四《みょうおんぼさつほん》）

▼妙音菩薩が娑婆世界に往詣する

釈迦世尊は、薬王菩薩の過去世の物語を終えられると、眉間《みけん》の白毫相《びゃくごうそう》より光を放って東方の諸仏の世界を照らされました。思い出してください。『法華経』の「序品第一」において、釈迦世尊が眉間の白毫相より放った光でもって東方世界を照らされたことを述べています。いままた世尊は同じことをされたのです。

釈迦世尊の放つ光は、浄華宿王智如来《じょうけしゅくおうち》のおられる浄光荘厳《じょうこうしょうごん》世界を照らし出します。そこには妙音という名の菩薩がいます。妙音菩薩はさまざまな三昧《さんまい》の能力を身につけていました。三昧とは、前にも言いましたが、心を静めて一つの対象に集中し、心を乱さず散らさずにいる状態です。経典はその三昧を無縁三昧だとか智印三昧、清浄三昧……と、十六の名前でもって呼んでいますが、これは要するに「法華三昧」です。法華三昧とは、『法華経』の教えだけに心が集中して、他のことにいっさい心が散らないことです。

釈迦仏の光が妙音菩薩を照らしたとき、彼は浄華宿王智仏にこう言いました。

「世尊よ、われは当に娑婆世界に往詣して、釈迦牟尼仏を礼拝し親近し供養したてまつり、及び文殊師利《もんじゅしり》法王子《ほうおうじ》菩薩《ぼさつ》・薬王菩薩・勇施《ゆせ》菩薩・宿王華《しゅくおうけ》菩薩・上行意《じょうぎょうい》菩薩・荘厳王《しょうごんおう》菩薩・薬上《やくじょう》菩薩を見るべし」

すると浄華宿王智仏は、妙音菩薩に、娑婆世界に行くための心構えを説かれます。

「汝よ、彼の国を軽ろしめて下劣の想《おもい》を生ずることなかれ。善男子よ。彼の娑婆世界は高下ありて平らかならず土石《どしゃく》・諸山《しょせん》・穢悪《けがれ》充満せり。仏身は卑小にして、諸の菩薩衆もその形亦、小なり。しかるに汝の身は四万二千由旬《ゆじゅん》、わが身は六百八十万由旬なり。汝の身は第一端正にして、百千万の福ありて光明殊妙《しゅみょう》なり。この故に汝、往きて彼の国を軽ろしめて、若しくは仏・菩薩及び国土に下劣の想《おもい》を生ずることなかれ」

娑婆世界は土地に高低があって平坦ではない。汚物が充満している。妙音よ、おまえの身長は四万二千由旬、わたしの身長は六百八十万由旬。一由旬は約十キロメートルですから、とてつもなく背が高い。それに対して娑婆世界の仏も菩薩も小さなからだである。また、妙音よ、そなたは端正であり、無量の福徳をそなえている。そなたがあの国に往けば、あの国の仏や菩薩や国土を軽んずる気持ちになる危険が大きいが、そんな気持ちになってはいけない。浄華宿王智如来は妙音菩薩にそう注意されたのです。

もちろん、妙音菩薩は如来の忠告をよく聞きました。

そして妙音菩薩は三昧に入りました。

すると、遠く離れた娑婆世界の耆闍崛山《ぎしゃくっせん》（霊鷲山）に八万四千の衆宝《しゅほう》の蓮華が化作《けさ》されました。この蓮華は宝物で造られています。閻浮提金《えんぶだいごん》（黄金）を茎とし、白銀《びゃくごん》を葉となし、金剛《こんごう》（ダイヤモンド）を鬚《しべ》（蘂《しべ》）とし、甄叔迦宝《けんしゅくかほう》（赤い色の宝。おそらくルビー）を台《うてな》としたものです。それが突然、霊鷲山に出現したのです。

前に第Ⅰ部において、『法華経』の中に蓮華が出てくるのは「従地涌出品《じゅうじゆじゅっぽん》第十五」だけであり、しかもそこに出てくる蓮華は紅蓮華《ぐれんげ》（パドマ）であると指摘しておきました（三〇ページ参照）。しかし、『妙法蓮華経』の原典は『サッダルマ・プンダリーカ・スートラ』であって、プンダリーカは白蓮華です。日本人は紅い蓮華も白い蓮華も同じく蓮華だと思っていますが、インド人は両者はまったく違ったものと認識しています。

しかしながら、ここ「妙音菩薩品」にも蓮華が出てきますね。だとすれば「従地涌出品」だけにしか蓮華が出てこないとわたしが言ったのはまちがいになります。でも、ここに出てくる蓮華は金か銀・ダイヤモンド・ルビーで造られたもので、天然の蓮華ではないから、蓮華と見ないでおきます。なお、この人工の蓮華は、サンスクリット語ではパドマ（紅蓮華）と呼ばれています。

▼妙音菩薩の種々の身

突然、霊鷲山に出現した多数の蓮華を見て、文殊菩薩が釈迦世尊にその理由を尋ねました。世尊は、

「これは、東方の浄華宿王智仏の国から、妙音菩薩が無数の菩薩たちとともにこの娑婆世界に来て、〈法華経〉を供養し聴聞したいと思っておられるからなんだよ」

と告げられました。文殊菩薩は、

「それじゃあ、われわれはぜひとも妙音菩薩にお会いしたい」

と懇願し、釈迦世尊は妙音菩薩を娑婆世界に招待する仲介を多宝如来に依頼されました。そして、妙音菩薩が娑婆世界にやって来られます。

妙音菩薩は霊鷲山に到着すると、釈迦世尊と多宝如来に浄華宿王智仏からの挨拶の言葉を伝えています。釈迦世尊には、

「**少病・少悩なりや。起居軽利《かろやか》にして安楽に行じたもうや、不《いな》や。四大調和なりや、不や。世事は忍ぶべしや、不や。……**」

といい、多宝如来には、

「**安穏少悩《あんのんしょうのう》にして、堪忍《かんにん》し久しく住したもうや、不や**」

と言っています。また出てきましたが、無病ではなしに少病であり、悩みがないのではなしにほんのちょっと悩むのです。世事にまったく悩まされないのではなしに、世事の煩わしさを耐え忍ぶのです。わたしたちは、病気はしたくない、面倒なことに巻き込まれたくないと考えます。しかし、生きているかぎり病気はするし、面倒なことは起こってきます。問題は、それをほんのちょっと悩むことです。それができれば、悩みに苦しむことが少なくなります。仏教者はそう考えるべきです。妙音菩薩はそのことをわれわれに教えてくれています。

さて、娑婆世界にやって来られた妙音菩薩を迎えて、今度は華徳《けとく》菩薩が釈迦世尊に質問しました。この妙音菩薩はいかなる善根を種《う》えたもので、このような神力を獲得されたのですか、と。それに対して世尊は、妙音菩薩はその昔、雲雷音王仏《うんらいおんおうぶつ》のもとで、伎楽と宝器（宝の器）でもって仏を供養した結果、このような神力を得たのだと言われました。そして、そのあと、次のように語っておられます。

「華徳《けとく》よ、汝は、但、妙音菩薩のその身はここに在りとのみ見るも、しかもこの菩薩は種種の身を現《あら》わして、処処に諸の衆生のために、この経典を説けり。」

華徳よ、そなたはここにいる妙音菩薩だけが妙音菩薩だと思っているようだが、そうではないのだよ。妙音菩薩はあちこちにその姿を現わして（種々の身を現わして）、大勢の衆生のために〈法華経〉を説いておられるのだよ。釈迦世尊はそのように教えられました。

▼妙音菩薩の変化身

そして釈迦世尊は、妙音菩薩の種々の身を列挙されています。

「或は梵王《ぼんのう》の身を現わし、或は帝釈《たいしゃく》の身を現わし、或は自在天の身を現わし、……」

いちいち原文通りに紹介するのは面倒ですから、名称だけにします。

1 梵王《ぼんのう》 2 帝釈天《たいしゃくてん》 3 自在天 4 大自在天 5 天の大将軍 6 毘沙門天王《びしゃもんてんのう》 7 転輪聖王《てんりんじょうおう》 8 小王 9 長者《ちょうじゃ》 10 居士《こじ》 11 宰官《さいかん》（宰相・大臣） 12 婆羅門《ばらもん》 13 比丘 14 比丘尼 15 優婆塞《うばそく》 16 優婆夷《うばい》 17 長者の婦女《ぶにょ》 18 居士の婦女 19 宰官の婦女 20 婆羅門の婦女 21 童男 22 童女 23 天 24 竜 25 夜叉《やしゃ》 26 乾闥婆《けんだつば》（音楽神） 27 阿修羅《あしゅら》 28 迦楼羅《かるら》（金翅鳥《こんじちょう》ともいい、想像上の大鳥） 29 緊那羅《きんなら》（舞踊神） 30 摩睺羅伽《まごらが》（蛇神） 31 地獄 32 餓鬼 33 畜生 34 王の後宮《ごぐう》における女身《にょしん》

以上の三十四身が妙音菩薩の変化身です。次章では観世音菩薩の変化身を三十三としていますから、それよりも一つ多いわけです。ともかく妙音菩薩は、このようにさまざまに姿を変えて、〈法華経〉を説かれるのです。

妙音菩薩が地獄や餓鬼、畜生の世界にいる人々を救うためには、自分が地獄・餓鬼・畜生になって〈法華経〉を説かねばなりません。妙音菩薩といった美しい理想の姿で〈法華経〉を説くことはできないのです。

だとすれば、わたしたちの身の回りにいる人が、ひょっとすると妙音菩薩の変化身かもしれないのです。その人がいま地獄の鬼になって、わたしに〈法華経〉を説いてくれている。そう思うことができるようになれば、わたしたちは〈法華経〉を聞くことができたのですね。なか

なかむずかしいことですが、わたしたちは少しずつ〈法華経〉を聴聞しましょう。

この話が終ると、妙音菩薩は自分の本国である浄光荘厳国へと出発され、浄華宿王智仏へ帰還報告をしておられます。そこでこの章が終っています。

25 観世音菩薩の章（観世音菩薩普門品《かんぜおんぼさつふもんぼん》第二十五）

▼観世音菩薩は観自在菩薩

第二十五章は「観世音菩薩普門品《かんぜおんぼさつふもんぼん》」と題されています。観世音菩薩を主人公にした章です。

〝普門〟というのは、原語のサンスクリット語の意味からすれば、「あらゆる方向に顔を向けた」になります。しかし、漢字の意味からすれば、「普《あまね》く門を開いている」ということで、観世音菩薩が大きく門戸を開いて、あらゆる人を門の中に入れてくださるということです。すなわち、観世音菩薩がすべての人を救われる、その救済力の大きさを述べたのがこの章です。

ところで、ご存じのように、この章は『法華経』から独立させて、

――『観音経』――

という経典として読まれています。それだけこの章の人気が高いわけですが、じつをいえばもともとこの章は独立した経典として読まれていたのを、のちに『法華経』の中に編入したのです。したがって、この章は最初から独立性が高かったので、独立した『観音経』として読ま

れるのも、当然といえば当然です。

また、「観世音菩薩普門品」は羅什が訳した『妙法蓮華経』では第二十五章に置かれていますが、サンスクリット語本では第二十四章になります。『妙法蓮華経』とサンスクリット語本とでは、後半の部分になると章の配列が大きく違っています。しかし、わたしたちは『妙法蓮華経』を読んでいるのですから、その点についてはあまり気にしないでおきます。

だが、サンスクリット語との関係でどうしても気になることがあります。それは、羅什が、

——観世音——

と訳した、サンスクリット語の、

——アヴァローキテーシュヴァラ——

です。この語をすんなりと訳すなら、

——観自在——

になります。観自在菩薩といえば、多くの読者がご存じのように、『般若心経《はんにゃしんぎょう》』(正しくは『般若波羅蜜多心経《はんにゃはらみったしんぎょう》』)に登場します。

《観自在菩薩《かんじざいぼさつ》。行深般若波羅蜜多時《ぎょうじんはんにゃはらみったじ》。……》

で始まる『般若心経』の観自在菩薩がアヴァローキテーシュヴァラと呼ばれる菩薩です。『般若心経』を訳した玄奘《げんじょう》(六〇二—六六四)は、観自在菩薩と訳したのです。

だが、『妙法蓮華経』を訳した鳩摩羅什は、この同じ言葉を観世音菩薩とした。しかも、サンスクリット語には「音」を意味する語はありません。では、羅什は誤訳したのでしょうか。彼ほどの学者が、そんな誤訳をするはずはありません。そこで現代の学者たちは、たぶん羅什が使った原典の『法華経』のサンスクリット語本が、現在われわれが使っているサンスクリット語本と違っていたのだろうと推定しています。

まあ、ともあれ、観自在菩薩と観世音菩薩は同じ人です。それから、観世音菩薩はしばしば〝世〟が省略されて観音菩薩と呼ばれます。また、庶民的には〝観音様〟と呼ばれます。

その観音様について語ったのがこの章です。『法華経』のうちでも、最も人々に親しまれた章だと言ってまちがいないでしょう。

▼奇蹟とは何か？

「観世音菩薩普門品」は、無尽意菩薩《むじんにぼさつ》が釈迦世尊に、

「世尊よ、観世音菩薩は何の因縁を以って観世音と名づくるや」

と問うところから始まります。それに対して世尊は、こう答えられました。

「善男子よ、若《も》し無量百千万億の衆生ありて、諸の苦悩を受けんに、この観世音菩薩を聞きて一心に名《みな》を称《とな》えば、観世音菩薩は、即時《ただち》にその音声《おんじょう》を観《かん》じて皆、解脱《まぬが》るることを得せしめん。」

この世の中には何億という無数の苦悩せる衆生がいます。その苦悩せる衆生が観世音菩薩に救済を求めてその名《みな》を称《とな》えるならば、観世音菩薩はその音声を観じて即刻救済してくださる。釈迦世尊はそう言われました。

ここで〝音声を観じて〟とあるのが、おかしいといえばおかしいですね。音声は聞く・聴くものだからです。しかし、ただ音声だけを聞いていると、わたしたちは騙されることがあります。口先では、

「いいから、いいから、放っておいてください」

と言っている人が、心の底から救済を求めていることがあります。〝観〟という字は「一心に思いをこらして本質をみきわめる」という意味です。観世音菩薩は、いわばその人と一心同体になっておられるのです。だからこそ世の中の人々の発する音声を観じる菩薩と呼ばれているのです。釈迦世尊は無尽意菩薩にそのように告げられました。

次に釈迦世尊は、われわれが観世音菩薩を一心に称名することによって――つまり「南無観世音菩薩」と称えることによって――いかなる災難から救っていただけるかを、「七難」に分けて説かれます。

「若しこの観世音菩薩の名《みな》を持《たも》つもの有らば、設《たと》い大火に入るとも、火も焼くこと能わず、この菩薩の威神力《いじんりき》に由るが故なり。」

第一は「火難」です。大火の中に入っても焼かれることはない。これはまさに奇蹟です。でも、わたしたちは、そんなことが信じられるでしょうか。

そもそも奇蹟とは何でしょうか……？　東日本大震災の津波において、自分は観音様を信仰していたから観音様に助けていただいたのだと語る人がおいでになります。だが、そうすると死んだ人は観音様に憎まれていたから死んだのだとなります。そんな馬鹿な話はありません。海難事故で救助された人が、自分は「南無観世音菩薩」と称名したから助かったのだ、と語られますが、しかし死んだ人は何も語ることはできないのです。偶然に助かった人だけが語ることができるのです。とすると、すべては偶然ではないでしょうか。

では、火も焼くこと能わずを、われわれはどう読めばよいのでしょうか？　わたしは、心の問題だと思います。大火に遭えば、誰もが肉体は焼けます。しかし、その人の心は焼けません。火災の中で心はどっしりと落ち着いています。そうすると、うまく避難場所が見つかり、死なずにすむこともあるでしょう。また、死ぬ場合にも、落ち着いて称名しながら死ぬ。『法華経』が言っているのは、そのような心の問題だと思います。以下も、心の問題として読んでみましょう。

▼水難・風難・刀杖の難・鬼難

「若《も》し大水のために漂《ただよ》わされんに、その名号《みょうごう》を称《とな》えば、即ち浅き処を得ん。」

第二は「水難」。心が動揺していると、人間は背が立つ所でも溺れるのですね。「そこは浅いところですよ。背が立ちますよ」と教わって、溺れている人が助かることもあります。また、船が遭難したとき、泳いだ人のほうが、浮き木につかまって救助を待っていた人よりも死亡率が高いそうです。船が難破するような嵐の海で、いくら泳ぎのうまい人でも陸まで泳げるわけがない。名号を称えながら救助を待っていたほうがよいのです。

「若し百千万億の衆生ありて、金《こん》・銀《ごん》・瑠璃《るり》・硨磲《しゃこ》・碼碯《めのう》・珊瑚《さんご》・琥珀《こはく》・真珠《しんじゅ》等の宝を求めんがために大海に入らんに、仮使《たとい》、黒風《こくふう》その船舫《ふね》を吹きて、羅刹鬼《らせつき》の国に飄《ただよ》わし堕《おと》しめんに、その中に若し乃至一人《ひとり》ありて、観世音菩薩の名《みな》を称《とな》えば、この諸《もろもろ》の人等《ら》は皆、羅刹《らせつ》の難を解脱《まぬが》るることを得ん。この因縁を以って観世音と名づくるなり。」

これは「風難」です。海の貿易に従事している商人が、金銀等の宝を求めて航海に出ます。だが黒風（嵐）に襲われて船は羅刹鬼国（悪鬼の国）に流される。だが、船中にたった一人でもいいから「南無観世音菩薩」と称える者がいれば、船の全員が救われるというのです。「たった一人でもいいから」というところが大事です。記憶しておいてください。あとでコメントします。

次の第四は「刀杖《とうじょう》の難」。

「若し復《また》、人有りて当に害せらるべきに臨みて、観世音菩薩の名《みな》を称《とな》えば、彼《か》の執る所の刀杖《とうじょう》は、尋《にわか》に段段に壊《お》れて、解脱《まぬが》るることを得ん。」

これは暴力に遭う難です。肉体に加えられた暴力はどうすることもできなくても、その人の心は観世音菩薩に救われているのです。
第五は「鬼難《きなん》」。夜叉や羅刹によって加えられる災難です。彼らは現代でいう暴力団員でしょう。そうすると「鬼難」と「刀杖の難」は似たようなものになります。まあ「刀杖の難」は、国家や大企業がわれわれ庶民に加える災難と思えばいいかもしれません。

「若し三千大千国土に、中に満つる夜叉《やしゃ》・羅刹《らせつ》、来りて人を悩まさんと欲《す》るに、その、観世音菩薩の名《みな》を称うるを聞かば、この諸の悪鬼《あっき》は尚《なお》、悪眼《あくげん》をもって之を視ることすら能わず、況んや復《また》、害を加えんや。」

▼枷鎖の難・怨賊の難

「設《たと》い復《また》、人ありて、若しくは罪あるにもあれ、若しくは罪無きにもあれ、杻械《かせ》・枷鎖《くさり》にその身を検《とじこ》め繋《つな》がれんに、観世音菩薩の名《みな》を称《とな》えば、皆悉《ことごと》く断壊《だんね》して即ち解脱《まぬが》るることを得ん。」

第六は「枷鎖《かさ》の難」です。枷鎖は罪人の自由を奪う刑具です。読者は、有罪／無罪を問わず囚人が自由を得られるとあるのをおかしいと思われるかもしれません。しかし、有罪か／無罪かは、そのときどきの権力の恣意《しい》（勝手気まま）によるものです。歴史上では、ソクラテス、イエス・キリストが罪人として死刑になっています。日本では、浄土宗の開祖の法然上人、浄土真宗の開祖の親鸞聖人、日蓮宗の開祖の日蓮聖人が罪人として流罪になっています。刑罰とはそういうものなんです。有罪の者を観世音菩薩が救われるのはおかしいと言う人は、支配者側に立って世の中を見ているのです。

「若し三千大千国土に、中に満つる怨賊《おんぞく》あらんに、一《ひとり》の商主有りて、諸の商人を将《ひき》いて重宝《とうときたから》を齎持《もたら》して険《けわ》しき路を経過せば、その中に一人《ひとり》、この唱言《となえごと》を作さん『諸の善男子よ、恐怖するを得ること勿れ。汝等よ、応当《まさ》に一心に観世音菩薩の名号《みょうごう》を称《とな》うべし。この菩薩は能く無畏《むい》を以って衆生に施したもう。汝等よ、若し名《みな》を称うれば、この怨賊《おんぞく》より当に解脱《まぬが》るることを得べし』と。衆《もろもろ》の商人は聞きて倶《とも》に声を発《あ》げて『南無観世音菩薩《なむかんぜおんぼさつ》』と言わん。その名《みな》を称《とな》うるが故に、即ち解脱《まぬが》るることを得ん。無尽意《むじんに》よ、観世音菩薩・摩訶薩は威神の力の巍巍《ぎぎ》たること、かくの如し。」

最後の第七難は「怨賊《おんぞく》の難」です。商人の一行が盗賊に襲われました。その中の一人が皆にこう言います。

「諸君！　心配する必要はない。みんなで一心に観世音菩薩の名号を称えるならば、観世音菩薩はきっと救ってくださる」

そこで全員が倶に声を発げて「南無観世音菩薩」と称えます。すると観世音菩薩が人々を救ってくださるのです。

ここで、全員が一緒になって「南無観世音菩薩」と称えるところが大事です。「風難」においては、船の中のたった一人でも「南無観世音菩薩」と称えればよいとありました。船に乗っている人は、全員が運命共同体です。だから一人でもよいのです。しかし、陸上で盗賊に襲われた場合、全員が一つに団結して盗賊に向かう必要があります。だからみんなで一緒に名号を称えねばならないのです。『法華経』は、そういう細かなところにも気を配っているのですね。

▼男児と女児の産み分け

災難は外からやって来るものもあります。以上の「七難」は、その外からやって来る災難です。

しかし、内から起きる災難もあります。次に経典は、内から起きる災難について書いています。

「若し衆生ありて婬欲《いんよく》多からんに、常に念じて観世音菩薩を恭敬《くぎょう》せば、便《すなわ》ち欲を離るることを得ん。若し瞋恚《いかり》多からんに、常に念じて観世音菩薩を恭敬せば、便ち瞋《いかり》を離ることを得ん。若し愚痴《ぐち》多からんに、常に念じて観世音菩薩を恭敬せば、便ち痴を離るることを得ん。」

仏教では、われわれの善なる心を害する基本的な煩悩を「三毒」と呼んでいます。三毒とは、――貪欲《とんよく》（むさぼり）・瞋恚《しんい》（いかり）・愚痴《ぐち》（おろかさ）――です。ここでは、観世音菩薩を念ずることによって、われわれはその三毒を克服できると考えています。

次に経典は、女性が、男児を産みたいと思えば福徳・智慧のある男児を、女児を産みたいと思えば、美貌で人々から愛される女児を産むことができる、と述べています。男女の産み分けです。

いくらなんでも、そんなこと、できるわけがない――と、多くの人は思います。わたしも昔はそう思っていました。しかし、もしもわたしたちが、わが子が観音様から授かった子だと信ずることができるようになれば、生まれてきた子が男児であれば、この子は観音様がわたしのために選んでくださった子どもなんだ、と思えるはずです。したがって、わたしは男児を産みたいと願っていたのだと信ずることができます。もしも女児が生まれてきたら、この女児こそわたしが産みたかったのだと信ずることができます。

そうすると、ちゃんと男女を産み分けたことになりますね。

▼観世音菩薩の三十三身

観世音菩薩はどのような方か？　以上のような釈迦世尊の説明を聞いたあと、無尽意菩薩は、

「世尊よ、観世音菩薩は、云何《いか》にしてこの娑婆世界に遊ぶや。云何にして衆生のために法を説くや。方便の力、その事云何ん」

と質問を発しました。この質問は、「薬王菩薩本事品第二十三」において、宿王華菩薩《しゆくおうけぼさつ》が釈迦世尊に尋ねたもの——「世尊よ、薬王菩薩は云何にして、娑婆世界に遊ぶや」（三五六ページ参照）——と同じです。また、前章の「妙音菩薩品第二十四」では、妙音菩薩が三十四身に変身してこの娑婆世界で〈法華経〉を説いておられることが述べられています（三七五ページ

参照）が、そのことも、ここで思い出してください。すなわち、釈迦世尊は無尽意菩薩の質問に、

——観世音菩薩は三十三身に変身して、この娑婆世界にあって衆生のために法を説いておられる——

と答えられました。妙音菩薩は三十四の変化身でしたが、観世音菩薩は一つ少ない三十三身です。

ところが、古来、観世音菩薩の変身は三十三とされていますが、読み方によっては三十五身になります。そこのところを論ずると話がややこしくなるので、まあ伝統にしたがって三十三身にしておきます。

1 仏　2 辟支仏《びゃくしぶつ》　3 声聞　4 梵王《ぼんのう》　5 帝釈《たいしゃく》　6 自在天　7 大自在天　8 天の大将軍　9 毘沙門《びしゃもん》　10 小王　11 長者　12 居士《こじ》　13 宰官《つかさびと》　14 婆羅門　15 比丘《びく》　16 比丘尼《びくに》　17 優婆塞《うばそく》　18 優婆夷《うばい》　19 長者の婦女《ぶにょ》　20 居士の婦女　21 宰官の婦女　22 婆羅門の婦女　23 童男　24 童女　25 天　26 竜　27 夜叉《やしゃ》　28 乾闥婆《けんだつば》（音楽神）　29 阿修羅《あしゅら》　30 迦楼羅《かるら》（伝説上の巨鳥）　31 緊那羅《きんなら》（天界の楽師）　32 摩睺羅迦《まごらが》（蛇神）　33 執金剛神《しゅうこんごうじん》（仏法の守護神）

妙音菩薩のところでも言いましたが、観世音菩薩は相手にふさわしい姿になって〈法華経〉（大宇宙の真理）を説かれるのです。夜叉というのは人を害する鬼神ですが、あなたに〈法華

経〉を教えるために、いま、観世音菩薩が夜叉の姿となって出現しておられるのかもしれません。あるいは、あなたの夫（優婆塞。男性の在家信者）が、あなたの妻（優婆夷。女性の在家信者）が、観世音菩薩かもしれないのです。あなたのお子さん（童男・童女）が観世音菩薩かもしれません。自分の夫や妻、子ども、父母が観世音菩薩だと思えるようになりたいですね。それが『法華経』の教えなんです。

▼観世音菩薩に対する供養

釈迦世尊が以上の話を終えられたとき、聞き手の無尽意菩薩は、みずからがつけていた「宝《ほう》珠《じゅ》の瓔珞《ようらく》の価《あたい》、百千両の金《こがね》に直《あたい》する」を外して観世音菩薩に供養しました。ものすごく高価な真珠のネックレスを布施したのです。

だが、観世音菩薩はそれを受け取りません。

なぜ受け取られなかったのでしょうか？　経典のどこにも、その理由は明示されていません。わたしの考えるところでは、観世音菩薩は供養を受ける立場になかったからだと思います。

小乗仏教の聖者は阿羅漢《あらかん》と呼ばれます。これはサンスクリット語の〝アルハン〟を音訳したものです。そして、〝アルハン〟には、尊敬・施しを受けるに値する聖者の意味があります。だから、〝阿羅漢〟はときに〝応供《おうぐ》〟（供養に応ずる資格のある者）と訳されます。これでお分かりのように、供養を受ける資格のある者は小乗仏教の聖者（阿羅漢）です。しかし、観世音菩薩は大乗仏教の菩薩です。だから彼は、無尽意菩薩が布施した真珠のネックレスを受け取らなかったのです。

けれども、釈迦世尊は観世音菩薩に、無尽意菩薩の布施を受けてあげなさいとアドヴァイスされた。それで観世音菩薩はそれを受け取り、そしてネックレスを二等分して、一つは釈迦牟尼仏に、もう一つは多宝仏の塔に奉りました。

ということは、わたしたちが観世音菩薩に供養すれば、それは観世音菩薩から仏のもとへと届けられることになるのです。ここのところは、そのように読めばよいと思います。

▼「五観」と「五音」

長行《じょうごう》（散文）の部分は以上で終ります。経典にはこのあと偈の部分がついています。だが、じつをいえば、鳩摩羅什が訳した『妙法蓮華経』には、この偈の部分はなかったのです。この偈の部分は、『添品妙法蓮華経』によって補足されたものです。そしてこの偈の部分は「普門品偈《ふもんぼんげ》」と呼ばれ、ときにはこの偈だけを読誦することもあります。

偈の内容はほとんど長行の部分と変りありません。だが、長行にはない記述もありますので、そのところだけを補足しておきます。

まず、長行において「七難」として述べたものを、偈では「十二難」にしています。七難と重複するものは説明を省略します。

1　火難。

2　水難。

3　堕《だ》須弥《しゅみ》山《せん》難……須弥山のような高い山から突き落とされても、観音の力を念ずれば、下まで落ちることはない。

4　堕《だ》金剛山《こんごうせん》難……金剛山のような高い山から落ちても、観音の力を念ずれば、怪我をしない。

5　怨賊《おんぞく》難。

6　刀杖《とうじょう》難。

7　枷鎖《かさ》難。

8　毒薬難……毒薬でもって害されようとしたとき、観音の力を念ずれば、その毒薬は相手を毒する。

9　羅刹《らせつ》難……羅刹（悪鬼）や毒竜に出合っても、観音の力を念ずれば、害されない。

10　悪獣囲遶《いにょう》難……悪獣に取り囲まれても、観音の力を念ずれば、悪獣のほうが逃げて行く。

11　蚖蛇蝮蠍《がんじゃふくかつ》難……とかげ・へび・まむし・さそりも、観音の力を念ずれば、その声で姿を消す。

12　雲雷雹雨難《うんらいばくう》……黒雲がたちこめ、雷鳴が轟き、雹《ひょう》が降り、大雨が降るといった天災も、観音の力を念ずれば、すべて消散する。

以上のように、われわれはこの世においてさまざまな難儀に遭遇します。しかし、観世音菩薩を念ずれば、それらの災難は克服できるのです。経典はそのように述べています。

そして次に、経典は、

——五観——

を説きます。観世音菩薩は五観（五つの眼《まなこ》）を持っておられるというのです。その五観とは、

1　真観……真実を見きわめる眼《まなこ》。

2　清浄《しょうじょう》観……汚れなく、清らかにものを見る眼。

3　広大智慧観……広大なる智慧でもって事物を見る眼。

4　悲観……あらゆる衆生の苦しみを抜いてやりたいと思って衆生を見る眼。

5　慈観……あらゆる衆生に喜びを与えてやりたいと思って衆生を見る眼。

です。それ故、わたしたちもまた観世音菩薩と同じように、五観（五つの眼）を身につけたいと願うべきです。

そのように述べたあと、次に、偈文は、

——五音——

を説いています。これは観世音菩薩の説法のすばらしさをたたえたものです。

1　妙音……観世音菩薩の説法は妙法を説いたものである。

2　観世音……世間のあらゆる衆生が発する音声を観じたもの。

3　梵音《ぼんおん》……無垢《むく》の声。清らかな音声。

4　海潮音《かいちょうおん》……海鳴りのように人々の心にしみ入る音声。

5　勝彼世間音《しょうひせけんのん》……世間のあらゆる音声よりも勝《すぐ》れた音声。

観世音菩薩はこのような五音の持ち主です。だから、わたしたちは常に観世音菩薩を念じ、その五音を聴聞しようとすべきです。それはすなわち〈法華経〉（大宇宙の真理）を聴聞することにほかなりません。

読者よ、あなたに観世音菩薩の声が聞こえますか……？

26 霊力のある言葉（陀羅尼品《だらにほん》第二十六）

▼陀羅尼とは何か？

『妙法蓮華経』の第二十六章は「陀羅尼品《だらにほん》」です。だが、サンスクリット語本では、この章（すなわち「陀羅尼品」）は第二十一章に置かれています。闍那崛多《じゃなくった》・達磨笈多《だつまぎゅうた》訳『添品《てんぽん》妙法蓮華経』においても同様に第二十一章に置かれ、竺法護訳『正法華経』はこの章を第二十四章に置いていています。

ということは、この章の内容はあまり前後の章と関係なく、どこに置いても差し支えがないからです。

で、この章の内容は、といえば、

薬王菩薩《やくおうぼさつ》と勇施《ゆうせ》菩薩の二菩薩と――

毘沙門天王《びしゃもんてんのう》（別名、多聞天《たもん》。もとはバラモン教の神であるが、仏教においては北方を守護する善神）と持国《じこく》天王（同じく東方を守護する善神）の二天――

十人の羅刹女《らせつにょ》と鬼子母《きしも》——

が釈迦世尊の前で、『法華経』を受持する者を守護するための陀羅尼を説きます。そして、この陀羅尼を唱える者に対しては、いかなる魔物も手をだすことはできないと言います。それを釈迦世尊が、

「善哉《ぜんざい》、善哉《ぜんざい》」(よいかな、よいかな)

と言われる。そういう筋書です。それだけのことで、あまり深い意味のない章です。

では、いったい陀羅尼とは何なんでしょうか……?

陀羅尼は、サンスクリット語の〝ダーラニー〟を音訳したもので、その本来の意味は「保つもの」あるいは「記憶にとどめるもの」です。意訳して「総持《そうじ》」といいます。

われわれが長い経典の要点や、仏教の教理・教学を記憶にとどめるために、それを短い簡潔な句にまとめて暗記します。本当は短い句を暗記する記憶術を陀羅尼といったのですが、なぜかのちにはその短い句のほうを陀羅尼と呼ぶようになりました。したがって陀羅尼は「呪文」「神呪《じんしゅ》」「真言」の意味に使われています。正しくは「陀羅尼の呪文」と言うべきものをただ「陀羅尼」と呼んだために、本来は記憶術であった陀羅尼が呪文になってしまったわけです。

そしてこの陀羅尼には、霊力があるとされています。善を保って失することなく、悪を抑止する力があるというのです。『法華経』を受持する者は、この陀羅尼(呪文)を唱えることに

よって魔物に害されることはない。薬王菩薩や勇施菩薩、毘沙門天、持国天、羅刹と鬼子母は、そのような陀羅尼をわれわれに教えてくれているのです。

▼提婆達多は悪人にあらず

さて、薬王菩薩が唱えた陀羅尼は次のものです。

「あに　まに　まねい　ままねい　しれい　しゃりてい　しゃみゃ　しゃびたい　せんてい　もくてい　もくたび　しゃび　あいしゃび　そうび　しゃび　しゃえい　あきしゃえい　あぎに　せんてい　しゃび　だらに　あろきゃばさいはしゃびしゃに　ねいびていあべんたらねいびてい　あたんだはれいしゅたい　うくれい　むくれい　あられい　はられい　しゅぎゃし　あさんまさんび　ぼっだびきりじりてい　だるまはりしてい　そうぎゃちりくしゃねい　ばしゃばしゃしゅたい　まんたら　まんたらしゃやた　うろたうろたきょうしゃりゃ　あきしゃら　あきしゃやたや　あばろ　あまにゃなたや」

わたしはひらがな表記にしましたが、経典ではこれが全部漢字になっています。中国にはひらがながありませんから、漢字でもって音を表記するよりほかないのです。漢字表記だと、

「安爾《あに》　曼爾《まに》　摩禰《まねい》　摩摩禰《ままねい》　旨隷《しれい》　遮黎第《しやりてい》　……」

となります。で、読者にその意味がお分かりになりますか？

もちろん、お分かりになりません。でも、分からなくていいのです。なぜなら、翻訳者の羅什自身がこれを訳していないのです。なぜ訳さなかったのでしょうか？　これは相当に崩れたサンスクリット語で、意味不明な部分が多く、翻訳することができなかったのだと思われます。

また、呪文というものはそのまま唱えることが大事だとされています。意味が分からなくていいのだし、ひょっとすれば意味不明なままに唱えたほうがよいのかもしれません。

だから、われわれは、以下にひらがな表記で四つの陀羅尼を紹介することにします。

勇施菩薩の陀羅尼——

「ざれい　まかざれい　うき　もき　あれい　あらばてい　ちりてい　ちりたはてい　いちに　いちに　しちに　にりちに　にりちはち」

毘沙門天の陀羅尼——

「あり　なり　となり　あなろ　なび　くなび」

持国天の陀羅尼――

「あきゃねい　きゃねい　くり　けんだり　せんだり　まとうぎ　じょうぐり　ふろしゃに　あんち」

羅刹女と鬼子母の陀羅尼――

「いでいび　いでいびん　いでいび　あでいび　いでいび　でいび　でいび　でいび　でいび　でいび　ろけい　ろけい　ろけい　ろけい　たけい　たけい　たけい　とけい　とけい」

以上です。

ただ一つ付け加えておきたいことがあります。それは、羅刹女と鬼子母が釈迦世尊に申し上げている言葉の中に、

「**調達《じょうたつ》の、僧を破《やぶ》りし罪**」

とあります。〝調達〟というのはデーヴァダッタ、すなわち提婆達多《だいばだった》です。

提婆達多は「提婆達多品第十二」に出てきましたね。そこでは、提婆達多は過去世において釈迦世尊に〈法華経〉を教えた恩人とされています。一般には提婆達多は教団の分裂を謀《はか》り、あげくは釈迦を殺そうとした大悪人とされています。「僧を破る」というのは、教団（サンガ、僧《そう》伽《ぎゃ》）を壊滅させることです。けれども、『法華経』の「提婆達多品」においては、提婆達多は大悪人どころか釈迦の恩人とされています。そのことはわたしはすでに指摘しておきました（二四〇ページ参照）。

ところが、この「陀羅尼品」にきて、提婆達多（調達）は「破僧罪」を犯した悪人とされています。だから、その故をもって、「提婆達多品」は、そのような大悪人である提婆達多に対しても釈迦世尊は授記された（将来、仏になることを約束された）——といったふうに、『法華経』の包容力の広さを示したものと解釈する人が多いのです。

けれども、「陀羅尼品」にある、

《調達の、僧を破りし罪》

といった言葉は、サンスクリット語の原典にはありません。竺法護訳の『正法華経』にも出てきません。ただ『妙法蓮華経』だけにあるのです。ということは、羅什の時代に中国において常識とされていた、

――提婆達多大悪人説――

によって、誰かがここにこのような言葉を挿入したのです。羅什であれば、デーヴァダッタは〝提婆達多〟と表記しますが、別の人はそれを〝調達〟にしたのです。

したがって、『法華経』そのものは提婆達多を悪人とは見ていません。そのことを注意しておきたいと思います。

27 妙荘厳王の章（妙荘厳王本事品第二十七《みょうしょうごんおうほんじほん》）

▼息子の導きで出家した王

はるかな、はるかな昔、雲雷音宿王華智《うんらいおんしゅくおうけち》仏のおられる光明荘厳《こうみょうしょうごん》国においての話です。仏の名前はあまりにも長いので、われわれは雲雷如来と省略して呼ぶことにします。

その国に妙荘厳王《みょうしょうごんおう》がいて、その夫人の名は浄徳《じょうとく》、二人の子息の名を浄蔵《じょうぞう》、浄眼《じょうげん》といいました。

この二の子に大神力・福徳・智慧ありて、久しく菩薩の所行の道を修せり。

二人は立派な仏教者であったのです。

さて、雲雷如来は妙荘厳王を導き、それによって衆生を救うために、〈法華経〉（大宇宙の真理）を説かれました。古代社会にあっては、為政者の善／悪によって民衆の幸／不幸が左右されると信じられていました。暴虐な君主は、民衆を塗炭《とたん》の苦しみに追いやるのです。だから、雲雷如来は妙荘厳王を仏教徒にしようとされたのでした。

そこで二人の息子は、雲雷如来の説法を聴聞しませんかと母を誘います。

だが、母は、彼らにまず父親を誘いなさいと言います。

しかし父親の妙荘厳王はバラモン教の信者です。だから、普通に誘ったのでは、自分はもちろん母や子どもが雲雷如来の説法の聴聞にでかけることを許さないでしょう。で、母は子どもたちに、「神変を現わせ」と言います。神通力でもって奇蹟を見せるように、と言うのです。

二人の王子は父王の前でさまざまな神変を見せます。空中の高い所で歩いたり・止まったり・坐り・寝たりします。身体から水を出したり、火を出したり、大きくなったり、小さくなったり、空中から姿を消して地上に現われたり、水がしみ込むように地中に入ったりしました。


時に父は子の神力《じんりき》のかくの如くなるを見て、心大いに歓喜し未曾有《みぞう》なることを得《え》、合掌して子に向いて言わく「汝等の師はこれ誰となすや。誰の弟子なりや」と。


「おまえたちの先生は誰なんだ？」

と、父親が息子たちに尋ねた。そうなればしめたものです。彼らの師が雲雷如来であると聞

いて、父親は子どもたちに、

「われも今亦、汝等の師を見たてまつらんと欲す、共倶《とも》に往《ゆ》くべし」

と言います。妙荘厳王もまた雲雷如来に帰依したのです。

そして王は、王位を弟に譲って出家しました。二人の子どもも、また王の妃、子どもたちの母親も出家しました。

雲雷如来は、妙荘厳王に授記されました。将来、王は娑羅《しゃら》樹王《じゅおう》仏と呼ばれる仏になるであろうと言われました。これが「妙荘厳王本事品」が語るストーリーです。

▼仏教者の家庭

「妙荘厳王本事品」の〝本事〟とは、前にも言いましたが、サンスクリット語の〝プールヴァ・ヨーガ〟の訳語で、「過去の出来事」といった意味です。〝本〟という字は、仏教語では「過去」を意味することが多くあります。たとえば「本願」がそうで、これは過去の世においてたてられた誓願です。阿弥陀仏が仏になる前に、法蔵菩薩《ほうぞうぼさつ》としてたてられた誓願が「弥陀の本願」です。

ところで、「妙荘厳王本事品」は、われわれが読んでいる羅什訳の『妙法蓮華経』では第二十七章に置かれていますが、サンスクリット語原典や『正法華経』、さらには『添品妙法蓮華経』においては第二十五章に置かれています。このことも何度も言いましたが、『法華経』の各章はもともと独立した経典であったものを、のちに編集して一つにまとめられたと推定されています。で、編集方針によって、どの章をどこに置くかが違ってくる。その違いがここに現われていると想像されます。

さて、「妙荘厳王本事品」の骨子は以上の通りですが、少し補足しておきます。

この章の中に、

仏に値《あ》いたてまつることを得ること難きこと、優曇波羅《うどんぱら》の華《はな》の如く、又、一眼《いちげん》の亀《かめ》の、浮木《うきき》の孔《あな》に値《あ》うが如ければなり。

といった言葉が出てきます。優曇波羅《うどんぱら》はサンスクリット語でウドゥンバラと呼ばれる樹で、インドで古くより神聖視されていました。この樹は無花果《いちじく》の一種で、実際は毎年開化するのですが、その花は外部からは見えないので、仏教ではこれを三千年に一度だけ咲く花としています。

また、一眼の亀（ときに盲目の亀ともされます）が大海の底にいて、百年に一度海中から顔を出します。そこに風のままに流れて来た浮木《うきぎ》があり、浮木に小さな孔が開いている。亀の頭がその孔から出る偶然はきわめて低い。それと同じくわれわれが仏と出会うチャンスは滅多にないことを、このような喩えでもって説明しています。

もう一つは、出家したのちに妙荘厳王が雲雷如来（雲雷音宿王華智仏）に申し上げた言葉がいいですね。

「世尊よ、このわが二子は、已《すで》に仏事を作《な》せり。神通変化《じんずうへんげ》を以って、わが邪心を転じて仏法の中に安住することを得《え》、世尊を見たてまつることを得せしめたり。この二子は、これわが善知識なり。宿世《しゅくせ》の善根《ぜんごん》を発起して、われを饒益《にょうやく》せんと欲するを為《も》っての故に来りてわが家に生れしなり」

二人のわが子はすでに仏事を作せり。仏事を作《な》すというのは、仏道修行をするということです。その仏道修行によって得た神通力でもって、わたしの邪心を取り除いて、世尊にお目にかかれるようにしてくれました。二人の息子はわたしの善知識（指導者）です。わたしを救うために、息子となってわが家に生まれてきてくれたのです。そのように言っています。

父親が自分の息子を師と見て尊敬している。そこに仏教者の家庭があると思います。わたしたち仏教者は、そのような家庭をつくらないといけないですよね。

28　普賢菩薩の章　（普賢菩薩勧発品第二十八《ふげんぼさつかんぼっぽん》）

▼普賢菩薩の登場

『妙法蓮華経』もいよいよ最終章になりました。最終章の第二十八章は「普賢菩薩勧発品《ふげんぼさつかんぼっぽん》」と題されています。ただし、これは『妙法蓮華経』の構成であって、サンスクリット語本においてはこの章は第二十六章に置かれ、そのあとに「嘱累品《ぞくるいほん》」が置かれています（サンスクリット語本は全二十七章です）。しかし、われわれが読んでいる『妙法蓮華経』は、「嘱累品」を第二十二章に置いていましたね。

章の題名である「普賢菩薩勧発品」の〝勧発〟とは、「鼓舞し励ます」といった意味です。普賢菩薩が『法華経』を受持する人々を元気づけるというのがこの章のテーマです。

さて、その普賢菩薩です。

普賢菩薩は、普通は文殊《もんじゅ》菩薩と並んで釈迦如来の一生補処《いっしょうふしょ》の菩薩として脇侍《きょうじ》に配されています。一生補処の菩薩というのは、この一生だけは迷いの世界にいますが、次の生においては仏になることが決まっている者をいいます。〝脇侍《きょうじ》〟は〝わきじ〟とも読み、仏の両脇に侍して立ち、仏の衆生教化を助ける菩薩です。阿弥陀仏《あみだぶつ》の脇侍が観世音菩薩と勢至菩薩、薬師仏に対しては日光菩薩と月光《がっこう》菩薩が脇侍をつとめていることはよく知られています。そして、釈迦仏の脇侍が文殊菩薩と普賢菩薩です。また、

——文殊の智・普賢の行——

と言われているように、文殊菩薩は智慧の菩薩、普賢菩薩は実践（行）の菩薩とされています。造像上は、文殊菩薩は獅子に乗り、普賢菩薩は白象に乗った姿で表現されます。そのことは、この「普賢菩薩勧発品」にも明記されています。

「この人、**若しくは行《あゆ》み若しくは立ちて、この経を読誦せば、われはその時、六牙《ろくげ》の白象《びゃくぞう》王《おう》に乗り、大菩薩衆と倶にその所に詣《いた》りて、自ら身を現わし、供養し守護して、その心を安《やす》んじ慰《なぐさ》めん。**」

これは普賢菩薩が釈迦世尊に語った言葉です。釈迦世尊が入滅されたのちの悪世において、人々はさまざまな夜叉《やしゃ》・羅刹《らせつ》・悪鬼に悩まされるかもしれない。しかし、その人が歩きながら、あるいは立ったままでもいい、『法華経』を読誦すれば、わたしが六牙の白象に乗って、その

人の前に出現し、その人を守護する。普賢菩薩は世尊にそのように誓ったのです。
普賢菩薩は文殊菩薩とともに、釈迦世尊の教化の活動をサポートする重要な菩薩です。ところが、『法華経』においては、普賢菩薩はこの最終章になって初めて登場します。文殊菩薩のほうは、まず「序品第一」に登場し、「提婆達多品第十二」「安楽行品第十四」「如来神力品第二十一」「妙音菩薩品第二十四」などに登場します。しかしながら普賢菩薩のほうは、「序品」のうちにずらりと菩薩の名前が列挙されている中にもなく、ようやく最終章になって登場します。

そして、ここに登場した普賢菩薩は、東方の仏国土から来た菩薩になっています。

「世尊よ、われは宝威徳上王仏《ほういとくじょうおうぶつ》の国において、遙かにこの娑婆世界に法華経を説きたまえるを聞き、無量無辺百千万億の諸の菩薩衆と共に来りて聴受す。」

世尊よ、わたしは、この娑婆世界において〈法華経〉が説かれているのを聞いて、それを拝聴するために東方の宝威徳上王仏のおられる国からやって来ました。そのように普賢菩薩は世尊に挨拶しています。文殊菩薩との関係はまったく説かれていません。

その意味では、『法華経』に登場する普賢菩薩は、ちょっと特異な存在になっています。

▼普賢菩薩の守護

少し話が前後しますが、東方の仏国土から〈法華経〉を聴聞するために娑婆世界にやって来た普賢菩薩は、釈迦世尊に、

「如来の滅後において、云何《いか》にして能くこの法華経を得るや」

と尋ねました。釈迦仏が入滅されたのちの世において、善男・善女が〈法華経〉を学び、実践する方法を質問したのです。それに対して世尊は、次のように答えられました。

「若し善男子・善女人ありて、四法《しほう》を成就せば、如来の滅後においても、当にこの法華経を得べし。一には諸仏に護念せらるることを為《う》ると、二には衆《もろもろ》の徳本を殖《う》うると、三には正定聚《しょうじょうじゅ》に入ると、四には一切衆生を救うの心を発《おこ》すとなり。善男子・善女人ありて、かくの如き四法を成就せば、如来の滅後においても必ずこの経を得ん」

釈迦世尊が入滅された後世にあっても、善男善女が次の四つの条件をしっかりと守るならば、

必ず〈法華経〉（大宇宙の真理）を修得することができる。そう世尊は言われました。では四つの条件とは何でしょうか？

第一に、諸仏に護念されていること。仏は必ずわたしを護っていてくださるのだと信じることが大事です。

第二に、諸《もろもろ》の徳本《とくほん》を殖《う》えること。徳を積むことが大事ですが、この場合の徳は世間一般でいう人徳ないしは人望ではありません。仏教の教えにしたがって人生を生きているうちに、自然に身についてくる仏教者らしさが「徳」と呼ばれるものです。

第三に、正定聚《しょうじょうじゅ》に入ること。仏教では、人間を正定聚・邪定聚《じゃじょうじゅ》・不定聚《ふじょうじゅ》の三つに分けます。正定聚とは正しい信仰を守っている人々、邪定聚はまちがった信仰を持っている人々です。不定聚は、ときには正しい行動をし、ときにはまちがった行動をする人々です。正定聚に入るということは、正しい道を知ってまっ直ぐにその道を歩める人になることをいいます。

第四に、一切衆生を救う心を発すこと。自分だけが救われればいいという考えの人には、大宇宙の真理である〈法華経〉を学ぶことができません。みんながともに救われたいといった気持ちになったとき、わたしたちは〈法華経〉を学ぶことができるのです。

これは、普賢菩薩の問いに釈迦世尊が答えられた言葉ですが、そこで言われていることはわたしたち後世の仏教者が持つべき心構えです。いま、わたしたちはこのような心構えでもって

『法華経』を学ばねばなりません。普賢菩薩はわたしたちに代って、釈迦世尊に質問してくださったわけです。

そこで普賢菩薩は、

「では、わたしは、世尊の入滅後、四つの条件をしっかりと守って『法華経』を学んでいる人たちを守護する仕事をやってのけます」

と、釈迦世尊に誓いました。具体的には、六牙の白象に乗って、『法華経』を読誦する人々にみずからの姿を現わすというのです。あるいは、『法華経』の文句を忘れた人にはそれを思い出させてあげるというのです。

また、普賢菩薩は独自の陀羅尼を教えています。

普賢菩薩の陀羅尼——

「あたんだい　たんだはち　たんだばてい　たんだくしゃれい　たんだしゅだれい　しゅだれい　しゅだらはち　ぼだはせんねい　さるばだらにあばたに　さるばばしゃあばたに　しゅあばたに　そうぎゃばびしゃに　そうぎゃねきゃだに　あそうぎ　そうぎゃはぎゃち　ていれいあだそうぎゃとりゃあらていはらてい　さるばそうぎゃさまちきゃらんち　さるばだるましゅはりせってい　さるばさたろだきょうしゃりゃあぬぎゃち　しんあびきりちてい」

普賢菩薩は、この陀羅尼を唱える者を必ず守護すると約束しています。

▼釈迦世尊からのメッセージ

そこで釈迦世尊は言われました。

「善《よ》い哉《かな》、善《よ》い哉《かな》、普賢よ。汝は能《よ》くこの経を護り助けて、多所《そこばく》の衆生をして安楽《やすらか》にし利《り》益《やく》せしめん。」

そして世尊は、次のように話されています。ここで釈迦世尊は、「普賢よ」と呼びかけておられますが、これは普賢菩薩に託して、釈迦入滅後に生きるわれわれ衆生に対する言葉です。そう思って聞こうではありませんか。

「普賢よ、若しこの法華経を受持し読誦し正しく憶念し修習し書写する者有らば、当に知るべし、この人は則ち釈迦牟尼仏に見《まみ》えて仏の口よりこの経典を聞くが如しと。当に知るべし、この人は釈迦牟尼仏を供養したてまつるなりと。当に知るべし、この人は仏に善い哉と讃《ほ》めらるるなりと。当に知るべし、この人は釈迦牟尼仏の手《みて》にて、その頭を摩《な》でらるることを為《え》んと。当に知るべし、この人は釈迦牟尼仏の衣をもって覆《おお》わるることを為《え》んと。かくの如きの人は、復《また》、世の楽に貪著《とんじゃく》せず、…（中略）…この人は心意《こころ》、質直《すなお》にして、正しき憶念あり福徳力あらん。この人は三毒のために悩まされざらん。亦、嫉妬《しっと》・我慢《がまん》・邪慢《じゃまん》・増上慢《ぞうじょうまん》のために悩まされざらん。この人は少欲にして足ることを知り、能く普賢の行を修せん。」

『法華経』を受持する者は、まさに釈迦世尊にお目にかかり、直接その口から教えを聞くのと同じです。それ故、『法華経』を受持することは、釈迦仏を供養することになります。『法華経』を受持する者は、釈迦世尊から「善哉《ぜんざい》、善哉《ぜんざい》」（善きかな、善きかな）と褒めてもらえます。また、釈迦仏に頭を撫《な》でてもらえます。釈迦仏の衣《ころも》を着せてもらえます。釈迦仏の衣とは、柔和・忍辱《にんにく》の心です。

そして、『法華経』を受持する者は、世間的な快楽に執着しません。世間の人は蓄財をしたり、名声を求めたり、あるいは酒を飲んだりして、それが快楽だと思っていますが、『法華経』を学ぶ人は真の幸福が何かを知っていますから、そんなものに血迷うことはないのです。また『法華経』を学ぶ者は、心に屈託がなく、正しいものの考え方をし、福徳があります。貪《とん》

（むさぼり）・瞋《しん》（いかり）・痴《ち》（おろかさ）の三毒に悩まされることなく、嫉妬《しっと》や思い上がりに悩むこともありません。そして少欲にして足るを知り、普賢菩薩の行《ぎょう》を実践します。

釈迦世尊はこのように語られました。

これは、わたしたち『法華経』を学んでいる者に対する祝福のメッセージですね。

わたしたちはこの釈迦世尊からのメッセージを心にとめて、これからも『法華経』を学んでいこうではありませんか。

あとがき

『法華経』が大乗仏教の重要な経典であることは、一度も疑ったことはありません。けれども、『法華経』の中では、突然、地中から大きな塔が出現したり、大勢の菩薩たちが飛び出て来たりします。そのストーリーのあまりにも荒唐無稽《こうとうむけい》さに、ちょっと辟易《へきえき》させられたのも事実です。

そのために、『法華経』がいったい何をわれわれに教えたいのか、それを適確に摑《つか》むことのできなかったのも、これまた事実なんです。いくら繰り返し読んでも、隔靴掻痒《かっかそうよう》の感があり、「これが『法華経』の教えなんだ」と納得するにいたりませんでした。

だが、あるとき、サンスクリット語の〝ブッダ〟が自動詞に由来する語であることを思い出したとき、『法華経』を読むための大きなヒントが得られたのです。わたしたちは釈迦世尊をブッダ（仏陀）と呼びます。釈迦世尊は宇宙の真理を悟って仏陀になられた。日本語で考えるとそうなります。しかし、〝悟る〟といえば他動詞になります。〝～を悟る〟といったふうになるわけです。そうすると、その悟ったもの（それを大宇宙の真理と呼べばよいでしょう）を言葉にして人々に教えることになります。

だが、サンスクリット語だとそれは自動詞であって、むしろ「目覚める」と訳したほうがいいのです。つまり、釈迦は大宇宙の真理に目覚めたわけです。あるいは、大宇宙の真理に融合したのです。

大宇宙の真理と一体となった釈迦世尊は、そこでわたしたちに、

「あなたがたも、この大宇宙の真理と一つになりなさい」

と呼び掛けておられます。ところが、釈迦の教えを聴聞した弟子たち――小乗仏教の人々――は、釈迦が悟った大宇宙の真理を言葉でもって理解しようとした。そこに根本的なまちがいがあったのです。

それは、たとえば夏の暑い日に、一杯の冷たい水を出されて、おいしく飲みます。そうすると生き返った感がありますね。それをまちがって、その冷たい水についてどこから汲んで来た水か、温度は何度、販売価格は何円と聞かされても、ちっともありがたくありません。それと同じく、わたしたちは『法華経』の教えを学ぶのではなしに、〈法華経〉の世界に飛び込むのです。そして〈法華経〉の世界の中で楽しく人生を生きる。そのことを釈迦世尊は願っておられます。

そう気づいたとき、わたしは『法華経』の魅力に痺《しび》れてしまいました。そして、大勢の人々に〈法華経〉の世界に飛び込んでもらいたくて、この本をつくりました。読者が、〈法華経〉の

世界の中で、ご自分の人生を有意義に生きることができれば、著者にとって望外の喜びであります。

南無妙法蓮華経
南無妙法蓮華経
南無妙法蓮華経

二〇一四年三月

ひろさちや

なお、本書における『法華経』からの引用は、岩波文庫『法華経』（全三冊。坂本幸男・岩本裕訳注）によりました。

ひろ　さちや

一九三六年、大阪市に生まれる。東京大学文学部印度哲学科卒業、東京大学大学院人文科学研究科印度哲学専攻博士課程修了。一九六五年から二十年間、気象大学校教授をつとめる。退職後、仏教をはじめとする宗教の解説書から、仏教的な生き方を綴るエッセイまで幅広く執筆するとともに、全国各地で講演活動を行っている。厖大かつ多様で難解な仏教の教えを、逆説やユーモアを駆使して表現される筆致や語り口は、年齢・性別を超えて好評を博している。

おもな著書に、『仏教の歴史（全十巻）』『釈迦』『仏陀』（以上、春秋社）、『観音経 奇蹟の経典』（大蔵出版）、『お念仏とは何か』（新潮選書）、『「狂い」のすすめ』（集英社新書）、『わたしの「南無妙法蓮華経」』『わたしの「南無阿弥陀仏」』『ひろさちやの「日めくり説法」』（以上、佼成出版社）などがある。

〈法華経〉の世界

2014年 4 月30日　初版第 1 刷発行
2018年 5 月10日　初版第 6 刷発行

著　者　ひろさちや
発行者　水野博文
発行所　株式会社佼成出版社

〒166-8535　東京都杉並区和田 2-7-1
電話　(03) 5385-2317（編集）
　　　(03) 5385-2323（販売）
URL　http://www.kosei-shuppan.co.jp/

印刷所　錦明印刷株式会社
製本所　大口製本印刷株式会社

◎落丁本・乱丁本はお取り替えいたします。

〈出版者著作権管理機構（JCOPY）委託出版物〉
本書の無断複製は著作権法上での例外を除き禁じられています。複製される場合はそのつど事前に、出版者著作権管理機構（電話 03-3513-6969、ファクス 03-3513-6979、e-mail: info@jcopy.or.jp）の許諾を得てください。
© Sachiya Hiro, 2014. Printed in Japan.
ISBN978-4-333-02653-1　C0015